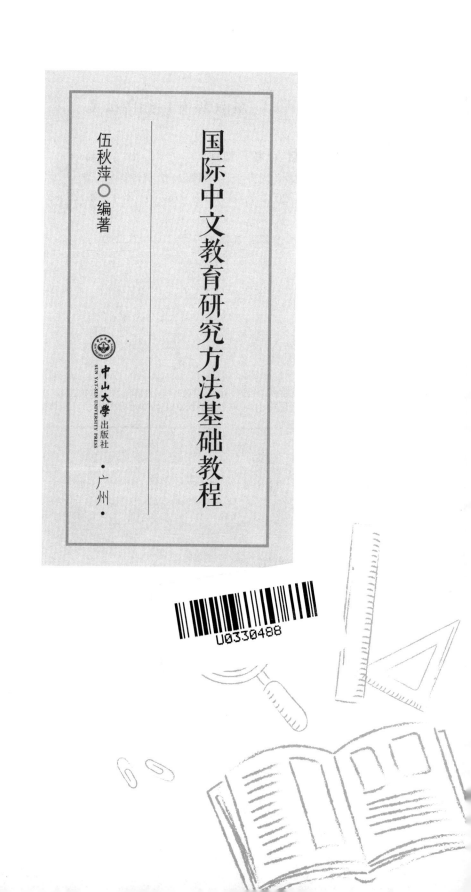

国际中文教育研究方法基础教程

伍秋萍〇编著

中山大学出版社

SUN YAT-SEN UNIVERSITY PRESS

·广州·

图书在版编目（CIP）数据

国际中文教育研究方法基础教程/伍秋萍编著. -- 广州：
中山大学出版社，2024.7. -- ISBN 978 - 7 - 306 - 08129 - 2

Ⅰ. H195.4

中国国家版本馆 CIP 数据核字第 2024CR3236 号

GUOJI ZHONGWEN JIAOYU YANJIU FANGFA JICHU JIAOCHENG

出 版 人：王天琪
策划编辑：王旭红
责任编辑：王旭红
封面设计：林绵华
责任校对：高津君
责任技编：靳晓虹
出版发行：中山大学出版社
电　　话：编辑部 020 - 84111997，84110283，84113349
　　　　　发行部 020 - 84111998，84111981，84111160
地　　址：广州市新港西路 135 号
邮　　编：510275　　　　　传　　真：020 - 84036565
网　　址：http：//www. zsup. com. cn　E-mail：zdcbs@ mail. sysu. edu. cn
印 刷 者：广州市友盛彩印有限公司
规　　格：787mm×1092mm　　1/16　　17.75 印张　　328 千字
版次印次：2024 年 7 月第 1 版　　2024 年 7 月第 1 次印刷
定　　价：56.00 元

自　序

如果有趣太难，那就争取有用。

如果快乐很难，那就想哭就哭。

——摘自《热爱可抵岁月漫长》

从心理学迈入国际中文教育领域至今，已有十余年，我有过"想哭就哭"的职业动荡期，经历过学科调整的分分合合，有过关于"学科认同"和"文化适应"的深度思考。我一直想在认知层面实现学科的融合，为学生们上一门既"有趣"又"有用"的课，为学界写一本既"有趣"又"有用"的书。然而，"有趣"与"有用"似乎就像鱼与熊掌。比如，我常年给中山大学汉语言专业的外国留学生和汉语国际教育专业的硕士研究生讲授"教育心理学"。当然，也上了很多留学生的语言技能和文化课。无论上了多少年，总能在心理学的课堂上看见学生们"翘首以盼"的好奇的眼神，每每讲到"教师人格特质"的时候，他们都那么专注地"对号入座"并频频点头。这或许就是心理学上说的"晕轮效应"，即人们在人际知觉中所形成的以点概面或以偏概全的主观印象。这种效应很神奇地在一届又一届学生身上重复出现，哪怕最初教授的学生是比我小十岁的"90后"，而现在教授的学生也已经是妥妥的"00后"了。这种"有趣"的晕轮效应却总以反方向的方式出现在另一门课——"国际中文教育研究方法"中。

国际中文教育是立足于中国语言文学、心理学、教育学等多个一级学科的新型交叉学科，因此"国际中文教育研究方法"需要一支跨学科、多领域的教学队伍，承担起这个专业本硕博科研方法的系统训练，尤其是对队伍庞大且作为国际中文教师后备军的汉语国际教育硕士学生（以下简称"汉硕生"）的训练。从心理学跨入国际中文教育领域的我自然成了这门跨学科研究方法课程的不二人选。在中山大学中文系国际汉语中心的全力支持下，本人于 2021 学年为中山大学汉语国际教育专业硕士首次开设"国际中文教育研究方法"必修课（2 学分，改革前的课程为 1 学分的专业选修课"教学调查与分析"），系统教授国际中文教育领域中常见的量化研究、质化研究，尤其是与二语习得相关的教学实验研究。非常荣幸的是，"国际中文教育研究方法"在首次开设的学年就获得了"广东省研究生教育创新计划"立项，入选 2022 年广东省研究生示范课。历时两年多，课题组如期完成研究生示范课程"国际中文教育研究方法"的教学资源建设，并带领汉语国际教育专业硕士开展方法论研究和教学实证研究，取得如下阶段性的成绩。

一、课程体系完整，教学资源完善

至 2023 学年，"国际中文教育研究方法"课程培养方案已成体系，配套教材也在教学过程中如期编写完成。如学生所言，"作为一名跨学科背景的研究生，我们急需这样一门系统的方法课程，引领我们自上而下地看国际中文教育这个集合了语言学、教育学、心理学等多个一级学科的新型交叉学科，并系统地掌握质化研究与量化研究，学会根据研究问题所需而展开具体的研究设计"。

二、研究生深度参与课题，协同开展实证研究

"方法"终究是为"研究问题"服务的。本人领衔课题组学生积极开展实证研究，2021—2022 学年发表 6 篇期刊论文（3 篇核心期刊、3 篇普通刊物），指导 1 篇方法论主题的硕士论文《国际中文教育"三教"主题学术论文研究方法使用现状及高校培养调查》（详见 2021 级汉硕生陈胤泽毕业论文，部分内容已纳入本书第一章、第三章和第五章）。同时，本人也非常鼓励研究生在学期间参与学术会议。2021—2022 学年，本人共带领 7 名研究生参加了 5 场学术会议。2021 级汉硕生宋雨恬的毕业论文获北京大学举办的 2023 年对外汉语博士生论坛暨第十六届对外汉语教学研究生学术论坛二等奖（该文作为研究案例，收入本书第十三章和附录）。

三、课题组硕士研究生科研素养得到提升，升博比率高

近 3 年，项目组内 6 名硕士研究生分别被北京大学、北京语言大学、华东师范大学和复旦大学录取，继续在国际中文教育领域攻读博士学位（2015级汉硕生卓肄被北京语言大学录取，2016 级汉硕生周泇冰被北京大学录取，2019 级汉硕生吕宁被北京语言大学录取，2019 级汉硕生向娜和 2020 级汉硕生王露锦被华东师范大学录取，2022 级汉硕生熊珈玄被复旦大学录取）。

2019 级汉硕生吕宁，于毕业之际在考博与找工作之间感到迷茫。本人鼓励她将硕士学位论文投稿到国际学术会议中去展示，并尝试让她直接参与最前沿的学术问题的讨论与写作。吕宁同学在参与撰写论文《中介效应分析在二语习得研究中的应用及方法评述》（发表于《语言文字应用》2023 年第 3期，核心内容收入本书第十四章）的过程中，表现出了极强的学习力、思想力和执行力。如她所言："一个好的选题需要研究者的慧眼，而好的文章是改出来的。从最开始的文献搜索到后期的模型构建，再到论文写作、修改、投稿，最后发表，算算花了大约两年的时间，其间修改了数十遍稿，从最开始的草稿到最后印刷的版本，可以说是脱胎换骨，每一遍的修改都是一次创作。伍老师不仅作为导师教授我们写作方法，更将我们视作合作者，真诚与我们讨论文章的写作思路等。伍老师对待科研的热情与严谨始终激励着我，默默转化成我学术生涯的一份内在力量支持我前行。"

2019 级汉硕生向娜，是课题组中第一位将硕士学位论文发表到语言学一类期刊《世界汉语教学》的学生（该论文《线上信息差与意见差任务中的协商互动及对口语输出的影响》作为重点讲解的研究案例，核心内容收入本书第十章）。回忆起在康乐园小红楼里与导师一起分析数据和修改论文的点点滴滴，她坦言："求学中大的日子一去不复返，但我一路的成长却有迹可循，值得我用一生去感恩。"

2020 级汉硕生王露锦作为首届"国际中文教育研究方法"课程的助教，直接参与了课程教学短视频的录制和依托留学生文化课堂开展实验研究。2022 年6 月，她拿到了国家奖学金，同时被华东师范大学录取。她认为："在学术生涯的道路上，研究方法课程不仅为我攻读硕士学位注入了动力，更在我迈向攻读博士学位阶段的决策中发挥了至关重要的作用。"无疑，这些受过系统、严格科研训练的学生终有一天会成为国际中文教育事业的重要力量。

整体而言，本课程取得了显著成效，既提升了研究生的方法论意识和科研素养，也为研究生开展实证研究提供了可模仿、可操作、可利用的方法工具。然而，受限于本人的学科背景和常年开展量化研究的学术经验，在介绍"质化研究"时仍有些"书到用时方恨少"的感觉。于己，学有所长，但也有所短。未来的学术探索，可以加强质化与量化相结合的混合研究。此外，对于大部分没有数理统计基础的文科背景的研究生而言，课程教学方式仍需改进，应以更通俗易懂、深入浅出的方式引领学生（特别是文科背景学生）为国际中文教育开展更接地气、更近前沿的教学研究。换言之，课程仍在"有趣"与"有用"两个目标上继续努力着。

目前，课题组又获得了教育部语言交流合作中心国际中文教育协作机制资助项目的最新立项，拟于2024年开展"国际中文教育研究方法线上资源建设与跨学科研究专题研讨会"。无疑，新立项的项目离不开"国际中文教育研究方法"这门示范课的前期建设与学术积累。希望这本书可以为国内高校国际中文教育专业开设研究方法课程的教师提供一些可利用的课程指引与资源，也为攻读汉语国际教育硕士和博士学位的学生们叩开学术的方法之门。欢迎学术界的同仁们狠狠"拍砖"，指出本书不足之处。未来，课题组将继续致力于国际中文教育研究方法的系统研究与社会推广，以期为我国语言文字教育事业贡献跨学科的力量。

伍秋萍，于中山大学康乐园最古朴的那栋小红楼
2024年1月16日

目　录

◈ 第一编 ◈　国际中文教育的选题与设计

◈ 第二编 ◈　国际中文教育中的质化研究

◆ 第三编 ◆ 国际中文教育中的量化研究

第一编
国际中文教育的
选题与设计

第一编包括四章，旨在从跨学科的宏观视角概括国际中文教育领域的研究选题和常见设计，以及培养方案中相应的方法论课程"国际中文教育研究方法"的教学改革历程及其必要性。

- 第一章　国际中文教育学科定位与研究方法课程改革
- 第二章　国际中文教育研究选题
- 第三章　国际中文教育研究设计分类
- 第四章　期刊与学位论文研究设计的跨学科对比

第一章
国际中文教育学科定位与研究方法课程改革

一、导读

老师，国际中文教育究竟属于语言学还是教育学？系统学习研究方法的意义是什么？

这是一个很好的问题。学界更多地认为国际中文教育从语言学领域起家，但目前已发展为融合了教育学、语言学等多个一级学科的新型交叉学科，甚至更偏向于教育学大类。本书就是立足这个学科定位，在社会科学领域视野下介绍国际中文教育领域常用的研究方法。接下来，我们先从宏观的视角了解学科的定位及对研究方法的需求。

二、国际中文教育的跨学科视野及对研究方法之需

（一）国际中文教育作为新型交叉学科的特殊性与共通性

国际中文教育是由多个一级学科融合共育的交叉学科，其学科定位呈现

出复合性与兼容性（王治敏、胡水，2022）。吴应辉、梁宇（2020）从交叉视角对国际中文教育进行审视，将其特征概括为"两主多辅"。其中，"两主"指的是国际中文教育以中国语言文学和教育学为两大主干一级学科。根据我国教育部（1997）对学科的分类，中国语言文学一级学科涵盖文艺学、语言学及应用语言学等分支。应用语言学与教育学同属于社会科学范畴（文秋芳、林琳，2016）。因此，在国际中文教育的研究方法上，其在社会科学领域内必然表现出跨学科的共通性。与此同时，从国际中文教育的发展历程看，其研究问题具有显著的特殊性（赵杨，2021）。

鉴于学科的特殊性，国际中文教育的本质被视为语言教学，其问题与"三教"（教师、教材、教学法）紧密相连，人才培养注重实践性（崔希亮，2010；赵杨，2021；李泉，2021）。1950 年，北京成立了"清华大学东欧交换生中国语文专修班"，标志着我国汉语二语教学的正式启动。初期，这一领域被称为"对外汉语"，并非独立学科，而是作为语言学及应用语言学或汉语言文字学的二级研究方向而存在的。1999 年，我国教育部发布的《普通高等学校本科专业目录》在"中国语言文学"一级学科下增设对外汉语专业，使其成为独立学科。2012 年，教育部发布的《普通高等学校本科专业目录和专业介绍》中，"对外汉语"专业更名为"汉语国际教育"，仍隶属于中国语言文学一级学科。在人才培养的早期阶段，有学者认为国际中文教育旨在培养高素质的教育工作者，强调在实践中提升教学能力（赵金铭，2011）。随着学科的不断发展，学者们开始关注汉硕生的研究能力。刘颂浩（2016）指出，汉硕生的培养目标在于，在掌握相关具体知识和技能的基础上，形成良好的研究能力。他将汉硕生的能力分为特有能力和一般能力两类：特有能力即与专业特殊性相匹配的汉语教学能力，而一般能力则涵盖研究能力。刘颂浩认为，"当前的汉语国际教育硕士培养重点过于侧重特有能力，对一般能力的培养相对不足"。

从学科的共通性来看，国际中文教育作为一个交叉学科，吸纳了应用语言学、教育学、心理学等多重社会科学的研究手段。社会科学，涵盖社会学、教育学、心理学等学科，致力于探索社会现象及其规律（徐治立、徐舸，2021）。该概念最早可追溯至 19 世纪后半叶，由孔德首创，他主张借鉴研究自然现象的方法来探究社会现象。穆勒在此基础上进一步强调实证研究的重要性。在后续发展中，社会科学历经涂尔干与韦伯的学术争论，直至帕森斯提出的结构功能论试图化解分歧（张庆熊，2022）。经过多年的演变，社会科学已逐步确立了一套规范且系统的方法论，即采用强调客观条件和客观规律的实证主义研究方法来研究问题（孙振东、李仲宇，2015）。

（二）国际中文教育对系统的研究方法的需求

学科定位与研究视角决定了方法视角。研究始于问题终于结果，研究问题或许不同并且抽象，但解决问题的研究方法是清晰且具体的。形而上讨论建构问题，形而下则聚焦手段和方法，而研究方法是连接研究问题与结果的桥梁（文秋芳、俞洪亮、周维杰，2004），是推进学科发展的重要基础。

在应用语言学领域，部分学者将"二语习得"视为独立学科，从语言学、认知语言学等学科视角出发，总结归纳二语习得的相关研究方法（王璐璐、戴炜栋，2014）。同时，亦有学者认为应用语言学属于社会科学，应对现有研究方法从更宏观的社会科学视角进行梳理和归类（高一虹、李莉春、吕王君，1999；文秋芳、林琳，2016）。在国际中文教育领域，学科交叉性使得研究方法呈现出复杂多元的特点。这种多元性反映出学科内缺乏一套通用的方法分类标准。学者间关于方法论的共识较为薄弱，这不仅影响了国际中文教育与相关学科的交流融合，也在一定程度上制约了学科内部对学生开展教学研究的能力培养。

从学科内部学历生的培养视角审视，汉硕生被视为推广国际汉语的关键力量。他们需在实践中发掘问题，树立反思意识，以问题为导向开展教学研究，进而成长为"实践性反思者"（王添淼，2010；张念、伍秋萍、王露锦，2022）。周小兵（2017）强调，将实践性问题升华为科学问题并寻求解答，离不开严谨、科学的研究方法。对于汉硕生而言，其对研究方法的掌握程度在其学位论文中得以直观体现。2020 年 4 月 16 日，《光明日报》刊登的文章《研究生学位论文抽检，暴露了什么？》①中，抽检结果揭示了学位论文存在的问题——创新不足、深度不够、结构松散、格式不规范，其中，深度不够主要表现在学位论文的研究思路和研究方法缺乏可行性、研究方法简单、工作量或实例单薄。一些学者对专业硕士学位论文中的典型问题进行分析后发

---

① 《研究生学位论文抽检，暴露了什么？》，见凤凰网（https://ishare.ifeng.com/c/s/7viAJJjQbrw）。

现，专业学位论文的问题主要集中在核心概念模糊、研究方法不当（高耀、杨佳乐，2017）。亓海峰（2016）在考察96篇汉硕生优秀学位论文后发现，部分论文阐述了研究方法却未实际应用。由此可见，汉硕生对研究方法的掌握状况值得关注。

学科界限日益模糊，方法相互交融，这预示着国际中文教育未来发展的方向，亦为此必然之势（吴应辉，2022）。立足国际视野，外语教学进入后方法时代已成为学界共识（陈申 等，2014；崔永华，2014）。后方法理念强调突破语言教学方法的束缚，消除理论与实践之间的隔阂（李向农、贾益民，2011）。回顾我国汉语教学发展历程，要求我们以开放的心态审视国际中文教育的研究内容（王治敏 等，2022）。2022年，国际中文教育由原中国语言文学一级学科调整为教育学一级学科，归属社会科学领域。因此，学科研究主题应更加多元，回归教育本质，关注教师、教材、教学法等教育领域核心问题（崔希亮，2010）。这对国际中文教育研究者的研究素养提出了更高要求，研究者需具备全局视野、兼容态度以及运用不同社会科学研究方法开展理论与实践研究的能力（吴应辉，2022）。

三、国内高校培养方案中研究方法课开设情况

（一）培养方案中的方法类课程

2007年，我国首批24家院校获得教育部批准培养汉硕生，这标志着我国新创立的汉硕专业正式登上历史舞台（丁安琪，2018）。同年，全国汉语国际教育硕士专业学位教育指导委员会（以下简称"教指委"）正式成立[1]，并顺利通过了《汉语国际教育硕士专业学位研究生指导性培养方案》[2]。该方

---

① 《国务院学位委员会、教育部关于成立全国汉语国际教育硕士专业学位教育指导委员会的通知》（学位〔2007〕27号），见中华人民共和国教育部网页（http://www.moe.gov.cn/srcsite/A22/moe_826/200708/t20070814_82654.html），刊载日期：2007年8月4日。

② 《关于转发〈汉语国际教育硕士专业学位研究生指导性培养方案〉的通知》（学位办〔2007〕77号），见中华人民共和国教育部网页（http://www.moe.gov.cn/srcsite/A22/moe_826/200712/t20071210_82702.html），刊载日期：2007年12月10日。

案将汉语国际教育硕士的课程体系划分为公共课、必修课与选修课，要求总学分不低于32学分。选修课程涵盖五大类别，分别为语言类、教学类、文化类、教育类及方法类，其中方法类课程进一步细分为教学调查与分析、课堂观察研究、案例分析研究。该方案后调整为《全日制汉语国际教育硕士专业学位研究生指导性培养方案》①（以下简称《全日制培养方案》）。《全日制培养方案》在原有基础上对课程体系进行了调整，将课程划分为学位公共课程、核心课程、拓展课程与训练课程。教学实习6学分、学位论文2学分，总学分不低于38学分。方法类课程被纳入训练课程范畴，包括教学调查与分析、课堂观察与实践、教学测试与评估（见表1－1）。值得注意的是，《全日制培养方案》在培养目标中明确提出："以核心课程为主导、模块拓展为补充、实践训练为重点的课程体系。"由此可见，《全日制培养方案》中方法类课程虽性质为选修，但其在课程体系中的重要性有所提升。

表1－1　《全日制培养方案》的课程设置情况

课程大类		课程名称	学分
学位公共课程（6学分）		政治	2
		外语	4
核心课程（12学分）		汉语作为第二语言教学	4
		第二语言习得	2
		国外汉语课堂教学案例	2
		中华文化与传播	2
		跨文化交际	2
拓展课程（8学分）	汉语作为外语教学类	汉语语言要素教学	*
		偏误分析	
		汉外语言对比	
		课程设计	
		现代语言教育技术	
		汉语教材与教学资源	

---

① 《全日制汉语国际教育硕士专业学位研究生指导性培养方案》，见中国研究生招生信息网（https://yz.chsi.com.cn/kyzx/zyss/200905/20090520/94575811.html），刊载日期：2009年5月20日。

续表 1-1

课程大类		课程名称	学分
拓展课程（8学分）	中华文化传播与跨文化交际类	中国思想史	*
		国别与地域文化	
		中外文化交流专题	
		礼仪与国际关系	
	教育与教学管理类	外语教育心理学	
		国外中小学教育专题	
		教学设计与管理	
		汉语国际推广专题	
训练课程（4学分）		教学调查与分析	1
		课堂观察与实践	1
		教学测试与评估	1
		中华文化才艺与展示	1

* 《全日制培养方案》未对拓展课程的每门课程设定学分，而由各培养院校设定。

在《全日制培养方案》中，现有的方法类课程可分为三类。第一类是与资料采集方法相关的课程，如教学调查与分析、课堂观察等。这类课程的目标是通过教学调查和观察等，协助学生获取教学和研究资料。第二类是与资料分析方法相关的课程，如偏误分析、案例分析等。这类课程的重点在于对现有的语料、个案等资料进行深入分析。第三类是直接以研究方法命名的课程，如国际中文教育研究方法、研究方法与写作等。

（二）高校研究方法课开设情况

2007年5月31日，国务院学位委员会下达的《关于开展汉语国际教育硕士专业学位教育试点工作和推荐全国汉语国际教育硕士专业学位教育指导委员会委员人选的通知》批准了北京大学等24所研究生培养单位开展汉语国际教育硕士专业学位教育试点工作。这24所高校是国内最早拥有汉语国际教育硕士点的高校，培养历史较长，培养体系较为完善。其中北京大学、北京师范大学等10所高校在其官网的培养方案中公布了课程信息。陈胤泽

（2023）对 10 所公布了培养大纲及课程信息的高校的研究方法课进行了调查与分析（见表 1-2），可以发现高校开设的方法类课程在课程名称、课程类别、课程性质上呈现出一些特点。

首先，就课程的名称来说，多数高校的课程设置与培养方案保持一致。10 所高校中，有 6 所高校都开设了教学调查与分析、课堂观察与实践、教学测试与评估相关的课程。开设此类课程的原因和培养方案有关。《全日制培养方案》规定"汉语国际教育专业学位是与国际汉语教师职业相衔接的专业学位，主要培养具有熟练的汉语作为第二语言教学技能和良好的文化传播技能、跨文化交际能力、适应汉语国际推广工作、胜任多种教学任务的高层次、应用型、复合型、国际化专门人才"。其中，多数汉硕生毕业后会选择汉语教师或国内中小学语文教师等岗位就业，这些岗位侧重教学能力，强调实际教学调查、课堂观察等，因此开设此类课程符合现实需要，高校的课程设置与培养大纲一致也较为合理。但也有学者认为，此类课程缺乏系统的方法论教学，而缺少系统的方法论课程容易导致学生对研究方法的认识流于表面（田艳，2012）。

其次，就课程的类型来说，与资料采集相关的方法课程较多、与资料分析相关的课程较少，专门以研究方法命名的课程最少。在 10 所高校中，多数学校开设了 3 门和资料采集方法有关的课程（如教学调查与分析、课堂观察与实践、教学测试与评估），而资料分析类课程则相对较少（包括案例分析、偏误分析）。在调查中也发现，部分高校仅开设了资料采集相关的方法课，未见资料分析类课程。值得注意的是，专门以研究方法命名的课程最少，在调查中仅发现北京师范大学、华东师范大学、南京师范大学和中山大学四所高校开设了相关课程。

最后，就课程的性质来说，高校存在"选修多，必修少"的情况。考察发现，10 所公布了培养大纲课程信息的学校中仅有华东师范大学、南京师范大学和中山大学明确将方法课程纳入必修课，北京师范大学将其纳入拓展课，其余多数高校均将研究方法课程性质划分为选修课或训练课。

表1-2 国内10所高校的研究方法课程设置情况

高校名称	课程名称	课程类型			课程性质				学分
		资料采集类	资料分析类	直接以方法命名	必修	选修	拓展	训练	
北京大学	汉语测试与教学评估	√				√			2
	教学调查与分析	√				√			2
	课堂观察研究	√				√			2
	案例分析研究		√			√			2
北京师范大学	汉语国际教育研究方法与论文写作			√			√		2
北京语言大学	汉语测试与教学评估	√				√			2
	教学调查与分析	√				√			2
	课堂观察研究	√				√			2
	案例分析研究		√			√			2
复旦大学	教学调查与分析	√						√	1
	课堂观察与实践	√						√	1
	教学测试与评估	√						√	1
华东师范大学	语言教学研究方法与论文写作			√	√				2
	中文教学评估与测试	√				√			2
	话语分析与语用教学		√			√			2
华中师范大学	教学调查与分析	√						√	1
	课堂观察与实践	√						√	1
	教学测试与评估	√						√	1

续表 1－2

高校名称	课程名称	课程类型			课程性质				学分
		资料采集类	资料分析类	直接以方法命名	必修	选修	拓展	训练	
吉林大学	偏误分析		✓				✓		1
	教学调查与分析	✓						✓	1
	课堂观察与实践	✓						✓	1
	教学测试与评估	✓						✓	1
南京大学	偏误分析		✓				✓		1
	教学调查与分析	✓						✓	1
	课堂观察与实践	✓						✓	1
	教学测试与评估设计	✓						✓	1
南京师范大学	科研与写作			✓	✓				1
	语言测试理论及实践	✓				✓			2
中山大学	国际中文教育研究方法			✓	✓				2
	教学测试与评估设计	✓				✓			1
	偏误分析		✓			✓			1
	汉语中介语语料库建设及应用	✓				✓			1
	课堂观察与实践	✓			✓	✓			1

资料来源：陈胤泽（2023）。

经调查分析，国内高等学府的研究方法课程多为选修性质。这一现象可能与汉硕生专业硕士注重实践的特点有关。然而，强调实践性并不意味着在汉硕生培养方案中应降低研究方法课程的地位。从职业定位以及国家对硕士研究生培养要求的角度看，研究方法课程在汉硕生培养过程中具有重要地位。

从职业定位来看，很大一部分汉硕生的职业生涯将指向教育领域，尤其是中小学。《国际汉语教师标准》规定，教师应具备自我反思的能力，具备基本的课堂教学研究能力，能主动分析、反思自身教学实践和教学效果，并根据分析结果改进教学。王添淼（2010）强调，反思性语言教学对于教师素质的提升和专业发展具有重要意义，教师应成为实践性反思者。然而，若脱离课程训练，仅依靠自身积累培养规范的学术研究能力，犹如无源之水、无本之木。亓海峰（2016）认为，针对国际汉语教师培养，应着重强化其教学反思能力和教学研究能力。

作为硕士研究生，汉硕生需与本科生及一般教师区分开来。司罗红（2022）指出，汉硕生与本科生最显著的区别在于角色转变：研究生阶段的学习过程由学生自身主导。理想的汉语国际推广者应兼具高水平教育者和研究者的特质，其中最关键的是掌握研究方法。李泉（2022）强调，汉硕生应明确认识到，"学位论文一生只写一次，对这一珍贵成果需给予足够重视"。研究方法课程所传授的规范意识和严谨态度等科学素养对于汉硕生至关重要，否则其将难以胜任汉语专业教育工作，亦无法在跨专业、跨行业领域游刃有余。此外，研究方法课程中常用的访谈、观察、问卷调查等数据采集方法在汉硕生毕业后同样具有实用价值。因此，规范、系统的研究方法课程不仅能服务于论文写作，更是推动汉硕生成长为教学实践性反思者的关键所在。

总的来看，在我国研究生教育体系中，科研方法类课程的地位并未得到充分重视，导致学生在研究能力方面存在不足（权京超，2007）。针对这一现状，已有学者对现行研究方法课程提出了改进意见。例如，丁安琪（2011）指出，现有方法类课程设置过于具体，可能导致学生在某一领域的理论知识深厚，但整体知识体系不够完备。因此，建议将部分选修课程予以整合，实现全面知识教学。此外，亓海峰等（2018）基于对全国56所高校的调查，发现我国专业硕士培养方案中的方法类课程相对较少，鼓励各高校进行有益尝试，增设具体研究方法类课程。李泉（2021）在对比英语二语教学专业硕士课程时发现，汉语国际教育硕士研究方法及论文写作课程的数量偏少。相较之下，部分国外高校开设的方法类课程甚至占总课程的1/3以上。据此，建议将方法类课程纳入核心课程，并单独设置"研究方法与论文写作"课程。

四、国际中文教育研究方法课程改革：以中山大学为例

（一）课程改革背景

汉语国际教育硕士专业学位于 2007 年正式设置。此后，国内外学者对于汉语国际教育硕士专业学位培养目标达成共识，即培养具有熟练的以汉语作为第二语言或外语的教学技能、良好的中华文化传播技能和跨文化交际能力，适应孔子学院发展和汉语国际推广工作，胜任多种教学任务的高层次、应用型、复合型、国际化专门人才。

中山大学作为国内首批设置汉语国际教育硕士专业的高校，其培养出来的汉语国际教育硕士具有代表性和示范性。《中山大学汉语国际教育硕士专业培养方案》（2017 年版）以汉语国际教育硕士专业学位教学指导委员会制定的指导性培养方案为依据，对培养目标、学习方式及学制、培养方式、课程设置及学分要求、培养环节及要求、学位论文、论文评审与答辩、毕业与学位授予八个方面做出具体规定。在课程设置方面，主要包括语言要素及其教学类、综合教学类、文化类、教育类、方法类和其他（见表 1 - 3）。

表 1 - 3　中山大学汉语国际教育硕士课程设置（2017 年版）

课程类别	课程名称
语言要素及其教学类	汉语语音及教学、汉语词汇及教学、汉语语法及教学、汉字与汉字教学、汉外语言对比
综合教学类	汉语测试与教学评估、汉语教材分析与编写、汉语教学案例分析、现代教育技术及教学应用、中介语与偏误分析
文化类	中国概况、国别与地域文化、礼仪与公共关系、中华文化技能
教育类	儿童心理发展与成长、外语教育心理学
方法类	教学调查与分析、课堂观察研究、教学设计组织与管理
其他	专用汉语、西班牙语

方法类课程主要包括教学调查与分析、课堂观察研究、教学设计组织与管理。从课程设置及学生调查的反馈来看，方法类课程缺乏系统性。根

据《学生视角下汉语国际教育硕士培养模式满意度调查——基于中山大学的探索与实践》（张念、伍秋萍、王露锦，2023）的调查结果，有学生提出："可以多开一些与论文写作、专业热点、数据分析处理相关的课程。"从2021学年起，以21级汉语国际教育硕士为培养对象，中山大学汉语国际教育专业增设两门方法类必修课："国际中文教育研究方法"（2学分，2学时/周）、"学术规范与论文写作"（2学分，2学时/周）。

（二）课程教学内容

本课程教学包括论文选题与研究设计、质化研究和量化研究三个专题。这三部分内容既相互独立，又相互联系，遵循由浅入深的规律，逐步深入对研究方法的探索，最终形成"三编十五讲"的内容结构体系。

在"国际中文教育研究方法"的教学过程中，教师可依据本书内容，规划18周课程，每周授课2学时，总计36学时。

（三）课程教学目标与形式

"国际中文教育研究方法"课程的目标是协助学生全面掌握各类研究设计、执行与数据分析的技巧，培育其科学精神与利用科学方法进行教学研究的能力。通过深入剖析典型文献并进行小组研讨，学生在阅读与讨论的过程中，将不断丰富自身在研究方法领域的知识体系。借助所学技巧，学生将有能力开展与国际中文教育相关的实证研究，为撰写毕业论文奠定坚实基础。

课程遵循"教师引导、学生主体"的教学理念，以"内容型教学法"与"任务型教学法"为理论指导，采用精讲多练的教学方式进行授课。在课程内容设计上，建议教师将应用语言学的研究方法与学术规范、二语习得、偏误分析等其他专业课程有机融合，实现协同教学。在任务设计上，以学生为核心，让学生在阅读文献和独立完成课堂任务的过程中，采用发现式学习方法掌握相关概念，并将其应用于论文写作。教师在教学全过程中扮演"小组展示前精讲、小组展示中督导、小组展示后总结"的角色，旨在帮助学生在掌握应用语言学研究方法的同时，提升学生发现问题、分析问题、解决问题的能力，并通过课后任务加强理论方法与研究实践的紧密结合。

（四）课程核心参考书目与学术期刊

（1）核心参考书目：桂诗春、宁春岩《语言学方法论》（外语教学与研究出版社 2006 年版），文秋芳、俞洪亮、周维杰《应用语言学研究方法与论文写作》（外语教学与研究出版社 2004 年版），韩宝成《外语教学科研中的统计方法》（外语教学与研究出版社 2000 年版）。

（2）国内汉语类期刊：《世界汉语教学》《语言教学与研究》《语言文字应用》《语言战略研究》等。

（3）国内外语类期刊：《外语教学与研究》《现代外语》《外语界》等。

（4）语言学国际刊物：*Language Learning*，*Studies on Second Language Acquisition*，*Applied Linguistics* 等。

五、课后作业

以小组的形式完成近五年的论文选题分析，包括以下三项。

（一）国际会议论文选题分析

第一，常规性的国际或国内的学术会议。如第十二届全国语言文字应用学术研讨会暨《语言文字应用》创刊三十周年学术研讨会，历年举办的国际中文教育学术研讨会（简称"ICCSL"）。

第二，依据当下研究热点而举办的研讨会。如 ChatGPT 与国际中文教育发展论坛（2023 年 2 月 24—25 日）。

（二）核心期刊论文选题与研究设计

每组完成一本核心期刊的选题分析，刊物包括《世界汉语教学》《语言教学与研究》《语言文字应用》《汉语学习》《外语教学与研究》。

（三）历届硕士学位论文的选题与研究设计

可以根据各个高校的专业情况，遴选历届汉硕生的毕业论文。

六、本章阅读书目与文献

［1］崔希亮.关于汉语国际教育的学科定位问题［J］.世界汉语教学，2015，29（3）.

［2］崔希亮.汉语国际教育"三教"问题的核心与基础［J］.世界汉语教学，2010（1）.

［3］丁安琪.汉语国际教育硕士：专业发展十一年［J］.国际汉语教育（中英文），2018，3（4）.

［4］王治敏，胡水.交叉学科背景下国际中文教育学科发展的困境与出路［J］.华文教学与研究，2022（1）.

［5］李泉，丁安琪.专业素养：汉语教师教育的起点与常态："素养—能力—知识"新模式［J］.云南师范大学学报（对外汉语教学与研究版），2020，18（5）.

［6］李泉.汉语国际教育专业硕士培养方案修订建议［J］.国际中文教育（中英文），2021，6（2）.

［7］王添淼.国际中文教师教学能力再探：成为"学的专家"［J］.东北师大学报（哲学社会科学版），2021（6）.

［8］吴应辉，梁宇.交叉学科视域下国际中文教育学科理论体系与知识体系构建［J］.教育研究，2020，41（12）.

［9］亓海峰，朱建军.汉语国际教育专业硕士培养模式的构建［J］.高教论坛，2016，（12）.

第二章
国际中文教育研究选题

一、导读

 老师，我发现同门的学长学姐们已经把导师的研究方向研究得差不多了。我该怎么办呢？

我们不能只关注自己导师的研究方向，建议大家按照"先通后专"的学习路径，尽可能地去拓宽自己的视野。例如，我们可以多多关注国际中文教育相关的学术会议，看看期刊论文的选题，分析汉硕生毕业论文的选题情况，为自己的论文选题汲取灵感。

二、从学术会议中叩开学问之门

学术会议堪称学者们年度最重要的学术盛事，具有广泛影响力的国际学术会议往往汇聚了各领域顶尖学者，集结了学界的最新研究成果。青年学者借此平台得以迅速成长，并展示自己的学术成果。本章将以"第十二届全国语言文字应用学术研讨会暨《语言文字应用》创刊三十周年学术研讨会"①的分组报告题目（见表 2-1）为分析样本，探讨国际会议分组报告论文的选题特点。

表 2-1 研讨会部分汇报论文题目

组别	序号	论文题目	汇报人
第三组	1	语言服务视域下国际中文教育"三教"问题略论	陈 肯
	2	母语背景对二语学习者汉语轻声感知的影响研究	邓 丹、谭坤明
	3	论中医外传与国际中文传播	郭力铭
	4	新时代中国特色国际中文教育话语体系构建：内涵、要素与实现路径	李宝贵、刘家宁
	5	内涵式发展之"内涵"：国际中文教育教学资源建设的维度	梁 宇
	6	浅谈南非华文教育：创变华教，从"有界"到"无界"	柳 玲
	7	新形势下国际中文教师培养策略	刘 旭
	8	国际中文数字化教学资源的应用成效比较刍议	马 宁
	9	数智时代国际中文教育智慧化转型的新思考	马瑞祾、徐 娟
	10	墨西哥中文教学资源发展研究	王兰婷、田 桃
	11	中医药国际传播的语言问题及对策	徐富平、尉万传
	12	《欧框》语言政策影响下希腊汉语教育实践与发展	张文君

① 第十二届全国语言文字应用学术研讨会暨《语言文字应用》创刊三十周年学术研讨会由教育部语言文字应用研究所、北京师范大学联合主办，北京师范大学文学院、《语言文字应用》编辑部、中国应用语言学会（筹）、中国文字整理与规范研究中心承办。研讨会于 2022 年 11 月 19 日至 20 日在线上举行，300 多位专家学者在线参会，120 余位专家学者围绕"语言政策与规划""国际中文教育""社会语言学""语言规范研究""语法研究""语篇研究""计算语言学研究"等议题，分组展开深入研讨与交流。

续表 2-1

组别	序号	论文题目	汇报人
第四组	1	汉语中级留学生汉字阅读准确性与流利性影响因素实证研究	范 笛、张琴凤
	2	二语写作自我调节能力中的个体差异：自我效能感的作用	胡凌欣
	3	基于信息熵的系列方法在易读性分析中的适切性研究	李 安
	4	面向汉语 L2 学习者的清华中文能力水平测试研制	李曼丽课题组
	5	汉语国际教育专业国际学生汉语能力调查研究	罗 莲、杨亚鑫、张夏元
	6	基于显性认知理论的汉语语法知识教学	翟 艳、韩玉国
	7	基于扎根理论的华裔留学生华语认同影响因素研究	王 晶
	8	学习者因素和文本因素对汉语二语者文化课堂口头叙事特征的影响	王露锦、伍秋萍
	9	华文教学效果影响因素实证研究——兼谈国际中文教育与华文教育的分合	韦九报
	10	中介效应分析在二语习得研究中的应用及方法评述	伍秋萍
	11	针对越南学生的现代汉语程度副词教学建议	杨氏检

从会议手册所展示的汇报题目可以发现，国际会议论文的选题范围广泛，基本覆盖了语言文字应用的各个领域。例如，第三组中包含了有关海外中医药教学课程的研究。通过分析第四组的选题，发现二语教学和二语习得等方向在国际会议中颇受青睐。第四组的第3、4、5、9篇论文较为注重技术方面，涉及测试研制、易读性分析等。这些技术性选题对研究生而言难度较大，研究者需克服对技术的畏难心理。同时，第四组亦包括二语教学类论文，如第11篇论文。然而，这类选题需谨慎，鉴于同学们尚处于国际中文教师职前阶段，不建议撰写教学建议类论文，除非具备丰富的教学实践证据或精通二语者的母语。

三、国际中文教育研究选题多维分析

（一）国际会议论文选题：主旨报告与分组报告

正如前文所述，学术会议论文选题呈现出多元化的特色。更值得青年学者和学生们借鉴的是，权威的国际会议往往具有较强的前沿性。在国际会议的主旨报告中，学者们针对前瞻性热点问题进行深入探讨，有时会在会议上率先分享关于诸多热点问题的观点，随后在期刊上发表。因此，在进行研究时，我们需要紧密关注国际会议中的新趋势。

1. 主旨报告

在国际会议的主旨报告中，通常会邀请领域内具有权威地位的学者，对学科的发展状况进行深入评述。以第 17 届（2021 年）和第 18 届（2022 年）国际中文教育学术研讨会①为例（会议主旨报告列表见表 2 – 2），李宇明教授分别在 2021 年的报告中探讨了语言的经济学属性，在 2022 年的报告中则关注了职业教育，这些论述显然具有专业发展方向的指导价值。此外，李宝贵教授（2022 年）发表了题为"国际中文教育社团发展现状、挑战与展望"的演讲。据了解，2022 年 8 月，在教育部中外语言交流合作中心与广东省教育厅的指导下，由华南师范大学东南亚中文教师教育学院倡议并联合粤、港、澳多所高校成立了"国际中文教育南方联盟"。该联盟充分发挥粤港澳大湾区的区位优势，大力推动国际中文教育协作机制的建设，将综合院校的科研优势与普通中职院校的应用优势相结合，以国际中文教育为核心，积极推进"中文＋职业教育"的发展模式。又如，吴应辉教授在 2022 年的报告中对国际中文教育学科的分类进行了深入探讨，从宏观角度帮助我们认识这一学科。然而，需要指出的是，虽然这类主旨报告有助于我们把握学科动态，但研究生在选择论文题目时，谨慎选择此类内容，因为此类选题需要研究者具有宏

---

① 国际中文教育学术研讨会（简称"ICCSL"）由教育部人文社会科学重点研究基地北京语言大学国际中文教育研究院（原"汉语国际研究院"）/华文教育研究院和新西兰梅西大学人文学院联合主办，至 2023 年已举办 19 届。ICCSL – 19 于 2023 年 7 月 8—9 日在北京语言大学隆重举行，详见报道：《第 19 届国际中文教育学术研讨会（ICCSL – 19）在北京语言大学隆重举办》，见国际中文教育研究院网站（http://ric.blcu.edu.cn/info/1048/2680.htm），刊载日期：2023 年 7 月 10 日。

观视野。建议硕士学位论文的选题聚焦于个人能力可以掌控的"最近发展区"内，力求增强客观性。

此外，从国际会议的这些报告中，我们能够提炼出关键词（热点词）。近年来，"智能化对教学的影响"成为学界关注的热点问题。学者们提出了"智慧教学"的概念，一些高校也开始着手建设"汉语学习的智慧平台"。2022 年，荀恩东教授在主旨报告《国际中文智慧教学理论和实践探讨》中对这一热点进行了评述。在 2023 年举办的 ICCSL 大会上，崔希亮教授的《科技赋能的国际中文教育》和王治敏教授的《数字化时代国际中文教育行业发展与新闻热点跟踪研究》再次关注到"数智化"科技浪潮对国际中文教育行业的影响，而陆俭明教授则从"高质量发展"的视角提出了新时代国际中文教育发展的方向。

表 2 - 2 国际会议 ICCSL - 17（2021 年）和 ICCSL - 18（2022 年）的主旨报告

年份	主讲人	主旨报告题目
2021 年	崔希亮教授	国际中文教育事业和学科发展的若干问题
	吴应辉教授	国际中文教育学科理论体系与知识体系构建
	周小兵教授	国际传播能力与中文教育应用
	李宇明教授	认识语言的经济学属性，推进国际中文教育的新发展
	孙茂松教授	人工智能背景下的国际中文教育
	王治敏教授	泛在学习背景下国际中文教育教学核心资源的研究与建设
	赵　杨教授	线上中文教学的"三教"问题及其相互关系
	李　泉教授	来华生和汉硕生：中国文化教学当地化取向与故事化模式
	李佩泽博士	促进中文学习者全面发展的标准与考试
	姜丽萍教授	新形势下国际中文教师的知识、能力、素养重塑
2022 年	李宇明教授	职业教育与国际中文传播
	崔希亮教授	国际中文教育的分层意识和产品化思维
	郭　熙教授	海外华人祖语传承：经验与启示
	吴应辉教授	国际中文教育类型划分参考框架构建
	宋继华教授	五元知识链视角下的国际中文教育再认识
	荀恩东教授	国际中文智慧教学理论和实践探讨
	赵　杨教授	《国际中文教师专业能力标准》所涉及的研究课题
	李宝贵教授	国际中文教育社团发展的现状、挑战与展望
	陆剑明教授	国际中文教育的使命

2．分组报告

通过梳理 ICCSL 历年所收录的论文，我们可以发现，国际会议中分组报告的论文选题范围广泛且多样。与期刊论文相比，国际会议论文具有更高的开放性，且规格与要求相对宽松，鼓励高校在读研究生在导师的指导下积极尝试投稿。

同学们可以通过参加这些学术会议或论坛提升自己的创新能力和学术写作能力。注意：投稿及署名须在导师指导下完成，切勿一稿多投或私自投稿。

（二）期刊论文中的国际中文教育选题分析

下面将以四本汉语类核心期刊《世界汉语教学》《语言教学与研究》《语言文字应用》《汉语学习》，以及一本外语类核心期刊《外语教学与研究》近五年（2018—2022 年）的选题为例，进行具体分析。

1．《世界汉语教学》

《世界汉语教学》① 是汉语作为第二语言教学领域的核心学术刊物，乃世界汉语教学学会的会刊。从 2018—2022 年发表的论文内容来看，有关汉语语言学本体的研究占据了较大比例，约为 56%；有关汉语教学与学习研究的论文占比约为 34%；而有关新时代汉语国际传播研究的宏观性论文相对较少，约占 10%。这一分布情况显示，《世界汉语教学》对国际中文教育的各领域均有关注，涵盖了学科相关的宏观设计、语言学本体知识以及教学理论和实践。值得关注的是，《世界汉语教学》对汉语语言学本体的研究尤为重视，五年内发表的相关论文数量超过了其他两类主题的总和。在汉语语言学本体研究中，相较于语义和语用领域，句法研究始终是热点。在汉语教学与学习研究方面，论文主题则多以学生学习为关注点。

---

① 见《世界汉语教学》官方网站（http://www. sjhy. cbpt. cnki. net/WKC2/WebPublication/index. aspx?mid = SJHY）。

2.《语言教学与研究》

《语言教学与研究》① 是由我国教育部主管、北京语言大学主办的专业性学术期刊，以对外汉语教学研究为特色。从 2018 年到 2022 年，该期刊中关于二语习得、教学方法以及学科建设方面的研究较多（见表 2 - 3）。同时，其刊载文章的跨学科特点日益明显，对创新性的重视程度进一步提高，如冯丽萍、张了原、徐小雄等（2022）的《基于元分析的教学互动过程中人际脑同步与学习效果的关系研究》。近两年，针对教师的研究亦逐渐增多。

表 2 - 3　2018—2022 年《语言教学与研究》的发文主题与数量

主题类别	2018 年	2019 年	2020 年	2021 年	2022 年
二语习得	9	9	8	6	5
教师	—	—	—	1	1
教学方法	4	3	3	2	2
教学资源	1	1	—	1	1
课程研究	—	1	1	—	2
学习策略	—	—	—	1	—
学科建设	1	1	7	3	4
区域国别中文教育	1	2	—	2	1
测量方法	—	—	—	1	2

3.《语言文字应用》

《语言文字应用》② 是由我国教育部语言文字应用研究所主办的汉语语言文字学学术刊物。2018—2022 年该期刊论文发表数量如图 2 - 1 所示，受疫情影响，该刊物 2020 年的发文量有所下降；至 2022 年，"汉语国际教育"专业更名为"国际中文教育"后，相关专业论文的数量有所增长。在发表论文的主题方面，第二语言习得研究占据较大比例，包括对第二语言学习者个体特征的研究、第二语言学习者语言系统的研究，以及第二语言习得过程与机制的研究，其中涉及对比分析、偏误分析、中介语理论等。有关汉、外对比

---

① 见《语言教学与研究》官方网站（https://yyjx. cbpt. cnki. net/WKB3/WebPublication/index. aspx?mid = YYJX）。

② 见《语言文字应用》官方网站（https://yyyy. cbpt. cnki. net/WKC/WebPublication/index. aspx?mid = yyyy）。

的研究则相对较少。同时，该期刊发表的论文具有显著的跨学科特点，不仅涵盖汉语本体研究，还常与神经生理学、传播学、计算机科学等学科交叉。

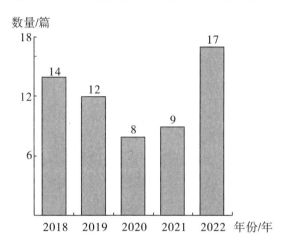

图 2 - 1　2018—2022 年《语言文字应用》的论文发表数量

《语言文字应用》中收录了很多纯本体的研究。此类研究主题在迁移到国际中文教育时，实际上需要迁移的就是研究对象。我们不是研究语言本身，而是研究语言对象如何学习这一类语言要素。

4.《汉语学习》

《汉语学习》① 是经国家新闻出版总署批准，由吉林省教育厅主管、延边大学主办，为国内外公开发行的国家级汉语类学术期刊。从 2018 年到 2022 年，该期刊发表有关国际中文教育领域研究的文章共计 70 篇，平均每年发表 14 篇。整体而言，疫情前国际中文教育专业相关文章数量保持稳定，疫情期间虽有波动，但自 2022 年起，文章数量呈现增长趋势。该期刊的论文主题主要集中在以下领域：二语习得与测试、二语教学、二语教材词典以及汉语教师培养。2018—2022 年《汉语学习》的四类研究主题发文数量如图 2 - 2 所示，有关二语习得与测试的论文数量最多，占总数的 66%。此类研究侧重于词汇和语法的习得过程，且常常针对特定的母语背景进行探讨。同时，还包

---

① 见《汉语学习》官方网站（https://hyxx.ybu.edu.cn/）。

括关于学习策略、学习者认知加工和偏误的研究。有关二语教学的论文占25%，主要涉及教学策略、课程设计以及语言要素教学三个方面。二语教材词典相关研究年均发表一篇。而汉语教师培养方面的研究最少，仅在2022年发表一篇。此外，学习者能力评估以及测试相关的论文年均一篇。

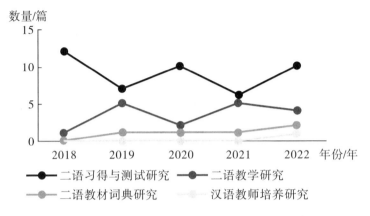

图2-2 2018—2022年《汉语学习》的四类研究主题发文数量

教师培养研究和教材研究的发文数量少，并不代表教师培养类问题或者教材研究不重要，而是我们在进行这类研究时，容易带有太强的主观性，客观标准较难把握。因此，学界也应加强对此类主题的重视。

5.《外语教学与研究》

《外语教学与研究》[①]（原名《西方语文》）为北京外国语大学学报，是我国外语领域首家学术期刊。2018—2022年《外语教学与研究》的发文主题与数量见表2-4，通过分析发现，跨语言研究论文数量居首，占比达41.1%，且研究语种日益丰富，自2020年起涵盖三个语种。其次，汉语本体研究论文颇丰，占比35.3%，同时引入新概念如空动词、递归领属结构等。二语习得研究以实证为主，且关注双语者这一特殊群体。此外，文化交流研究则相对较少。

---

① 见《外语教学与研究》官方网站（http://www.fltr.ac.cn/WKG/WebPublication/index.aspx?mid=wjyy）。

表 2-4 2018—2022 年《外语教学与研究》的发文主题与数量

主题类别	2018 年	2019 年	2020 年	2021 年	2022 年
汉语本体	5	8	4	11	2
跨语言研究	5	11	7	5	7
二语习得	4	6	0	7	0
文化交流	1	0	0	2	0

外语类相关研究在《外语教学与研究》中占比较大，如果想要在《外语教学与研究》上发表本体研究内容的论文，就需要思考怎样将本体研究融入外语学习。

（三）历届汉硕生毕业论文的选题分析

1. 基于《培养大纲》的硕士学位论文的选题类型

根据《全日制培养方案》教指委于 2011 年发布了《汉语国际教育硕士专业学位论文撰写指导性意见》（以下简称《指导性意见》），将汉硕生毕业论文分为五类，详见表 2-5。建议具有海外志愿者经历的本科生和留学生选择开展调研报告类课题，以便将在海外地区收集的第一手资料利用起来。例如，派驻马来西亚的志愿者可以针对当地对外汉语教学展开某一调研课题，如某一句法成分的教学等。同时，具有海外教学经历的同学也可以尝试教学实验类论文。

表 2-5 汉硕生硕士学位论文五大选题类型

类型	概念解释
调研报告	调研报告是对国际汉语教育相关问题进行调查、整理、分析后形成的文字材料。调研报告应具备写实性、针对性和逻辑性。调研报告应强调调研题目的实际意义，强调调查方法的科学性和合理性，特别强调调查材料和数据的真实性、全面性、代表性及应用性
教学实验报告	教学实验报告是教学实验之后，对教学实验设计、实施的全过程及其结果进行客观概括反映的书面材料。教学实验应在相关理论的指导下提出实验假设，选择实验对象，分析界定实验变量，设计实验方法并实施实验。研究者根据实验中所得到的数据和材料，经过科学分析，得出实验结论

续表 2 - 5

类型	概念解释
案例分析	国际汉语教育案例是在实践中真实发生的含有问题或疑难的情境，或能够反映某一国际汉语教育基本原理的典型性事件。案例应该具有现实性、真实性、动态性、启发性和典型性。案例可包括课堂教学案例、跨文化交际案例、文化传播案例、与文化传播和国际汉语教育相关的项目管理案例等。在学位论文中，作者不仅需要提供完整的案例，还要运用相关理论对案例进行深入的分析与阐述
教学设计	教学设计以语言理论、文化传播理论、学习理论和教学理论等为基础，运用系统论观点和方法，分析教学中的问题和需求，从而找出最佳解决方案。国际汉语教学设计可包括课程设计、课堂教学设计、活动设计、教学多媒体设计与环境设计、网络化学习设计、教材及其他教学资源的研发、教学材料的组织与设计及与国际汉语教育相关的项目设计等。在学位论文中，教学设计不仅包括设计本身，还应包括对教学设计要解决问题的阐述，对前期各种需求的分析和目标确定、策略制定、媒体选择及对方案实施的过程的描述和对自己的教学设计方案的评价
专题研究	专题研究是就某一方面的问题或就问题的某一部分进行深入的研究。专题本身要来自国际汉语教育实践。专题研究要求问题集中且有相当的深度，对所研究的问题提出准确的说明和解释。研究结果须对实际工作有现实意义，不鼓励仅就语言、文化本体问题展开纯理论的专题研究

2. 汉硕生学位论文选题：以中山大学（2007 级—2019 级）为例

贾思钰（2022）的研究《中山大学汉语国际教育专业硕士学位论文选题分析》显示，从 2007 级—2019 级，中山大学汉硕生论文共计完成 716 篇。根据《指导性意见》中的选题大类划分，论文选题各类型占比由高到低依次为：专题研究、调研报告、教学实验报告、教学设计、案例分析。教学实验报告的占比呈现波动上升态势，在 2018 级学位论文中占比最高，之后从高到低分别是 2010 级、2017 级、2019 级。教学设计类学位论文则呈现曲折下降趋势。教学设计类学位论文在 2007 级、2008 级汉硕生中较受欢迎，这反映出该专业设立初期，汉硕生对教学设计的热情较高。而案例分析类学位论文数量则较少，并呈逐渐下降趋势。

贾思钰（2022）在研究中，根据中山大学汉硕生学位论文的实际状况与研究需求，将学位论文选题划分为七大领域：汉语作为第二语言教学、汉语习得研究、汉语本体特征、文化与交际、汉语教师素质、对外汉语办学研究、其他。研究分析表明，各类学位论文选题内容的占比从高到低依次为：汉语作为第二语言教学、汉语习得、汉语本体特征、对外汉语办学调查、汉语教师素质、文化与交际、其他。不同主题的学位论文占比存在显著的不均衡性，其中有关汉语作为第二语言教学类论文数量最多，占比达到 56.28%；有关汉语教师素质、有关文化与交际类的论文占比则较小，分别为 2.93% 和 2.23%。值得注意的是，与期刊论文相比，在"汉语作为第二语言教学"这一大类下，中山大学历年汉硕生学位论文选题中包含大量的教材研究类论文（259 篇，在该类中占比达 64.27%），而期刊中的教材研究类论文则相对较少。这可能与中山大学设立了国际汉语教材研发与培训基地有关。

总体而言，中山大学汉硕生学位论文遵循了《指导性意见》的撰写规范，紧密贴合对外汉语教学实践。以实践研究教师教学与学生习得为主题的论文数量，超过了研究汉语本体知识的论文。值得注意的是，在汉硕生学位论文的具体要求方面，各学校之间存在一定差异，例如，部分学校并不将有关本体研究类论文纳入汉硕生学位论文的范畴。

四、本章阅读书目与文献

［1］李宇明，王玲玲. 主动识变应变求变 推动华教高质量发展：著名语言学家李宇明教授访谈录［J］. 华文教学与研究，2023（3）.

［2］陆俭明，崔希亮，李泉，等. "新时代国际中文教育高质量发展与创新"多人谈［J］. 云南师范大学学报（对外汉语教学与研究版），2023，21（4）.

［3］贾思钰. 中山大学汉语国际教育专业硕士学位论文选题分析［D］. 广州：中山大学，2022.

［4］周小兵. 汉语国际教育研究设计与论文写作［M］. 北京：外语教学与研究出版社，2021.

第三章
国际中文教育研究设计分类

一、导读

老师，我平时在教学实践中会遇到好多问题，这些问题都能成为我的研究主题吗？

同学们发现的一些问题，有时仅等同于麻烦、困难。例如找不到留学生被试、检索不到语料等，但它们都不是研究主题。要把遇到的问题上升成研究主题，我们首先得明白什么是研究。大家可能习惯了考试"一问一答"的模式，但是做研究并不是这样的，有时候可能没有答案。

老师，我在读论文的时候发现很多论文设计了复杂的实验来证明一些大家都知道的常识，这种研究有必要做吗？

常识是大家共同的认识，而这个共同的认识有没有可能出错呢？例如，曾经我们认为地球是平的，通过研究才知道地球不是平的。

这需要研究者从质疑的角度提问：地球真的是平的吗？于是就有了两种假设，第一种假设认为地球是平的，另外一种假设认为地球不是平的（备择假设）。随着航海技术的发展，人类才有可能去探索这个问题的真伪。于是，自然科学领域就产生了所谓系统的研究方法。社会科学亦如此。

简而言之，"研究"就是用系统的方法探求问题的答案（Hatch & Farhady, 1982）。以导读为例，当人类有了先进的航海技术及指南针等工具后，便有了探索更广海域的能力。借助工具，一艘船出航的目的既可以是打鱼，也可以是探索地球是不是平的。于是，自然科学领域有了海洋科学、地理学等细分学科。社会科学亦是如此。为了探索研究对象所对应的研究问题，我们需要严谨的研究设计，需要通过系列科学手段去采集数据。一般而言，采集的数据包括两类：一类是数值型数据，如做实验得到的可量化数据；另一类是文本型数据，如自然观察或访谈录音转写的文本等。

二、相关概念界定

（一）何为研究？

在社会科学领域，学者对研究有不同定义。Tuckman（1978）将研究定义为通过系统的方法寻求问题的答案。Brown（1980）将研究定义为提出问题、寻找答案、证实答案的一整套规则。Hatch 和 Farhady（1982）将研究定义为用系统的方法探求问题的答案。总的来说，学者对研究所下的定义包含三个要素：研究问题、系统的研究方法、研究答案（如图 3-1 所示）。文秋芳和王立非（2004）认为，研究始于问题终于结果，研究方法则是沟通二者的桥梁。研究的最终目的是增进对某个问题或主题的理解和认识，进一步发现规律性的结论和解决实际问题，为学术、实践提供科学的理论支持和指导（Hatch & Farhady，1982）。

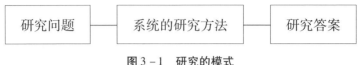

图 3 - 1　研究的模式

国际中文教育的研究问题与研究方法都有其鲜明的学科特色。首先，就研究问题来说，国际中文教育是融合了教育学和语言学的交叉学科，因此研究的问题既包含教育过程，也包括语言现象（崔希亮，2015；王治敏等，2022）。立足于教育学，国际中文教育的研究问题包括教师、教材、教学法（崔希亮，2010）；立足于语言学，其研究问题则包括语言习得、语言本体知识等（陆俭明，2000；王璐璐、戴炜栋，2014）。其次，从研究方法来看，社会科学强调研究方法具有公认性、科学性、可操作性、可重复性（陈向明，2000）；对于应用语言学而言，桂诗春、宁春岩（1997）指出，该学科是一门以外语教学为对象的应用科学。既然是科学，对研究中的研究方法就有规范性、科学性的要求。刘润清（1999）更明确指出，科学需要用标准方法进行系统的研究。换言之，研究方法有既定的规范步骤，而非随心所欲的思辨（桂诗春，2000）。最后，就研究答案而言，所有的研究最终都追求一个有效度的答案，即需要强调研究结果的唯一性（文秋芳、王立非，2004）。

学术论文是体现研究结果的重要载体。我国国家技术监督局在1987年5月颁布的国家标准《科学技术报告、学位论文和学术论文的编写格式》（GB 7713—87）中定义："学术论文是某一学术课题在实验性、理论性或观测性上具有新的科学研究成果或创新见解和知识的科学记录；或是某种已知原理应用于实际中取得新进展的科学总结，用以提供学术会议上宣读、交流或讨论；或在学术刊物上发表；或作其他用途的书面文件。"从研究者的角度看，学术论文可以分为期刊论文和学位论文，是学者和学生探讨研究问题、汇报研究成果的重要载体，有利于为后续研究提供思路及观点（高小和，2002）。

（二）研究方法的界定及易混淆概念的区分

1. 研究方法

所谓研究方法，是指研究中的计划、策略、手段、工具、步骤以及过程的总和，具有科学性、公认性、可操作性、可重复性等特点（袁方，1997；陈向明，2000；文秋芳、王立非，2004）。

过去，已有学者围绕研究方法的概念展开论述。例如，袁方（1997）、陈向明（2000）将研究方法分为三个部分：方法论、贯穿研究过程的指导思想和研究范式、资料采集技术。张培、张昕昕、韩子钰（2013）将研究方法区分为方法类型（案例研究、内容分析等）和数据采集手段（观察、访谈等）。丁安琪（2017）将研究方法分为指导研究的理论视角方法（个案研究、行动研究等）、贯穿研究全过程的程序与操作方式、获取研究资料的方法（观察、问卷调查、实验等）。

总的来说，学者对研究方法的分类虽有不同，但也达成了如下共识：研究方法是包含了研究范式、研究技术（数据采集方法、数据分析方法）的复合性概念。

2. 研究范式

何为范式？范式（paradigm）一词最早由美国科学哲学家库恩在《科学革命的结构》一书中提出，它是指科研共同体在本体论、认识论、方法论上遵循的相同信念（Kuhn，1962）。换言之，范式是科学工作者共同遵循的理论主张和操作规范，属于理论而非具体的研究方法（文秋芳，2018）。

国际中文教育是融合了教育学、应用语言学的交叉学科，而这两门学科对于研究范式的定义和划分标准略有不同。

一方面，教育学的研究范式是指常规科学所赖以运作的理论基础和实践规范，是一种近乎固定的问题和解题方法，可细分为思辨研究和实证研究（高耀明、范围，2010；姚计海，2017）。其中，思辨研究关注解决"应然问题"，关注建构概念、理论和观点，通过逻辑推理来解决概念问题；实证研究是通过对研究对象进行观察、实验或调查，通过收集、分析和解释数据，以事实为证据探讨事物本质属性或发展规律的研究方法（如图 3-2 所示）。

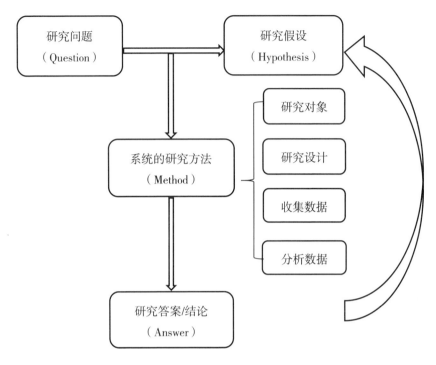

图 3 - 2 实证研究的本质

另一方面，应用语言学的研究范式则往往分为文献研究和实证研究（王立非，2002；文秋芳、王立非，2004；常俊跃，2005）。其中，文献研究的研究资料是文件、著作或者杂志中已经发表的、别人收集的数据，而实证研究需要研究者采用问卷、访谈、实验等技术亲自收集数据（文秋芳、林琳，2016）。此外，也有学者对应用语言学研究范式提出不同的分类标准。桂诗春等（1997）将研究范式分为理论、描写和实验；秦晓晴（2003）则按照目的将应用语言学研究分为描述性研究、探索性研究、解释性研究、相关性研究。由此可见，国内应用语言学界对于研究范式的分类呈现多样性，并未形成统一标准。有学者认为，造成这种现象的主要原因在于中国外语教学没有足够成熟的方法论，因此研究方法还停留在对自然科学和社会科学一般研究方法的模仿和借鉴上（胡加圣，2015）。

从上述分类可见，实证研究是教育学、语言学都关注并大量使用的重要研究范式。目前，各学科对实证研究的界定已形成共识，即一般根据所采集资料的类型将其划分为质化研究、量化研究、混合研究。其中，资料以数字形式出现的是量化研究，资料以文字或图片形式出现的是质化研究，既包含数字也包含文字的为混合式研究（Punch，1998；刘润清，1999；Lazaraton，2000；高耀明、范围，2010；姚计海，2017）。

此外，也有少数学者以研究者角色和阐释学理论作为区别研究范式的标准。陈向明（2000）从收集数据的工具出发，认为质化研究是基于自然主义并以研究者为资料收集工具，侧重对现象进行解读和建构的动态研究方法，即研究者是收集数据的唯一工具；而量化研究则是一种对事物可以量化的部分进行测量和分析，以检验研究者自己对于该事物的某些理论假设的研究方法。范明林和吴军（2009）从阐释学入手，认为质性研究是研究者深入研究对象所在的自然情境，通过与其互动进而收集资料，并进行阐释的研究方法；相反，量化研究不考虑研究者和研究对象的互动，而是基于特定的假设，将社会现象数量化并计算出相关变量之间的逻辑关系的研究方法。

总的来说，目前学界主要把资料的类型作为划分研究范式的标准。

3. 研究技术

何为研究技术？袁方（1997）将研究技术定义为某一个研究阶段中所使用的工具、手段、技巧，而研究阶段分为资料的采集与分析。

对于量化研究，学界对其资料采集方式的看法较为统一，包括问卷调查、实验等。而资料分析方式则多以统计方法为主，依赖计算机及相关软件完成（秦晓晴，2003；秦晓晴、毕劲，2015）。量化研究的数据分析一般包括描述性统计、推断性统计等。目前，已有学者开始关注研究过程中的数据分析技术，但研究成果不多。亓海峰（2016）考察了96篇学位论文，发现学位论文在变量的选择上以单变量为主，使用多变量分析的论文较少。张海威、刘玉屏（2019）对国内有关汉语教师的研究文章所使用的数据分析方法展开调查，发现教师主题的期刊论文使用最多的数据统计方法是 t 检验，统计方法相对单一。

对于质化研究，其资料采集方式相对多元且复杂。陈向明（2000）认为，质化研究要通过各类技巧从被研究者那里获得能够表露他们思想的资料，如访谈中的倾听与追问等。实际上，从定义上看质化研究的资料比量化研究的资料更为广泛，质化研究的资料采集是研究者按照特定视角打碎"世界"，接着捡取其中自己喜欢的"碎片"，然后将其以某种特定的方式"粘贴"起来的行为模式。陈向明（2000）将质化研究的资料收集方法归纳为访谈、观察、实物分析、口述史、叙事分析、历史法等，并重点介绍了访谈、观察、实物分析三种方法。张培等（2013）在分析89篇质化研究的文章时，将数据的采集方式归纳为访谈、观察、内容分析。总的来说，从资料的分析情况来看，质化研究主要依赖于描写阐释。

4．本书采用的研究方法概念

本书采用陈向明（2000）关于研究方法的定义，将研究方法视为包含研究范式、研究技术的复合概念。其中，研究范式按照文秋芳、王立非（2004）的标准划分为文献研究/思辨研究和实证研究；研究技术参照了陈向明（2000）的概念，细分为数据采集技术和数据分析技术（如图3-3所示）。

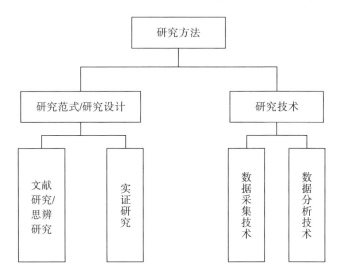

图3-3　本书采用的研究方法概念

研究设计则是一个比研究方法更小的概念，特指开展实证研究时所采用的资料采集手段的类型。从某种程度上讲，研究设计等同于研究范式。换句话说，研究范式就是已形成规范的研究设计。

三、后方法理论视野与国际中文教育新动态

（一）后方法理论视野下的对外汉语教学研究

课前阅读任务：《后方法理论视野下的对外汉语教学研究——第11届对外汉语国际学术研讨会观点汇辑》（陈申 等，2014）。

　　根据《后方法与汉语教学：张冠李戴?》（陈申，2014），请同学们思考并讨论"后方法理论"提出的背景以及如何理解"后方法理论"中的"后"。

　　陈申提出"后方法教学论"，概括了宏观策略的10大原则，包括学习机会最大化、减少感知错配、促进意义协商、提升学习者自主性、培养语言意识、激发启发式教学、语言输入语境化、整合语言技能、联系社会和提升文化意识。这篇文章的亮点在于作者怎么去分析"后方法理论"中的"后"，以及作者如何从历史的视角切入分析，例如文中提到了当时各个学科理论发展不平衡的现实，语言学理论发展缓慢，而心理学理论的发展则变化多端，在教育方法论上也独树一帜等。最后，我们也可以看到作者的辩证思维以及积极的心态、开放的视野。例如，作者在最后提到我们不仅要关注"三教"（教师、教材、教法），还要关注"三学"（学生本身、学习环境、学习行为）。

（二）应用语言学及分支领域的研究方法

　　（1）文献研讨：《二语习得研究方法综述》（王璐璐、戴炜栋，2014）。

　　这篇文章的亮点在于厘清了"跨学科"的概念，作者从语言学、心理语言学、社会文化理论以及基于认知的视角四个研究维度展开。对此，我们也可以用社会科学的普适分类来进行分析，这个普适分类包括定性研究、定量研究以及混合研究。例如，基于语言学研究视角的论文其实都是在做测试，那么它就属于量化研究；基于心理语言学研究视角的论文都是在做实验，那么它们都属于量化研究；基于社会文化理论的研究归根到底是质化研究。这些看似复杂的研究，仍是在定性研究、定量研究以及混合研究三类之中。

　　（2）文献研讨：《2001—2015年应用语言学研究方法的使用趋势》（文秋芳、林琳，2016）。

　　在这篇文献中，作者将实证研究法归为量化法、质化法和混合法三类，（见表3-1）。请同学们思考并讨论：①应用语言学（国际中文教育）中是否有非实证研究？如果有，包括什么？②对于量化和质化的子类型，以上分类是否合理？请修订并对每种子类型作出界定（从上一章收集的文献中，尝试选取1篇这类方法的代表性文献）。

表 3 - 1　三类实证研究方法的典型示例

项目	量化法	质化法	混合法
典型示例	调查问卷、实验及准实验研究、结构化访谈、结构化观察法等	个案研究、民族志研究、行动研究、现象学研究、参与式观察法、访谈、学习日志、个人叙述、有声思维、语篇分析、叙事分析、会话分析等	在同一个研究中，兼用量化法和质化法的研究，例如问卷调查与访谈相结合，实验法和个案研究相结合等

资料来源：文秋芳、林琳（2016）。

（三）国际中文教育新动态、新领域与新方法

精读《国际中文教育新动态、新领域与新方法》（吴应辉，2022），请同学们思考并讨论：本篇文章与王璐璐、戴炜栋（2014）和文秋芳、林琳（2016）两篇文章有什么共通之处？

吴应辉（2022）指出，方法论是指在某一具体学科研究领域内，基于各种具体方法基础升华出来的、具有普遍指导意义的关于方法的理论。因此，方法论在更高的层次上对学科内各种具体方法具有一般的指导意义，但其不提供对某一具体问题的具体解决办法。那就意味着《国际中文教育新动态、新领域与新方法》提出的"问题本位研究法"是一个不具有可操作性的方法论。所以文中介绍的问题本位研究法、全球视野比较法、整体系统分析法等并不适合出现在同学们论文的研究方法中。与其说它们是研究方法，不如把它们称为视角和立场更合适。

四、社会科学视野下的国际中文教育研究设计分类

如前所述，从广义上说，研究方法是包含了研究范式（包括研究设计）、研究技术（包括数据采集方法、数据分析方法）的复合性概念。研究设计属于研究方法的下位概念，特指开展研究时所采用的资料采集手段。学者们有时会忽视以研究方法作为指导研究的理论视角，而强调贯穿研究过程的程序

与操作（丁安琪，2017）。因此，从狭义上讲，研究方法等同于研究设计，两者在诸多论文中常被视为同一概念。从学科定位角度说，国际中文教育属于应用语言学与教育学的交叉学科。本节将立足社会科学视角，采用研究方法的下位概念介绍国际中文教育领域的研究设计分类。

（一）国际中文教育研究设计的三级编码分类框架

在对国际中文教育相关学术论文的研究设计进行分类之前，我们有必要对研究设计的分类标准作出界定。目前，学界对量化研究的认识与分类已达成较为一致的意见，但质化研究的分类尚未统一。

陈向明（2000）从社会科学的视角回顾了过往学者对质化研究的分类，这些分类标准包括研究对象、研究目的、研究传统、研究类型等。分类标准尚未统一，故而在讨论具体的质化研究资料采集方法时，学者容易陷入迷思。聚焦二语教学及应用语言学领域，过往研究也没有对质化研究提出具体的分类标准，学者往往只是罗列期刊中出现的所有质化研究方法（高一虹 等，1999；文秋芳、王立非，2004）。然而，陈向明（2000）认为，对质的研究进行分类具有实践意义，"分类可以帮助我们判断质的研究目前的状态，也可以提供一套参照体系帮助我们判断我们的研究在整个体系内所占据的位置"。

鉴于此，本书尝试结合国际中文教育的学科特色对质的研究进行划分。如本书第一章所述，国际中文教育的本质是实践中完成的语言教学，其人才培养强调实践性。马克思主义哲学将实践定义为人能动性地改造客观世界的物质活动，强调实践是一种物质性活动。换言之，实践过程中必定包含工具和人对生产资料的改造。因此，本书沿用袁方（1997）对于研究方法的分类，在质化研究的范式下进一步将研究方法细分为资料采集和资料分析方法。

首先，本书对资料的采集方法进行分类。本书参照 Tesch（1990）（转引自陈向明，2000）对语言特点的划分，将资料采集划分为注重内容的静态内容资料（non-verbal content）和注重过程的动态言语资料（verbal content）。静态资料是指书面文本内容及录像视频内容，具有历时性。动态资料则具体指言语资料，具有共时性。其中，静态内容资料采集包括日志/日记研究、语料库研究①、教学资料考察，以及观察记录。采集动态言语资料的方法主要包括叙述与对话和非结构性访谈：叙述与对话没有预设性；而非结构性访谈则有一定的预设性，其预设内容包括预访谈和访谈提纲等。

值得注意的是，本书没有同学者过往研究一样将语料库研究法划为量化研究。理由有两点：第一，从理论上说，质化研究与量化研究的本质区别在于，质化研究以观察材料为出发点，而量化研究则以假设为出发点（刘润清，1999）。换言之，两类研究方法的本质区别在于一个是自上而下的假设先行，另一个是自下而上的归纳总结。与其他方法相比，作为一种研究方法，语料库研究最为显著的特点就在于，它是一种自下而上的研究方法。以自上而下的方式使用语料库时，语料库只是作为佐证特定理论和观点的工具，严格意义上其不算是语料库研究（卫乃兴，2009）。第二，从资料类型来说，语料库的原始资料仍然是文本型而非数值型数据。和传统的观察、访谈等质化研究方法相比，语料库研究法的特点在于研究者只是使用语料库将文本资料转化为数值型资料，这只是一种对文本的定量类别化分析。因此，从原始资料的类型来看，语料库的资料类型仍然是文本型。故语料库法自然也应该归于质化研究。

其次，本书按研究者对资料的分析手段进行归类。本书将质化研究的资料分析方式细分为描写阐述、叙事分析、变量类别化分析。其中，描写阐述和叙事分析在于研究者和研究对象的角色：在描写阐述中，研究者占据完全主导地位，而在叙事分析中，研究者和研究对象的阐述都对资料的分析起着至关重要的作用。至于变量类别化分析，具体是指使用质化研究工具（如NVivo 软件）对文本进行分析分类的方法。

综上所述，本书形成了国际中文教育研究设计的三级编码分类框架（见表3－2）。一级编码将研究分为"质化研究""量化研究"和"混合研究"三类；二级编码依据资料采集手段将质化研究分为六小类，将量化研究分为两小类；三级编码指的是资料分析方法。

---

① 有语言学家主张区分语料库（corpus）和语篇库（text-bank），其中语篇库多指研究者为了展开调查而自建的语料库（包括单本教材）。本书参照丁信善（1998）对语料库概念的界定，没有对两者进行区分。

表 3 – 2　国际中文教育研究设计的三级编码分类框架

一级编码	二级编码（资料采集方法）	三级编码（资料分析方法）
质化研究	（一）静态内容资料采集 （1）日志/日记研究（diaries/journals）：研究者自己记录文字或使用被研究者记录的文字资料来分析问题的研究方法 （2）语料库（corpus/text-bank）研究：使用语料分析软件对词频、词汇难度等文本项目进行考察、计量的方法 （3）教学资源考察：收集教材、辞典等教学资料并对其特点进行内容分析 （4）观察（observation method）记录：研究者记录自身的感官或者通过辅助工具直接或者间接收集课堂内或者课堂外研究对象的一种科学研究方法 （二）动态言语资料采集 （5）叙述与对话（discourse）：包括有声思考、刺激性回忆等 （6）非结构性访谈（interview）：研究者通过口头谈话的方式从被研究者那里收集或者建构第一手资料	（1）描写阐述 （2）叙事分析（narrative analysis）：受试者对事情的叙述和描写，侧重于故事要素如地点、情节的分析 （3）定量的类别化分析
量化研究	（1）调查法（survey method）：使用控制式的测量问卷对所研究的问题进行度量从而收集到可靠的资料的一种方法，包括结构性访谈、问卷调查和能力测试 （2）实验法（experimental method）：有目的地、严格地控制或创设一定条件，人为地引起或改变某种现象并加以记录的研究方法	（1）描述性统计（报告均值、标准差、百分比等） （2）差异性检验（独立样本 t 检验、配对样本 t 检验、方差分析等） （3）相关分析 （4）模型建构（中介效应、因子分析、结构方程等）
混合研究	同时包含质化研究和量化研究的方法	

（二）社会科学视野下国际中文教育研究设计分类

在社会科学领域，研究设计大致可分为两类：一类是基于数据的实证研究；另一类是非实证研究，包括思辨研究和文献研究。实证研究是指研究者亲自收集观察数据，旨在提出或验证理论假设的研究，其特点为鲜明的直接经验性。实证研究可分为质化研究、量化研究和混合研究。思辨研究主要通过论述展开，包括反思、经验总结以及理论评述等。文献研究则指研究者对文献、情报或资料进行检索、收集、鉴别、整理、分析、研究的科学方法。本书认为"非实证"也应纳入国际中文教育范畴。

最终，本书将国际中文教育研究方法中的研究设计分类框架界定为图3-4。

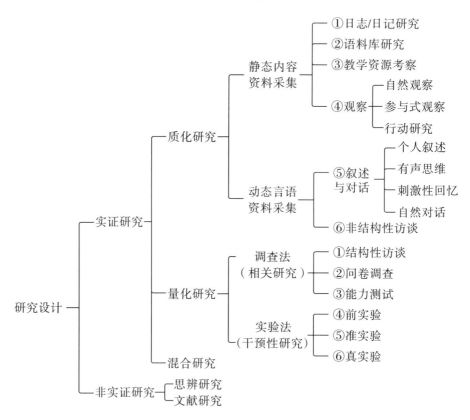

图3-4　社会科学视野下国际中文教育研究设计的一般分类

与文秋芳、林琳（2016）的分类相比，上述分类的质化研究中并没有包含个案研究，因为个案研究是以研究对象的多少来进行划分的，而这里采用的划分标准是研究者采集数据的手段与"时态"。例如，日志研究和语料库研究类似于"过去式"，采集过去的静态文本数据；观察记录类似于"进行时"，研究者参与到情境中并做好记录；非结构化访谈则还包括了研究者自己的预设，又可以分为团体的和个人的。

> 注意：文献研究强调对文献进行的研究，例如"红学"的研究。而同学们写综述的过程，仅仅是对文献做了检索、收集和整理工作，并没有进行研究，所以在论文写作时不能随意写自己使用了文献研究法。

五、本章阅读书目与文献

[1] 陈申，崔永华，郭春贵，等. 后方法理论视野下的对外汉语教学研究：第 11 届对外汉语国际学术研讨会观点汇辑 [J]. 世界汉语教学，2014，28（4）.

[2] 吴应辉. 国际中文教育新动态、新领域与新方法 [J]. 河南大学学报（社会科学版），2022，62（2）.

[3] 文秋芳，林琳. 2001—2015 年应用语言学研究方法的使用趋势 [J]. 现代外语，2016，39（6）.

[4] 王璐璐，戴炜栋. 二语习得研究方法综述 [J]. 外语界，2014（5）.

[5] 亓海峰. 汉语国际教育专业硕士学位论文选题和研究方法调查分析 [J]. 云南师范大学学报（对外汉语教学与研究版），2015，13（1）.

[6] 张海威，刘玉屏. 汉语二语教师研究方法述评 [J]. 国际汉语教育（中英文），2019，4（2）.

[7] 张培，张昕昕，韩子钰. 应用语言学质化研究方法类型：2000—2010 [J]. 外语与外语教学，2013（1）.

第四章
期刊与学位论文研究设计的跨学科对比

一、导读

> 老师，我觉得找到一个在理论上有创新，或是特别有创造性的选题很困难，该怎么办？

> 论文的选题的确有一定难度，同学们也可以采取"老问题，新办法"的方式，检验前人的研究结果是否合理。当方法更新后，我们会发现原来的问题有了新的解释。还有，不要局限于一门学科去看问题。当你有了一定的跨学科视野，你会发现，原来的"老问题"还可以有"新视角"。

二、期刊论文的研究设计：以《世界汉语教学》和《心理学报》为例

鉴于国际中文教育专业的跨学科属性，本节选择国际中文教育和心理学领域最权威期刊的 2023 年某期内容，对它们的研究方法进行分析和对比。

（一）泛读语言学核心期刊《世界汉语教学》

本节以《世界汉语教学》2023 年第 1 期的"汉语研究"和"汉语教学与学习研究"两个栏目的文章为材料，通过对比分析，学习如何撰写汉语本体研究和二语教学研究的研究方法。各期刊文章案例的目录见表 4 – 1、表 4 – 2。

期刊论文案例 1：《汉语中的 AABB 式再分析》（李涤非、程工，2023）。

点评：该文章引言的写作风格已经体现出语言学的特点，即用举例的方式展开讨论。我们可以发现，语言学家总是在进行细致的分类，分类标准的确定是这类研究最有难度的地方。作者对汉语中的 AABB 式进行了再分类。他们采用自下而上的写法，从一个例子出发，重新对 AABB 式进行了归纳总结，并解释句法的推导及相关语言现象，最后进行了意义的升华。

期刊论文案例 2：《用于介绍的"叫"字句和"是"字句》（程妍超，2023）。

思考：该文章对"叫"字句和"是"字句的语用功能进行了分析，作者在介绍这些内容时使用了怎样的写法？是归类总结吗？

表 4 – 1　期刊文章案例 1 和案例 2 的目录

期刊文章案例 1 的目录	期刊文章案例 2 的目录
一　引言	一　引言
二　现有研究	二　"叫"字句和"是"字句何时用于介绍
2.1　词库论	2.1　介绍行为
2.2　形容词重叠的短语地位	2.2　"叫"字句和"是"字句用于介绍的条件
2.3　词根推导	三　"叫"字句和"是"字句的语用功能
三　AABB 式的分类	3.1　"叫"字句的语用功能
3.1　区分依据	3.2　"是"字句的语用功能
3.2　叠加式的句法推导	四　"叫"字句和"是"字句使用的常规语境及原因
3.3　小结	4.1　"叫"和"是"宾语名词的指称属性
四　关于 AABB 重叠式的基本观点	4.2　宾语名词指称属性对句子语用功能的影响
4.1　基式的结构限制	五　"叫"字句和"是"字句使用的非常规语境及影响因素
4.2　对重叠式表程度的质疑	5.1　对人介绍与礼貌原则
五　句法指导及相关现象的解释	5.2　对物介绍与认知显著度
5.1　形容词重叠式的结构	5.3　语言内部因素和受话人知识水平调节
5.2　相关现象的讨论	六　结语
六　结语	

我们可以发现该文章是用例句来进行分析的，这一部分没有太多参考文献，作者对这两个句式的归纳总结是基于自己细致的语料分析，而非基于前人的研究成果。同时，全文并没有对研究方法的描述，但作者必然采用了研究方法来展开研究，这些方法就体现在学者的方法论意识层面上。这个方法论在这位学者的脑子里，而不在论文里。这一点与社会科学有明显的区别，社会科学往往会将研究方法在论文中呈现出来。

期刊论文案例3：《汉语反身代词"自己"的指称释义：从实证数据出发》（孙月明、李宝伦，2023）。

点评：这篇文章研究的仍然是"老问题"——别人研究过的反身代词。但是采取"老问题，新办法"的方式，在既有的理论推理的基础上加入了实证研究。作者设计了测试任务，并对测试材料进行了人为干预。这篇文章的亮点就在于测试材料的编制，它用的研究方法（实验法）和测试的范式（判断任务）都很常见。

这篇文章对同学们的论文写作有一定的参考价值。它属于本体研究，同学们可以将其迁移到国际中文教育领域。首先，它具有清晰的研究问题，并且有扎实的本体研究分类，同时，测试题目也已经编制好了。同学们可以加入一些新的变量，再选择一个有代表性的国家，将这个研究继续推进。

期刊论文案例4：《基于新标准的汉语二语文本阅读难度分级体系构建与应用》（程勇、董军、晋淑华，2023）。

点评：这篇文章对基于大量的二语文本进行阅读难度分级。从文章的目录可知，其没有明确的研究方法。文章介绍了作者如何建构资料库、建构资料库所基于的标准，以及如何建构易读性公式。这也是一种期刊文章的写作方法。

表 4-2　期刊文章案例 3 和案例 4 的目录

期刊文章案例 3 的目录	期刊文章案例 4 的目录
一　引言：有关汉语反身代词"自己"的研究	一　引言
二　研究方法	二　语言资源库构建
2.1　研究问题	2.1　教材语料库
2.2　受试	2.2　新标准知识库
2.3　实验材料	三　基于新标准的教材文本分析
2.4　实验程序	3.1　四套教材的级别划分标准
三　实验结果	3.2　教材文本分析
3.1　动词对"自己"指称的影响	四　基于新标准的文本难度分级体系构建
3.2　副词对"自己"指称的影响	4.1　易读性公式构建
3.3　形容词对"自己"指称的影响	4.2　易读性公式的效度验证
四　讨论	4.3　基于易读性得分的文本难度分级
4.1　组合原则	4.4　汉语二语文本自动分级平台建设
4.2　"自己"的指称解读	五　讨论
五　结语	5.1　关于易读性公式的设计思路
	5.2　关于语言特征选择
	5.3　关于级别划分
	六　结论

期刊论文案例 5：《汉语二语学习者双字词加工方式研究》（周颖、蒋楠，2023）。

期刊论文案例 6：《非目的语语境下挪威汉语外语学习者语用理解的发展模式》（杨黎黎、尚国文，2023）。

这两篇文章属于典型的实证研究，文章结构与案例 3 类似。

案例 6 的第一部分是"引言"，接着是"综述"。第三部分是"实验设计"，包括作者如何进行设计以及语料的收集和筛选。这是比较严谨的写作风格。有些论文则将文献综述简化，将其直接融入引言部分。例如，案例 5 在"引言"部分简述了前人研究，并提出了具体的研究问题。接着介绍研究方法。

同学们需要注意，在论文写作时，还要考虑文章的篇幅问题。例如你设计的测试相对复杂，你想把研究中测试的编制过程详细写清楚，那么将这些内容单独作为一章也是可以的，不存在刻板的、约定俗成的论文结构。

（二）泛读《心理学报》

本节以《心理学报》2023 年第 3 期为材料，具体通过 1 篇论文来看心理学领域论文的研究方法部分是如何撰写的。

期刊论文案例 7：《跨期选择的变易程度正向预测中华文化圈国民的自评扛疫成效：亚非欧美大洋洲 18 国跨国研究》（沈丝楚 等，2023）。

这篇文章跟国际中文教育从事的研究都具有全球视野。这篇文章研究跨期选择的变易程度正向预测中华文化圈国民的自评扛疫成效，其目录见表4－3。

表4－3　期刊文章案例 7 的目录

目　　录
1　引言
1.1　用跨期选择问题表征慢策略和快策略
1.2　改进后的"混合得失"跨期选择问题
1.3　整体假设模型
2　方法
2.1　受测者
2.2　变量测量
2.2.1　自变量
2.2.2　控制变量
2.2.3　调节变量
2.2.4　因变量
3　结果与分析
3.1　全体受测者的跨期选择偏爱变易程度与基本背景信息
3.2　各国受测者对不同通货的跨期选择偏爱
3.3　各国受测者的跨期选择策略的"变易"程度
3.4　水下阶梯：各国受测者的自评扛疫成效水平
3.5　全体受测者的跨期选择偏爱变易程度与自评扛疫成效（水下阶梯）的关系分析
3.6　文化类型调节跨期选择偏爱的变易程度与自评扛疫成效的关系
4　讨论
4.1　研究疫情强加于我们的"真"跨期选择问题
4.2　借"真"问题侦测出的跨期选择异象
4.3　《系辞》谓之"变则通"乃特异性而非普适性
5　结论

第一部分跟语言学类似，是"引言"，篇幅很短。1.3"整体假设模型"部分点明了研究问题和研究意义。2.2"变量测量"部分选择了自变量、控制变量、调节变量、因变量进行测量。我们可以发现文章中关于变量的描述占了很长的篇幅，作者用了一个章节来陈述如何进行变量测量。这样写的优势是，便于他人应用这一研究结果来重复测量设计。

三、学位论文的研究设计：汉硕生毕业论文点评

要求：请阅读下面学位论文①材料，略读摘要，快速了解该论文的内容，精读研究方法部分，并对该部分的撰写进行评论。

（一）学位论文案例1

摘要：提问是课堂教学最常用的策略之一，听力课堂的各个环节都会频繁地使用提问。从某种意义上说，听力课课堂教学的推进是通过教师的提问来实现的。在第二语言听力课堂教学中，教师的提问既是一种教学语料和课堂教学语言，同时也是一种教学组织管理行为。本文从对外汉语初级听力课的课程性质、教学特点和学生实际出发，对初级听力课的提问设计进行探讨和研究，得出对外汉语初级听力课课堂提问设计的基本原则和思路。在此思路之下，以具体的教学案例进行验证和反思。

研究方法：本论文采用的主要研究方法有：（a）文献研究法。通过文献资料的收集和整理，了解对外汉语初级阶段听力教学的内容和特点，为课堂提问的设计提供理论依据。（b）调查法。以问卷调查的方式收集数据，了解研究对象对于初级听力课堂提问的看法。在实践过程中，以调查问卷的形式来获得实验反馈，检验教学设计的效果。（c）观察法。在提问设计的实施过程中，教师通过课堂观察，获知提问设计的效果。

点评：这里误用了文献研究法，文献研究法重在对文献进行研究，而这里很明显只是对文献进行了收集和梳理。

---

① 本部分使用的4篇学位论文案例均来自本人历年评审，已作匿名处理。这些学位论文中出现了汉硕生毕业论文的常见问题——研究方法术语的概念混用现象，故本书选取之作为案例材料。——作者注

（二）学位论文案例 2

摘要： 随着汉语在全世界的辐射面日益扩大，越来越多的外国学生选择到中国留学以学习地道的汉语、了解中国文化。如何吸引并保证留学生生源的质量和数量？历年的留学教育实践表明，外国留学生到华留学考虑的因素，首先是学校能够提供合适的专业和课程，其次才是学校的知名度、历史和排名。由此可见，专业和课程设置对于吸引留学生来华起着十分关键的作用。选修课作为留学生课程的重要组成部分，是对必修课有针对性的补充和提高，是为满足学生们的兴趣爱好、个性发展而开设的让学生自主选择的课程，其在留学生教育中的作用不容小觑。本文以中山大学国际汉语学院、暨南大学华文学院两所高校学院为例，以留学生本科学历教育的选修课作为研究对象，运用问卷调查、文献查询、网络收集等多种研究方法，结合当下留学生本科教育阶段选修课的开设现状，对比分析了两所高校学院的留学生本科学历教育选修课开设所存在的问题，并根据问题提出选修课课程设置、课程实施和课程评估等三个方面的建议和对策。

研究方法：（a）文献调查法：在知网上搜索或到中山大学国际汉语学院语料室借阅相关的论文，并进行分析整理，提取对本研究有启发意义的观点和研究结果。（b）网络收集法：通过登录两所高校的网站，收集相关的留学生课表；登录教育部网站，查询最新的留学生统计数据。这为本论文的写作提供了有效的依据。（c）问卷调查法：以两所高校学院的本科留学生为调查对象发放问卷。通过不记名形式的问卷调查，总结留学生对选修课的需求。（d）访谈调查法。在问卷调查法的基础上，再补充采用访谈调查法进行研究，即对留学生和任课教师进行访谈，主要获得任课老师对选修课设置的看法、建议，以及留学生对选修课的兴趣、期望等。（e）比较研究法。对比分析中山大学国际汉语学院与暨南大学华文学院的留学生选修课课程，并让受调查留学生对本校选修课的需求度进行评价，从而得出留学生对选修课的学习需求。

点评：这位同学在"研究方法"部分写了文献调查法，意指对文献进行了收集；还写了网络收集法，但其实并不存在这种研究方法；也写了比较研究法，其实对比分析并不算是一种研究方法，它只是分析数据的一种立场和手段。同学们注意不要随意使用"法"。

（三）学位论文案例3

摘要： 基于移动终端的汉语学习词典 App 已成为外国人学汉语的重要工具。本文就两款评价最高、下载量最大的汉语学习词典 App 进行了静态和动态两方面的调查与分析。结果发现：两款汉语学习词典 App 的开发商来自海外或中国香港，用户定位明确，均面向汉语作为第二语言的学习者；其查询快捷，突破了汉字系统带来的检索难点；其体例和功能可自主设置，交互性强；其释义语言符合学生需求；其已引入付费权威词典；其免费版释义和例证较为丰富，但在可靠性、准确性等方面存在不足，且缺乏语用、文化等信息。

为进一步了解汉语学习词典 App 的使用现状，我们在中山大学国际汉语学院分别抽样了 89 名留学生和 42 名教师进行问卷调查。对学生的调查结果显示：汉语学习词典 App 的使用覆盖率达 87.64%，且使用频率高；学生对词典缺乏认知并希望得到教师的指导。对教师的调查结果显示：85.71% 的教师未对词典 App 的使用进行指导；他们对适用于中高级学生的外向型单语词典较为了解，尚不明确初级学生该选用哪类词典。结合静态和动态两方面的分析，本文尝试对汉语词典 App 的使用和开发提出以下参考建议：在缺乏适用纸质词典的情况下，初级阶段可推荐词典 App 作为辅助工具，进入中高级阶段则应加以引导，避免学生过度使用词典 App；中国内地的对外汉语词典编纂者、辞书出版社应加强与海外或中国香港词典 App 开发商的交流与合作。

研究方法： 第一，定量分析法。通过统计 Appannie 和 Google Play 的数据，分析苹果和谷歌两大应用商店中各款汉语学习 App 的下载量、评分等。在汉语词典 App 的使用现状调查中，对部分非描述性问题的选项采用等级量表评价模式，并对选项进行数值转换，借助 Excel 2007 软件进行定量分析。第二，调查问卷法。在中山大学国际汉语学院分别抽样了 89 名留学生和 42 名教师进行问卷调查，调查汉语词典 App 的动态使用现状，并分析其原因。

点评：这位同学在"研究方法"部分写了定量分析和调查问卷，但调查问卷法本身就属于定量分析，它们并不是并列的概念。此外，这篇学位论文是将研究方法放在文章的第一章撰写的，与期刊论文的格式有些不一样。

（四）学位论文案例 4

摘要： 本文以墨西哥尤卡坦自治大学孔子学院四位初级综合汉语课教师的课堂话语为研究对象，对比考察新熟手教师的课堂话语在外语使用量、语码转化、词汇、句子等方面的特点和异同，并结合实际对教学实践提出建议。研究发现：第一，教师话语中外语使用情况跟教师的教龄没有直接关系，主要跟教师外语水平、课程内容及授课方式有关。第二，西语流利的教师对外语的使用量大，句间语码转换更流畅，更多地使用西语中嵌入汉语的语码转换模式，外语不流利的教师更倾向于使用汉语中嵌入西（英）语的转换模式，但四位教师都很好地遵循了目的语优先原则，相比于先西（英）后汉，都更倾向于使用先汉后西（英）的转换模式。第三，四位教师都做到了根据学生的水平调整词汇的使用，词汇密度都较低，且熟手教师比新手教师的词汇密度更稳定，生词重现率都比较高，做到了对生词有选择、有重点地处理，对超纲词的处理方式也灵活多样。第四，四位老师都少用长句、多用短句，且熟手教师比新手教师使用的平均句长更短、疑问句和陈述句居多，且以三字问句和四字问句使用数量最多，教师们都灵活选用不同句式进行提问，其中，留空句和声调问句也占了一定比例。

研究方法：（a）课堂录音法。课堂录音法是记录真实课堂的自然观察法。为了保证教师教学过程的真实性和自然性，我们在教师不清楚本文研究方向的情况下对课堂进行录音，从而获取真实可靠的教师话语语料。（b）语料分析与描述法。语料分析法是语言学重要的研究方法。把收集到的课堂录音用人工转写的方式生成语料，对转写后的文本进行全面客观的描述与分析。Rod Elis 认为，"课堂教学研究的一般目的是详细地描述课堂行为，以加强对于真实情况的精确记录"。本文从教师话语样本中抽取合适的部分详细呈现和分析教师话语的面貌和特点，以做到有理有据。（c）统计分析法。本文使用分词软件"中文助教"（储诚志，2005）并结合人工干预，对教师话语生成的语料进行词汇和句子方面的统计。（d）对比分析法。本文采用对比分析的方法考查新、熟手教师在教师话语上的异同。（e）教师访谈法。根据教师课堂话语语料的分析结果，对四位教师做了有针对性的书面访谈，对语料分析的结果进行补充，也从教师自身的角度了解教师话语面貌。

点评：这里的课堂录音法、统计分析法，同样不算是研究方法。"教师访谈法"应直接写为访谈法，不需要加上"教师"这个研究对象。

四、研究案例：从问题到研究问题和研究设计

阅读下面案例，想一想，它是否能成为一个"研究问题"？

一次偶然的突发事件：

2013年我刚毕业，开始从事对外汉语工作。当时学校有很多进修班，学生不拿学位，只是来学习汉语。事情发生在10年前的一个夜晚，留学生宿舍中一位留学生追着他的舍友打，说对方要伤害自己的母亲。因事发突然，保卫处、心理咨询中心、学院的领导、负责管理的老师等都紧急介入了，但该留学生却拒绝跟他们沟通。恰巧我是这名留学生的班主任，又拥有心理学教育背景，所以领导找到我，说："你去找他谈谈。"

其实"心理学"不等于"心理"，更不等于"心理咨询"。我也没有做过"心理咨询"的工作，当时有种被"抓"着跟这名留学生去谈话的感觉。不过，学生还挺给面子，其他人都不见，一说班主任找他，他竟也同意见面了。

与这位留学生约好在办公室见面，但我们在半路上就遇到了，于是在路上就开始闲聊。我问他，那天晚上为什么要打同学，他也愿意面对这个事情。他说，在两年的留学生活里，是如何不开心。一路就聊到了办公室，并在办公室继续谈话。据他所说，在留学的这两年他晚上总是失眠，同宿舍同学很晚还在打游戏，他一听到敲键盘的声音就没办法睡觉。在这差不多两年时间里他都处于一个失眠的状态，经常出现迟到、旷课这样不守纪律的情况。

在"谈话"的过程中，我也跟这位留学生说，如果有更专业的心理咨询机构，愿不愿意去那里接受帮助，因为学校的心理咨询机构是面向中国学生的，暂时无法接收非学历的外国学生。他一直拒绝。最后，他说："老师，我会调整自己的状态。"我当时觉得这个事情不简单，处理完这样一场应急的事件之后，我就写下了这个过程。

事件之后的反思：

在处理突发事件中，我们无法像做研究那样进行访谈录音，尤其是面对一些特殊对象更没办法录音。我当时的总结记录了完整的过程，其中有一段这样的记录：

学院委托我去与这位"当事人"进行谈话。作为任课老师和班主任，我了解到的是，他是一位来自非洲的学生，印象中上了四五次阅读课，学期初见过他，后来就没怎么见过他，直到发生了这次"打人"事件。在与他谈话中，又了解到"在几内亚很多人都想要来中国留学"，他的父母也很支持他来中国，等等。

在现实中我们会遇到很多很多的问题。不论是学习上的，还是生活中的。上述案例，算是我遇到的相对比较极端的个案。这个学生后来退学了，因为确实存在精神状态不太好的情况。从个体案例来看，好像是有点非典型。但它能不能成为我的一个"研究问题"呢？这样一个现实问题怎样成为学术研究呢？

（一）提取概念

"研究问题"往往来自生活实践，同时也具有一定的研究价值。正如本案例中的"应急事件"，它启发笔者去思考，这个学生的情况只是个案，还是一个有一定比例的群体性问题？留学生们很有可能在生活中遇到一些我们不知道的问题，于是需要从问题里寻找关键词，继而升华、总结并提取出一个概念来。这个概念就是典型的"文化适应"。

这个研究问题来源于真实的情境，是真真切切发生过的。对于这位非学历外国学生来说，他在出现心理问题时，很难找到心理咨询服务，至少当时是这样。基于这样的现实问题，我们往前去推，提取出这个关键词。更准确地说，我们是在寻找一个概念。有了这个概念，我们就可以将现实问题上升到理论问题。回头再审视"文化适应"的概念，我们发现，这个概念确实可以用来描述和解释现实情况，那么关于文化适应的问题就是一个有研究意义和研究价值的问题。

（二）文献回顾

源于上述的研究问题，我们继续探讨留学生出现的"文化适应""文化休克"的现象。它是普遍性的，还是个体性的？发生的概率是多大？出现这种现象的原因又是什么呢？针对所提出的概念、关键词，以及进一步思考的问题，我们需要做一项工作，就是"文献综述"。文献综述的目的就是告诉大家这是一个"老"概念了，不是我们第一个提出来的。这个概念以前已经有许多学者研究过了，通过总结他们的观点，去挖掘还没有被探讨的部分。

把它梳理出来，为新的研究问题服务，也体现出研究问题的意义。

通过文献梳理，我们发现有很多学者探讨过这个问题，特别是针对去海外留学的中国学生的文化适应状况。但在八年前，海外学生来中国留学的文化适应问题还是很少有人探讨的。中山大学是成立（对外）汉语专业最早的一批学校之一，也意味着这个问题在当时是比较新颖的。

（三）确定研究对象及设计

聚焦研究问题后，需要找到研究对象。这里需要研究留学生群体，于是研究对象就确定了。这时，研究问题就很清楚了：留学生群体文化适应的问题。下一步，该如何设计研究呢？研究设计有两大分类：一类是文献研究，另一类是实证研究。

文献研究是研究者在没办法去触及研究对象，却想要探讨某一个问题时使用的，这些研究对象只在一些珍贵的文献、资料里面出现。那么，这些文献、资料本身就是研究对象。但是，很明显我打算做的不是去研究某一篇、某一批、某一类文献。我是要通过"文化适应"这个概念，去检索并综述文献，看看其他人都研究了什么，为的是佐证我的研究问题是有意义的，仅此而已。这是所有研究都要做的一部分，我们称之为文献综述，而不是"文献法""文献研究"等。当然，文献研究在汉语国际教育领域也是一种常用的方法。

实证研究可分为最常见的两类：质化研究和量化研究。如果案例的研究问题是想说明这个文化休克的现象是否具有普遍性，那能采用观察法吗？实际上是没办法观察的，因为案例中坐在课堂上的学生看起来都是"正常"的。像这个非洲学生那样，经常失眠，睡眠没有得到保障，在这种情况下出现了精神状态的异常，这是极个别的案例。这也是很难观察到的。但是，我们可以尝试访谈。在这个个案里，笔者对他进行了即兴的访谈。这个过程中，笔者没有时间去为了某个研究问题，通过文献综述，再拟一个访谈提纲。所以它在某种程度上是即兴的，在研究方法上是有一定"漏洞"的。笔者虽然是临时被"抓"去处理这个应急事件的，但是仍需要具备基本的研究素养。谈话中不询问一些引导性的问题，而是保持研究者的中立立场，把自己抽离出来，像一台摄像机一样去观照这个过程，而不干预这个过程。然而，我们的研究对象是一个群体。个体访谈的力量明显不足以验证群体性特征。此时，我们可以通过量化的研究方法予以弥补。

量化的研究方法又分为调查法和实验法。调查法是对群体的抽样调查，通过描述去验证它所对应的更大的群体是怎样的。它不太关心一个东西和另外一个东西的关系。在探讨两者之间的关系时，我们借助"变量"这个概念将所探讨的研究内容变成可以测量的数值。在量化研究中，变量是一个非常核心的术语，它是可以测量的、可以量化的，如身高、体重。如果只研究大学生，那么学生的身份就是一个常量，而不是变量。实验法可以更进一步地去探讨事物之间的关系，如因果关系。用调查法做"文化适应"研究是合适的，我们需要描述这个群体。这样就确定了研究设计，下一步就需要收集数据了。

（四）数据收集

收集数据的方式可以是调查问卷，需要确定问卷题目、去哪里收集、抽样哪一些学校、是线上的还是线下的，有多种多样的收集数据方式。数据收集好后，下一步再去分析数据。

（五）形成研究论文

上述研究设计四大步骤完成后，就该是完整讲述这个研究"故事"——撰写研究论文——的时候了。实际上，汉语二语者本身是有文化特性的。在文化心理学上也有一个新的概念，叫文化混搭性。该研究想要探讨他们的文化混搭性在情感上有什么影响，如果真的发生了不适应的情况，有什么样的缓冲方法能帮助当事人等。以下是这篇研究的题目和摘要。

题目：汉语二语者文化混搭性及文化适应的情感特征、影响与缓冲机制

摘要：本文在文化混搭与文化适应的理论框架下设计调查问卷，以期揭示汉语二语（CSL）学习者在华适应压力的群体特征、心理成因与缓解途径。研究1报告了一起心理危机个案并通过访谈分析其文化休克的表现；研究2随机调查了52名在广州学习汉语的留学生，结果显示，CSL学习者的文化适应遵循U形变化规律，思乡情感和与中国文化的焦虑型依恋关系是适应压力形成的主要原因；研究3通过网络平台随机抽样了110名在北京、广州学习的留学生并分析其文化适应的影响和缓解途径，结果表明思乡情感造成了CSL学习者对中国文化的焦虑，进而形成文化适应压力，并进一步对学习者的文化探索行为、文化承诺、学习满意度带来影响，然而这种压力可以通过与中国文化的交际经验来缓解。

该论文通过文献综述叙述了前人对此问题的研究情况，对访谈的个案进行了匿名化的处理后，简单地对事件进行了描述。文章从实际案例出发，分析留学生文化适应中存在的问题，进一步在文化混搭和文化适应理论框架下设计问卷，以揭示留学生在压力感知过程中的群体特征。通过文献，研究目标进一步聚焦，即研究群体特征及其心理成因等。那么，这种文化适应有什么样的影响，可以怎样缓冲？于是就有了研究 2 和研究 3 等。研究 1 的访谈其实不算严格意义上的访谈，因为它是一个突发事件。但是通过对这个事件进行思考和探究，可以形成一篇论文。

在研究方法形成之前，同学们需要跟导师协商"研究问题与意义"，这个过程非常重要。此时，你就像一位"销售员"，可能导师一开始有自己的判断标准，对你的问题不太感兴趣。但你需要逐步具象化自己的研究问题、核心概念，根据初步的文献综述肯定自己的研究问题的价值，并向导师"推销"你的理念。有时候，很多同学卡就卡在找不到研究问题，提取不出核心概念和关键词，这样文献综述都没办法做，更别谈后面的步骤了。因此，从研究问题出发去挖掘文献的过程很重要。这有助于使研究从现实问题提升至理论高度。不能只停留在现实问题上，也不可粗浅地对文献进行"蜻蜓点水"式的介绍。文献综述是为了确定研究问题的价值和意义，所以关键词、核心概念能帮助大家将现实问题上升到理论层面进行探讨，一层一层地推进。

写论文说难也难，但说容易也是容易的，前提是你必须做到"勤思"。在现实中去实践、思考和发现问题，提取关键词或核心概念，通过文献综述，明确研究问题，找到其研究价值和意义。有了研究问题后，才能一层一层地推进，确定研究对象、进行研究设计、收集数据、分析数据等。

五、本章阅读书目与文献

[1] 李涤非，程工. 汉语中的 AABB 式再分析 [J]. 世界汉语教学，2023，37（1）.

[2] 程妍超. 用于介绍的"叫"字句和"是"字句 [J]. 世界汉语教

学，2023，37（1）.

　　［3］孙月明，李宝伦. 汉语反身代词"自己"的指称释义：从实证数据出发［J］. 世界汉语教学，2023，37（1）.

　　［4］程勇，董军，晋淑华. 基于新标准的汉语二语文本阅读难度分级体系构建与应用［J］. 世界汉语教学，2023，37（1）.

　　［5］周颖，蒋楠. 汉语二语学习者双字词加工方式研究［J］. 世界汉语教学，2023，37（1）.

　　［6］杨黎黎，尚国文. 非目的语语境下挪威汉语外语学习者语用理解的发展模式［J］. 世界汉语教学，2023，37（1）.

　　［7］沈丝楚，希喜格，丁阳，等. 跨期选择的变易程度正向预测中华文化圈国民的自评扛疫成效：亚非欧美大洋洲 18 国跨国研究［J］. 心理学报，2023，55（3）.

第二编
国际中文教育
中的质化研究

第二编包括三章，旨在梳理国际中文教育中的质化研究，从传统的教育学和语言学两大学科的角度阐述核心概念，并结合资料的采集手段和资料的分析手段形成本书关于国际中文教育研究方法的三级编码分类框架。

- 第五章 质化研究概论
- 第六章 质化研究的数据采集：访谈
- 第七章 质化研究的数据分析与汇报

第五章
质化研究概论

一、导读

> 老师，什么是质的研究方法？如何理解这个"质"？

> "质"即本质，质的研究方法关注研究现象的本质。为深入学习质的研究，请同学们在课前阅读两本书。第一本是陈向明（2000）的《质的研究方法与社会科学研究》，第二本是桂诗春、宁春岩（1997）的《语言学方法论》。请大家在阅读的过程中留意，来自教育学背景的学者和来自语言学背景的学者在阐述研究方法时的术语和观点有什么不一样。

二、质的研究方法

（一）初步的定义

质的研究（qualitative research）是一个跨学科、超学科甚至有时是反学科的研究领域，因为它并不来自一种哲学、一个社会理论或一类研究传统。它受不同思潮、理论和方法的影响，起源于很多不同的学科。陈向明

（2000）在著作《质的研究方法与社会科学研究》中，沿用了马克斯·范梅南（Van Maanen et al.，1982）的比喻，把质的研究比喻成一把大伞，认为"质的研究是以研究者本人作为研究工具，在自然情境下采用多种资料收集方法对社会现象进行整体性探究，使用归纳法分析资料和形成理论，通过与研究对象互动对其行为和意义建构获得解释性理解的一种活动"（转引自陈向明，2000：12）。

我们可以发现，这里强调"以研究者本人作为研究工具"，而不是"以被研究者作为研究对象"。并强调"在自然情境下，采用多种资料收集方法对社会现象进行研究"。像我们之前学习的《汉语反身代词"自己"的指称释义：从实证数据出发》那篇研究里的测试那样，只要研究者未参与测试过程，该研究就不属于典型的质的研究。

（二）质的研究方法的理论基础

质的研究方法的理论基础主要受到四大思潮（实证主义、后实证主义、批判理论以及建构主义）的深刻影响。这四大思潮在哲学的本体论、认识论和方法论三个维度上有所不同，也形成了其各自的理论体系（见表 5－1）（陈向明，2000）。

表 5－1　社会科学探究范式的基本哲学观点

维度	实证主义	后实证主义	批判理论	建构主义
本体论	朴素的现实主义——现实是"真实的"，而且可以被了解	批判的现实主义——现实是"真实的"，但只能被不完全地、不确定地了解	历史现实主义——真实的现实是由社会、政治、文化、经济、种族等因素塑造而成的，是在时间中结晶而成的	相对主义——现实具有地方性的特点，是具体地被建构出来的
认识论	二元论的/客观主义的认识论；研究结果是真实的	修正的二元论的/客观主义的认识论；批判的传统/研究群体；研究结果有可能是真实的	交往的/主观的认识论；研究结果受到价值观念的过滤	交往的/主观的认识论；研究结果是被创造出来的

续表 5－1

维度	实证主义	后实证主义	批判理论	建构主义
方法论	实验的/操纵的方法论；对假设进行证实；主要使用量的方法	修正过的实验主义的/操纵的方法论；批判的多元论；对假设进行证伪；可以使用质的研究方法	对话的/辩证的方法论	阐释的/辩证的方法论

资料来源：陈向明（2000：14）。

　　本体论探讨的是现实世界的本质以及我们如何认识它和采用何种方法进行认识。在这个问题上，二元论认识论认为现实是真实且可以被理解的，因此，研究结果也被视为是真实的。其要么为真，要么为假，不存在中间的连续过程。这种观点认为，研究者可以证实假设，通过科学实验和观察来验证或驳斥某一理论。

　　然而，后实证主义对这一观点进行了批判。它认为现实虽然是真实的，但只能被不完全地了解。后实证主义强调现实的不完全性和不确定性，指出科学研究的结果并非绝对真实，而只是一种对现实的近似。这种观点认为，科学研究应该关注现实的多重解释和不确定性，而不是追求单一的真实。

　　批判理论进一步发展了后实证主义的观点，它认为真实的现实是由社会、政治、文化、经济、种族等因素塑造的。批判理论强调，研究结果实际上受到研究者主观价值观念的过滤，仍具有主观性。这意味着，研究者应该在认识论层面上意识到自身的主观性，并努力克服潜在的偏见和意识形态的影响，以便更客观地揭示现实。

　　建构主义是第四大思潮，它主张现实是被建构的。建构主义认为，不存在绝对的真、伪之分，强调研究者具有对这个世界进行辩证性阐释的主动权。在这种观点下，研究者不再寻求客观真实，而是关注如何在不同的社会文化背景下建构和解读现实。

　　受到这些思潮的影响，研究方法可分为质和量两种。质的研究方法认为，世上不存在纯粹的客观事物，事物均会受到其所处文化环境的影响。因此，质的研究方法倾向于深入阐释某一现象，强调过程的真实性，关注现象的内在逻辑和变化。在这四大思潮的影响下，研究者意识到现实世界的复杂性和不确定性，从而倾向于采用质的研究方法，以便更深入、全面地探讨各种现象。质的研究方法强调研究者与研究对象之间的互动，以及研究过程中的主观性和客观性的辩证关系，有助于揭示现实世界的多样性和丰富性。

（三）质的研究的本质

质的研究认为，世界上没有纯粹的客观事物。任何事物的研究都要受到研究者本身所处的社会文化、历史环境的影响。从本质上讲，研究者本身的知识和看法就是研究工具的一部分。在实际操作中，研究者难以做到绝对的客观和公正。因此，质的研究更注重研究者对研究对象的深度描述和阐释，以了解事件发生的过程和变化轨迹。相较于量的研究，质的研究强调的是真实性和可信度，而不是普遍性和推广性（见表5-2）。因此，量化法和质化法可用于了解事物的不同侧面，使人们对世界的认识更加全面、更加深刻。

表5-2　质的研究与量的研究比较

比较项目	量的研究	质的研究
研究目的	证实普遍情况，预测，寻求共识	解释性理解、寻求复杂性，提出新问题
对知识的定义	情境无涉	由社会文化所建构
价值与事实	分离	密不可分
研究内容	事实、原因、影响，凝固的事物、变量	故事、事件，过程、意义、整体探究
研究层面	宏观	微观
研究问题	事先确定	在过程中产生
研究设计	结构性的，事先确定的，比较具体	灵活的、演变的，比较宽泛
研究手段	数字、计算、统计分析	语言、图像、描述分析
研究工具	量表、统计软件、问卷、计算机	研究者本人（身份、前设），录音机
抽样方法	随机抽样，样本较大	目的性抽样，样本较小
研究的情境	控制性、暂时性，抽象	自然性、整体性，具体

续表 5 - 2

比较项目	量的研究	质的研究
收集资料的方法	封闭式问卷，统计表，实验，结构性观察	开放式访谈，参与观察，实物分析
资料的特点	量化的资料，可操作的变量，统计数据	描述性资料，实地笔记，当事人引言等
分析框架	事先设定、加以验证	逐步形成
分析方式	演绎法、量化分析，收集资料后	归纳法、寻找概念和主题，贯穿全过程
研究结论	概括性、普遍性	独特性、地域性
结果的解释	文化客位，主客体对立	文化主位，互为主体
理论假设	在研究之前产生	在研究之后产生
理论来源	自上而下	自下而上
理论类型	大理论，普遍性规范理论	扎根理论，解释性理论，观点，看法
成文方式	抽象，概括，客观	描述为主，研究者的个人反省
作品评价	简洁、明快	杂乱、深描、多重声音
效度	固定的检验方法，证实	相关关系，证伪，可信性，严谨
信度	可以重复	不能重复
推广度	可控制，可推广到抽样总体	认同推广，理论推广，积累推广
伦理问题	不受重视	非常重视
研究者	客观的权威	反思的自我，互动的个体
研究者所受训练	理论的，定量统计的	人文的，人类学的，拼接和多面手的
研究者心态	明确	不确定，含糊，多样性
研究关系	相对分离，研究者独立于研究对象	密切接触，相互影响，变化、共情、信任
研究阶段	分明，事先设定	演化，变化，重叠交叉

资料来源：陈向明（2000：11）。

（四）质化研究在国外应用语言学中的使用趋势

有些学者将"质的研究"称为"质化研究"。这个"化"就更直接地描述了研究者的倾向性和一种研究取向或趋势。语言学领域的学者更倾向于用"质化研究"这个叫法。因此，下文将沿用语言学领域的说法，以"质化研究"和"量化研究"命名两种不同的研究取向。

文秋芳、林琳（2016）对国外期刊 *TESOL Quarterly* 从 1967 年到 2000 年所发表的文章进行了分类统计（见表 5 - 3），发现"国外对社会科学研究方法的哲学认识也发生了转变。早期他们也曾效仿自然科学研究，追求研究的客观性和系统性，通过设计实验，使用统计的方法来认识世界。自 20 世纪 60 年代，研究者逐步认识到社会学研究的对象是处于社会环境中的人和事，仅仅依靠量化法，难以揭示其复杂性、动态性及不确定性，质化法可弥补量化法的不足。因此人们对质化法作用的认识不断加深，使用范围也不断扩大。20 世纪 70 年代末 80 年代初出现了许多有关质化研究的著作，例如，Spradley（1979；1980）相继出版了《民族志访谈》和《参与式观察法》，在一定程度上推动了质化法的使用"。

表 5 - 3　文秋芳、林琳（2016）对 *TESOL Quarterly* 研究方法的统计

阶段	年份	量化法/篇	质化法/篇	合计/篇
1. 质化为主时期	1967—1975	11（18%）	51（82%）	62
2. 量化/质化均衡时期	1976—1980	16（52%）	15（48%）	31
3. 量化为重时期	1981—1995	91（74%）	32（26%）	123
4. 质化超量化时期	1996—2000	23（41%）	33（59%）	56

注：括号内为研究所占比例。

国外研究已经历过从质化为主时期到量化为重时期的转变，然后又出现了质化法的复苏与发展时期（即质化超量化时期）。

（五）质化研究在国内应用语言学中的使用趋势

文秋芳、林琳（2016）对国内语言学核心期刊从 1978 年到 1997 年所发表的文章也做了分类统计（见表 5－4）。从 20 世纪 80 年代以非实证研究为主到目前实证研究占主导地位足以表明，我国应用语言学研究方法的普及确实有了明显改观，但研究方法的发展还不均衡，质化法的使用显著少于量化法。以国内重要的外语类刊物《外语教学与研究》为例，从 2000 年到 2015 年，量化研究一直稳居高位，占比在 75% 以上，甚至在 2011—2015 年期间达到 84.11%。即使有少量研究者愿意尝试质化法，似乎也对单纯的质化研究的信心不足，而以质化与量化相结合的混合法代之。

表 5－4　文秋芳、林琳（2016）对 1978—1997 年国内语言学核心期刊研究方法的统计

阶段	年份	非实证研究/篇	量化法/篇	质化法/篇	合计/篇
非实证研究占主导地位时期	1978—1987	516（94%）	33（6%）	0（0%）	549
实证研究发展时期	1988—1997	794（84%）	132（14%）	19（2%）	945

注：括号内为研究所占比例。

（六）质化研究边缘化现象如何改变?

文秋芳、林琳（2016）认为，质化法被边缘化的原因主要有三个：其一，对量化法和质化法的认识存在偏见；其二，质化法本身复杂多样，使用和教授都比较困难；其三，目前熟悉质化法的杂志审稿人不多。

要改变质化研究边缘化的现状，改变研究方法的培养制度和教学模式是可以尝试的路径之一。与国外相比，我国关于研究方法的教育存在一定的差异。国外从中学就开始教授研究方法，随后在本科、研究生阶段还继续提供相关课程。因此学生在这方面受到的教育既有广度，又有深度。而我国各高校对研究方法课程的重视程度不够，一般到硕士研究生培养阶段才开设相关课程（约 32 课时）。因此，文秋芳、林琳（2016）提议，将硕士研究生培养阶段的研究方法课程延长至一个学年，分开教授量化法和质化法，并给予其同等的教学时数。如果条件允许，将研究方法课程分为本科、硕士、博士三个阶段，即初级、中级和高级课程，其教学内容循序渐进，让学生对不同类

别的研究方法有全面的了解。然而，质化法研究数据的收集耗时费力，要从海量数据中梳理出清晰的逻辑脉络更是困难重重，写作的规范还未统一，因此完成一项质性研究通常需要花费更长时间，撰写论文需要付出更大努力。质化法的这些复杂性给教学工作带来了许多困难。有效的质化法教学需要采用体验式教学法，即"学中做，做中学，边做边学，边学边做"。

三、质的研究等同于定性研究吗？

老师，语言学期刊上常常看见"定性研究"的说法，这等同于我们说的"质的研究"吗？

两者不能完全等同。对于这个问题，陈向明（2000）的《质的研究方法与社会科学研究》有具体的论述。关于"定性研究"，语言学家也有其固定的一套研究思路与程序，详见桂诗春、宁春岩（1997）的《语言学方法论》。

（一）"质的研究"与"定性研究"的区分

"质的研究"与"定性研究"常常出现于论文中研究设计的介绍部分，但这两者实际上是不完全等同的。关于这两个概念的区分，可参考以下引自陈向明（2000：22－23）的论述：

两年前我刚开始在中国社会科学界介绍"质的研究"时，我像现在一些中国学者一样把"qualitative research"翻译成"定性研究"。后来，从读者的反馈中，我意识到这个译名很容易与中国社会科学界目前常用的"定性研究"混为一谈，而实际上它们的所指是很不相同的。因此，在后来的一些文章以及本书中，我改为使用"质的研究"这个译名。

我个人对中国的"定性研究"尚未进行系统的研究，但据我所知，目前尚无学者对其进行明确、系统的定义和梳理。通过我个人平时的观察以及与有关学者交谈，我感觉"定性研究"的所指似乎比较宽泛，几乎所有非定量的东西均可纳入"定性"的范畴，如哲学思辨、个人见解、政策宣传和解释，甚至包括在定量研究之前对问题的界定以及之后对数据的分析。"定性是定量的基础，定量是定性的精确化。"（陈波等，1989：122）——这类陈述表达的就是中国学者目前普遍认可的这样一层意思。

陈向明（2000）指出，尽管"定性研究"在某些方面与"质的研究"具有相似性，例如均强调对社会现象的意义理解和解释，但二者在许多方面仍存在显著差异。这些差异可归纳为以下三点。

首先，在本体论和认识论方面，"定性研究"与"定量研究"相似，皆秉持实证主义立场，认为存在绝对真理和客观现实，无论是"定量"计算还是"定性"规定，目的都在于探寻事物普遍存在的"本质"。相较之下，"质的研究"已超越早期对自然科学的模仿，开始对"真理"的唯一性和客观性产生怀疑。

其次，在研究方法方面，我国学者所从事的大部分"定性研究"并未对系统收集和分析原始资料提出严格要求，其范畴相对宽泛。而"质的研究"强调研究者在自然情景中与被研究者互动，基于原始资料构建研究结果或理论，其探究方式不包括纯粹哲学思辨、个人见解和逻辑推理，亦不包括一般意义上的工作经验总结。例如，"定性研究"中的"哲学研究""个人反思""政策分析"均不属于"质的研究"范畴。

最后，在研究目标上，"质的研究"与"定性研究"皆试图理解和解释社会现象，但前者更注重研究的过程性、情境性和具体性，后者则倾向于结论性、抽象性和概括性。此外，"质的研究"已建立比较系统的方法规范，研究者需对可能影响研究的个人因素及具体过程有明确的意识和反省，而"定性研究"尚无此类意识和要求。从这个角度看，"定性研究"似乎主要基于形而上的、思辨的传统，而"质的研究"则遵循现象学、阐释学传统。

（二）定性研究的概念及原则

尽管"质的研究"不等于"定性研究"，但由于定性研究在语言学中的广泛应用，我们也有必要系统了解语言学家是如何开展定性研究的。桂诗春、宁春岩（1997）在其论著《语言学方法论》中，将定性研究与定量研究进行了对比，两者有本质区别（见表5-5）。

表 5 – 5　桂诗春、宁春岩（1997）对定性研究和定量研究的对比

定性研究	定量研究
注意力集中在事物的复杂性、因素的相关作用	经济可行、精密准确
考虑大环境影响、独特性、精密差异	信度、效度可量化
定性研究是发现假设的开始	结论有力

其中，"描述性研究"介于"定性研究"和"定量研究"（在《语言学方法论》中特指"实验性研究"）之间，三者的关系如图 5 – 1 所示。

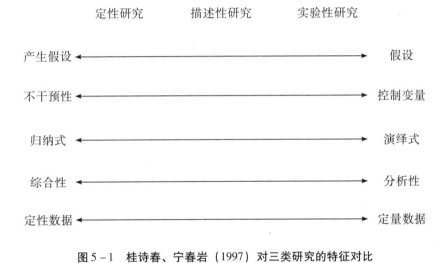

图 5 – 1　桂诗春、宁春岩（1997）对三类研究的特征对比

（三）定性研究的原则

定性研究需要遵循一定的原则，也有其固定的研究程序。

1. 自然观察原则

定性研究的核心原则在于研究者不对研究环境进行干预，目的在于深入探索自然状态下自然发生的现象。这种研究方法也被称为自然观察法或现场调查研究。

自然观察法可以根据观察者在现场调查中的角色和作用分为三类：直接观察（非参与性观察）、参与性观察以及个案研究。其中，直接观察指的是研究者完全不参与被观察事件的任何活动，仅以客观的角度全程观察事件的过程。参与性观察则是指观察者参与被观察活动，但根据参与程度的不同，

可以分为完全参与和作为观察者参与。个案研究则是对一个特定案例进行深入调查的方法，如胡青球（2007）的《中外教师英语课堂话语对比分析——个案研究》。

2. 归纳分析原则

定性研究起源于观察，并通过过滤分析数据、概括数据形态、探讨变量及变量间的关联，最终形成假设。定性研究方法可被视为一种假设生成（hypothesis-generating research）手段，其中归纳与演绎思维至关重要。演绎法的流程为假设→观察→接受或拒绝假设，而归纳法的流程则为观察→探寻模式→初步结论。

3. 全面与综合原则

定性研究强调全面综合的原则。全面视角假设研究对象是一个整体，即一个部分之和大于整体的复杂系统。全面视角蕴含着综合法和分析法，前者着重于揭示整体之间的相互依赖关系，后者则侧重于探讨部分在整体中的作用。正如 Patton（1990）所述的牧羊人案例，牧羊人无须逐一清点羊的数量，通过整体感知便能立即判断是否有羊丢失。

4. 分类原则

为了对语言系统及语言结构的各个部分、因素和层次进行描述、比较和分析，以发掘共性、规律，甚至构建模式，必须具备一个严格的分类体系。分类准则主要包括完整性、一致性和经济性：完整性意味着能够涵盖所有数据，一致性表示某一数据在分类体系中仅能占据一个位置，经济性则力求简洁，避免冗余。

分类关系主要包括三种类型。第一种为分子与同分结构的关系，即同一词素具有多种形式，如英语中的复数词素 S 与 Z。第二种为类与成员的关系，如苹果与水果。第三种为结构与成分的关系，如"小李看书"这一句子，可分解为"小李"与"看书"两个结构。Pike（1967）在构建分类系统时提出，需分析系统的外部结构（etic）与内部结构（emic）。其中，etic 源自 phonetic（语音），emic 则源于 phonemic（音素）。在语音分析中，语言学家需记录新语言的语音形式，无论其内部音素之间的联系如何；而在音素分析中，其需运用观察所得数据来解释具体音素的意义。简而言之，语音分析侧重于外部描述，而音素分析则关注内部解释。

5. 动态发展原则

动态发展指的是被观察对象是动态的、发展的，且随其所处环境变动而变化。语言，如同其他事物，呈现不断变化的特点。二语习得（Larsen-freeman）复杂动态系统假说（complex dynamic system theory）以形象生动的图片、各类研究数据及图标为例，进一步解释了"习得"与"发展"的区别，强调采用"发展"一词能更好地体现语言不断变化的动态特性。

6. 抽样原则

定性研究所采用的抽样是有目的的抽样，即选择那些最有助于了解研究对象的样本进行观察。抽样可以分为三类：一是定额抽样（quota sample），样本囊括不同类型的单位；二是滚雪球抽样（snowball sample），例如为了了解网络游戏玩家如何上瘾，先了解个别网络游戏玩家，然后逐步扩大范围；三是异常个案（deviant cases），指研究不符合规则的异常个案以加深了解，例如研究一个在精彩演出节目中不鼓掌的观众。

（四）定性研究的程序

桂诗春、宁春岩（1997）认为，定性研究一般包括六步（如图5-2所示）。

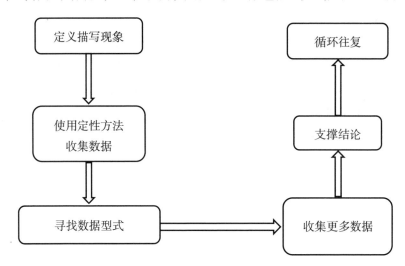

图5-2 桂诗春、宁春岩（1997）对定性研究程序的界定

1. 第一步：定义描写现象

各类现象存在层次之分，因此对其进行描述时，需明确所要探讨的层面。

以语言为例，可将语言单位划分为音素、语素、词汇、短语和句子等层次。在言语行为方面，Hymes（1972）提出了言语环境、言语事件和言语行为三个层次。

2．第二步：使用定性方法收集数据

定性研究中收集的数据主要以词汇为主，而非数字，常用的数据收集方法包括观察、录音、问卷、访谈、个案分析以及现场记录。从微观到宏观的范畴涵盖背景环境、情境定义、观点（思维方式）、过程、活动以及事件等。那么，在运用定性方法进行数据收集时，可以采用多位评分员共同判断的方式确保数据的真实性与可信度。

3．第三步：寻找数据型式

定性研究并非始于特定研究课题，所收集的数据皆为原始数据，未经筛选。研究人员需从数据中挖掘反复出现的模式。描写语言学，并非全面探讨言语活动，而是仅局限于特定研究领域，仅研究言语特征规律性（regularities），这些规律性仅体现在言语特征的分布之中。

4．第四步：收集更多数据

数据型式确定后，应收集更多数据，为后续验证等步骤提供支撑。

5．第五步：支撑结论

在确认特定模式之后，定性研究需验证其结论的有效性。为实现此目标，可采用三角验证（triangulation）方法，即检验不同数据源是否能得出相同的结论。通常情况下，定性研究失效的原因可归纳为两点：一是数据缺乏代表性，二是未能控制主观解释数据的影响。

6．第六步：研究过程的循环往复

这一步指的是，再次重复上述步骤，以求结论的确定性。

参考陈向明和桂诗春、宁春岩的观点，从国际中文教育这个学科的角度看研究分类，本书倾向于用"质的研究"这个概念。桂老师的探讨倾向于语言学，而国际中文教育不仅仅关注语言，也关注学习语言和教语言的人。在国际中文教育的交叉学科的大背景下，本书采用"质的研究"／"质化研究"的概念。

四、社会科学领域质的研究/质化研究的分类

（一）按研究的问题分类

根据研究问题的类型进行划分，质的研究可以分为如下五类（见表5-6）。

表5-6 按研究问题类型划分质的研究

研究问题的类型	策略	范式	方法	其他资料来源
意义类问题：了解生活经历的本质	现象学	哲学（现象学）	"谈话"录音：笔录个人经历中的相关逸事	现象学文献、哲学反思、诗歌、艺术
描述类问题：对文化群体的价值观念、信念和行为进行描述	民族志	人类学（文化）	无结构访谈、参与型观察、实地笔记	文件、记录、照片、地图、谱系图、社会关系图
"过程"类问题：了解时间维度上事情发生的变化，研究问题可以呈现的现阶段性和不同的层面	扎根理论	社会学（象征互动主义）	访谈（录音）	参与型观察、写备忘录、记日记
口语互动和对话类问题	常人方法学、话语分析	语用学	对话（录音/录像）	观察、记实地笔记
行为类问题：宏观、微观	参与型观察、质的生态学	人类学、动物学	观察、实地笔记	访谈、照相录像、记笔记

资料来源：陈向明（2000：47）。

（二）按研究的范畴分类

根据研究所关注的范畴进行划分，质的研究可以分为如下七类（见表5-7）。

表 5 - 7　按研究范畴划分质的研究

研究的范畴	研究的学术传统
生活经验（生活世界） 　　作为个体的行动者的意向 　　与社会情境相连的行动者	心理学 　　现象学 　　阐释学
个人的 　　个人的传记	心理学与人类学 　　生活史（阐释性传记）
行为/事件 　　有时间性并且处于情境中 　　与环境有关	心理学 　　性格形成学 　　生态心理学
社会世界 　　人们如何达成共识 　　人类如何创造象征、符号和环境，并在其中互动 　　社会中各种类别的一般关系	社会学 　　常人方法学 　　象征互动主义（符号学） 　　扎根理论
文化 　　作为一个整体 　　作为符号世界 　　作为社会组织分享意义和语义规则的认知图式	人类学 　　民族志 　　符号人类学 　　人种科学（认知人类学）
交流/说话 　　实际会话的方式与轮换规则 　　非语言交流的方式与轮换规则 　　交流的形态与规则	社会语言学 　　会话分析（话语分析） 　　人体运动与说话之关系的科学 　　交流民族志
实践与过程 　　看护工作 　　教与学 　　管理/消费 　　评估	应用型专业技术 　　护理研究 　　教育研究 　　组织/市场研究 　　评估研究

资料来源：陈向明（2000：49）。

（三）按研究者的兴趣分类

质化研究还可根据研究者的兴趣划分为如下四大类：①语言的特点；②发现规律；③理解文本和行动的意义；④反思。每个大类可再细分为若干小类，如图 5 - 3 所示（转引自陈向明，2000：51）。对于国际中文教育，学者们较为关心的是语言的特点，将其作为一种文化或一种交流的手段。尤其是将语言作为一种交流的手段时，学者通过言语分析和内容分析揭示语言交流的过程与内容。

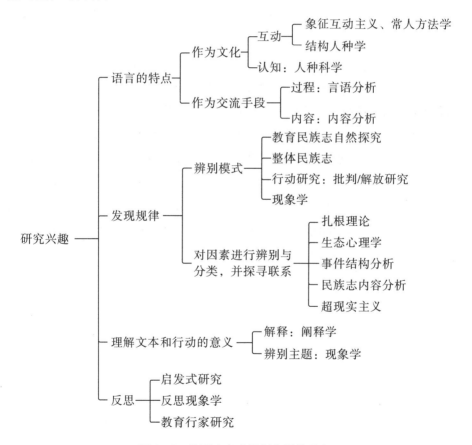

图 5 - 3　按研究者兴趣划分质的研究

（四）舍弃"类型"，将质的研究视为连续体

质的研究是否需要分类？分类的作用是什么？无论是按研究问题的特点，还是按研究范畴或研究者兴趣，上述分门别类的做法都使质的研究陷入定义明确的固定"传统"中。这种分类的做法似乎与质的研究的基本精神相悖，违反了质的研究者所力图追求的一些理念，如注意研究现象的地方性和整体性、研究方法与其他成分之间的关联性等。

首先，陈向明（2000）对这种分类的做法予以了肯定，认为"用分类的方式对质的研究进行梳理可以帮助我们比较系统地了解目前质的研究呈现出一种什么样的状态"，尽管这些分类方式可能还不够完善。

其次，研究者可以有一定的参照体系来判断自己的研究在这个体系中的位置，以此判定继续保持还是调整或彻底改变新的研究方向。当然，分类的弊端也是显而易见的，它让质的研究变得僵化，影响研究者的创新。

此外，面对质的研究较难分类的问题，也有学者提出将质的研究看作连续体［如图5-4，转引自陈向明（2000：61）］，而不是一个具有明显界限的分类系统。研究者究竟选择"参与"还是"观察"［如图5-5，转引自陈向明（2000：62）］，也是一种连续体，而不是一分为二的两种选择。连续体的好处就是可以给研究者很大的思维和想象的空间，不会排除那些目前还没有被发现以及今后有可能出现的新类别。

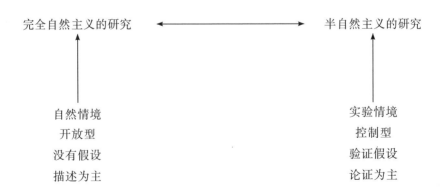

图5-4　作为连续体的质的研究

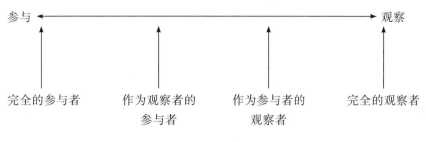

图 5 - 5　参与和观察连续体

最终，研究者还是需要辩证地看待质的研究这个"庞然大物"，依据自己的需要考虑研究内容与研究手段的关系，选择合适的方法。

五、国际中文教育常见的质化研究类型

在国际中文教育领域，研究者所关注的是汉语作为第二语言的教学资源、教师、教学等问题，因此采集的资料大多为静态或动态的内容资料和言语资料。本书依据学科特点，沿用"质的研究"/"质化研究"的概念，并根据研究者资料采集的手段将质化研究分为两大类六小类，如图 5 - 6 所示。具体缘由将在本书第三章第五部分有所论述，此处不再赘述。

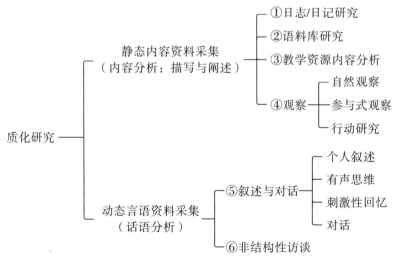

图 5 - 6　国际中文教育中的质化研究

六、质化研究研究案例解读

（一）日志研究（研究者或被研究者的日志/日记）

阅读朱勇（2019）的《基于学生日志的国际汉语教学案例分析课反思》。这篇论文是典型的日志研究，包括对内容资料的采集、对日志资料的归纳总结。

（二）语料研究（通过教材、辞典、语料库等采集语料）

阅读卫乃兴（2009）的《语料库语言学的方法论及相关理念》，并思考：语料库研究算质的研究吗？

（三）个人叙述（内省、刺激回忆、有声思维等）与对话

阅读江新、郝丽霞（2010）的《对外汉语教师实践性知识的个案研究》，并思考：作者如何获取教师的实践性知识？

（四）非结构化访谈研究

阅读陈钰（2016）的《留学生论文指导策略的有效性研究》，并思考：作者如何编码不同类型的指导策略以及如何证明有效性？

七、本章阅读书目与文献

［1］陈向明. 质的研究方法与社会科学研究［M］. 北京：教育科学出版社，2000.

［2］陈钰. 留学生论文指导策略的有效性研究［J］. 语言教学与研究，2016（6）.

［3］桂诗春，宁春岩. 语言学方法论［M］. 北京：外语教学与研究出版社，1997.

［4］胡青球. 中外教师英语课堂话语对比分析：个案研究［J］. 国外外语教学，2007（1）.

［5］江新，郝丽霞. 对外汉语教师实践性知识的个案研究［J］. 世界汉语教学，2010，24（3）.

［6］卫乃兴. 语料库语言学的方法论及相关理念［J］. 外语研究，2009（5）.

［7］朱勇. 基于学生日志的国际汉语教学案例分析课反思［J］. 语言教学与研究，2019（1）.

第六章
质化研究的数据采集： 访谈

一、导读

老师，访谈与日常对话有什么区别呢？

访谈与我们的日常对话是有本质区别的。日常对话具有随意性，而访谈具有预设性。另外，访谈节目通常带有情感的诱导，而学术访谈则不允许存在情绪诱导。

二、访谈法的含义和适用性

（一）访谈法的含义

访谈是指研究者在进行研究时，与被研究者进行严谨、有针对性的交谈和提问，以获取第一手资料的一种实证研究方法（陈向明，2000）。在这个过程中，研究者旨在深入挖掘被研究者的观点、看法和经历，从而更好地理解研究对象及其所处环境（陈向明，2000）。

（二）访谈法的适用性

在进行访谈研究时，首先需要明确的是研究兴趣和目标，这是所有研究的出发点。例如，我们可以选择探讨我国知名高校中山大学的汉硕生培养模式，这是我们对研究目标的具体设定。明确研究目标有助于我们更好地进行后续的研究工作，确保我们的研究不会偏离主题。

其次，确定具有典型性和特殊性的研究对象。此时，我们可以将研究对象定为那些无法直接触及的场所和人，如历史事件和历史人物。例如，我们可以选择探讨 20 世纪 50 年代对外汉语教师的教学方法。这样的研究对象既能体现历史的纵深，也能展现人文关怀。

再次，具有代表性的个案对于研究来说是非常有价值的。在此，我们可以以中山大学首位获得博士学位的外国留学生为例。我们可以提问：为何选择在中国中山大学攻读博士学位？您的初衷和想法是什么？在获得博士学位的过程中，您的情绪反应如何？这些问题不仅有助于我们深入了解这位外国留学生的内心世界，也能让我们从中窥见中山大学在培养博士研究生方面的独特魅力。

最后，研究者需要诠释主观的人类经验。这一点强调了人在研究过程中的主体地位，也提醒我们在研究中要关注人的情感和体验。通过对主观经验的诠释，可以让我们更好地理解研究对象，也能让我们的研究更具有人文关怀。

　　代表性并非我们对这类交谈、询问活动的关注重点。在质化研究中我们有时会弱化代表性，因为研究目的主要是通过对具有典型意义的案例进行研究，形成对某一类共性（或现象）的较为深入、详细和全面的认识，包括对"为什么"（解释性研究）和"怎么样"（描述性研究）等问题类型的认识。所以，研究对象所需要的不是统计学意义上的代表性，而是质的分析所必需的典型性。

（三）访谈法的功能与优势

访谈法作为一种研究方法，在众多领域中都有着广泛的应用。其独特的深入性与灵活性优势，使得它在获取信息、理解人类行为和心理方面均具有极高的价值。

首先，访谈法在深入性方面具有显著优势。相较于观察法，访谈能够更加直接地探究受访者的内心想法和情绪反应。通过与受访者面对面交流，研究者可以深入了解他们的动机、信仰和价值观等内在因素，从而更好地理解受访者的行为表现。这种深入性有助于研究者挖掘出隐藏在表面现象背后的真实原因，为研究提供更为丰富的内涵。

其次，访谈法在灵活性方面也有着突出表现。与问卷调查相比，访谈具备更大的灵活性。问卷调查往往受限于固定的问题和答案选项，可能导致信息收集的范围和深度在一定程度上受到局限。而访谈则可以根据受访者的回答和表现，随时调整提问方向，从而获取更全面、更详细的信息。此外，访谈还具备对受访者提出的疑义进行阐释的空间。在访谈过程中，研究者可以根据受访者的回答，对某些概念或现象进行深入阐释，以使受访者对研究问题的理解更深入、回答更真实准确。

最后，访谈法在与实物分析相较时，表现出更高的灵活性、即时性以及意义阐释能力。实物分析往往需要对实物进行观察、测量和统计，而访谈则可以直接、灵活地获取受访者的主观感受和看法。这种即时捕捉受访者在某一时刻的真实想法的特点，能为研究提供丰富的现场资料。同时，访谈法在意义阐释方面也具有优势，它可以探讨受访者对实物背后的意义和象征的理解，从而揭示出更深层次的文化和社会现象。

（四）访谈法的不足

访谈法在实际应用中存在一定的局限性。首先，从成本效益的角度看，实施访谈法的成本较高。这主要体现在组织访谈、培训访谈员以及后期数据整理和分析等方面。同时，访谈法的匿名性较差，这在一定程度上会影响受访者真实表达的意愿。受访者在面对访谈员时可能会产生心理压力，导致他们无法完全真实地反映出自己的想法和观点，从而影响研究结果的准确性。

其次，访谈结果受访谈员个体的影响较大。访谈员的主观能动性在访谈过程中起着重要作用，他们的提问方式、语气、态度等都可能对受访者产生一定的影响。即使是同一问题，不同访谈员收集到的回答也可能会存在显著差异。这就要求访谈员具备较高的专业素养和访谈技巧，以减少主观因素对访谈结果的影响。

再次，访谈过程易受到外部环境因素的干扰。访谈过程中，受访者的情绪、健康状况、家庭环境等因素都可能影响访谈的质量，而访谈时间、地点的选择也会对访谈结果产生影响。因此，在进行访谈研究时，需要充分排除这些外部因素的干扰，以确保访谈结果的可靠性。

复次，访谈法的标准化水平相对较低。由于访谈过程涉及访谈员与受访者的互动，不同访谈者可能因为自身经验、性格等因素产生不同程度的偏差。这就需要在访谈过程中对访谈员进行严格的管理和培训，以提高访谈的标准化程度。

最后，访谈资料的记录和整理工作难度较大。访谈过程中产生的数据量大，且多为口头表达，转化为文字记录时信息容易丢失或失真。因此，需要采用有效的记录和整理方法，以确保访谈资料的准确性和完整性。

三、访谈法的基本步骤

访谈法通常包括以下七个基本阶段：第一，明确拟采用访谈法研究的具体问题；第二，制订访谈提纲，这是访谈法中的一大挑战，关键在于明确研究者应提问的内容；第三，进行正式访谈的抽样工作；第四，在征得受访者同意的前提下，进行录音并记录访谈内容；第五，对收集到的资料进行分析，以确定其与研究主题的关联；第六，对资料的可靠性进行核查；第七，将研究结果进行分享和报告。

下面具体介绍访谈过程中的要点。

（一）制订访谈提纲

在制订访谈提纲时，我们需要着重关注以下七个关键要素：第一，设定恰当的标题；第二，规划访谈的开场问候；第三，明确访谈者的身份背景；第四，简要阐述访谈的目标意图；第五，确定选取受访者的合理方法；第六，制订处理隐私数据的安全策略；第七，务必在征得对方同意后进行录音，并明确访谈的核心问题。在制订访谈提纲后，还需进行试访谈，以便及时调整访谈提纲。

（二）设计访谈问题

1. 确定访谈类型

访谈类型主要分为结构式访谈、半结构式访谈和无结构式访谈三类。

（1）结构式访谈：这是一种高度控制型访谈方式，依照预先设定好的、具有固定结构的访问问卷进行，与量化研究中的问卷调查相似。

（2）半结构式访谈：该访谈方式设有访谈提纲，大部分问题在访谈过程中逐步形成，具有开放性，同时提问方式具备充分的灵活性，可根据需要随时调整问题。

（3）无结构式访谈：这种访谈仅预先确定一个收集资料的主题或题目，使访谈者和被访谈者都能充分自由地交谈。

在访谈经验不是很足的情况下，不大推荐同学们采用无结构式访谈，因为访谈时容易被受访者"牵着鼻子走"，且会收集到很多无效数据。

2. 问题特征

合格的访谈问题通常需注重以下三个要素：第一，问题具有开放性、过程性和解释性；第二，可提问"什么""何时""何地"或"如何"等方面的问题；第三，避免询问"为什么""什么意思"等类型的问题。一方面，避免给受访者带来压迫感；另一方面，当受访者在解释"如何"时，往往会阐述其行为动机及事件对他们的意义。

3. 提问原则

在提问过程中，应遵循七大原则以确保访谈质量和准确性。第一，问题应紧密围绕主题，仅涉及相关内容；第二，避免同时提出多个问题，以免干扰受访者的回答；第三，尽量按照事件发生的先后顺序进行提问；第四，在团队访谈中，应考虑逐个访问各成员；第五，杜绝融入研究员个人观点或具有引导性的问题，如"多媒体教室的优点是什么？"；第六，受访者不应代表其他人回答问题，如"你的同学为何选择出国？"，即便受访者本人作出回答，研究者仍需进一步分析；第七，深入追问事件细节。

4．问题分类

访谈问题主要分为以下三类。

（1）核心问题（main questions），即与研究主题直接相关的问题。

（2）探查（probes）问题，旨在澄清相关资料的问题。例如，"您多次提及××，能否详细阐述?"

（3）后续追问（follow-ups）问题，根据受访者提供的信息，针对事件细节、背景或主题进行深入探讨。例如，"您刚才谈到第一次来我国的经历，能否进一步描述您当时的感受?"

（三）访谈时的提问与追问

1．提问的技巧

访谈过程中，应从基础问题出发，逐渐深入探讨实质性问题，充分利用受访者提供的信息拓展话题。访谈者不仅要提问预先设定的问题并记录答案，还应进一步追问，细致挖掘受访者的真实想法，并分析这些想法对研究的影响。在此基础上，提炼出需要进一步探讨的问题，或引导受访者重新关注与研究相关的议题。

2．如何追问?

在访谈过程中，掌握追问的技巧至关重要。追问可以帮助研究者更深入地理解受访者的意图和观点。以下是一些建议的追问方式。

（1）澄清理解：如"您的意思是……"

（2）深入了解：如"这是怎么回事?"

（3）明确概念：如"您这么说指的是什么?"

（4）实例说明：如"能不能针对这一点举个例子?"

追问可分为以下五种类型：

（1）紧接话题继续问：如"接着发生什么? 你能否详细描述当时的情况?"

（2）细化问题，追问细节：如"你能否将事件从头到尾详述一遍呢?"

（3）涉及相关人及组织：如"当时还有什么人在场呢? 他们当时正做什么?"

（4）探究人际关系及动态：如"你曾否就这事征询其他成员的意见呢?"

（5）关注当事人心理反应（情绪、思想、观感）：如"你当时觉得怎样?"

通过运用这些追问技巧,我们可以更加高效地获取受访者的信息,从而达到访谈的目的。

3. 倾听

在访谈过程中,务必保持积极倾听,关注本土语言,尊重受访者的观点与视角。陈向明(2000)将"听"划分为三个层次:行为层面的"听"、认知层面的"听"(强加的、接受的、建构的),以及情感层面的"听"(无感情、有感情、共情)。

强加的"听"是指访谈者将受访者所述内容迅速纳入自己惯用的概念分类体系,按照自己的理解诠释对方的谈话,并迅速作出价值判断。

接受的"听"则意味着访谈者暂时悬置自身的判断,积极地接纳和捕捉受访者发出的信息,留意他们所使用的本土语言,探究语言背后的含义,以及他们建构意义的方式。

建构的"听"则是指访谈者在倾听过程中积极与受访者展开对话,反思自身的"倾听",同时与对方保持平等的交流,共同构建新的"现实"。

4. 回应

在访谈过程中,应避免使用论述性与评论性的表述,采取适度认同、总结与分享式的回应。例如,采用"我充分理解您的观点"或"请您详细阐述您的观点,我愿聆听并尝试理解"等类似表达。

(四)访谈后:分析、确证与报告

1. 分析

访谈结束后,对资料进行分析的过程中,我们应主动向资料"投降"。每一次的阅读都是作者、读者与文本之间的一次崭新互动,都有可能产生全新的意义解读。同时,我们需要构建编码与归档系统(陈向明,2000:277 - 288)。关于更多分析技巧,请参阅陈向明(2000)所著《质的研究方法与社会科学研究》的第18 ~ 19 章。

2. 确证

访谈结束后,如何检查资料的可靠性?如何评估访谈质量?可采用三角互证法。该方法的基本原则在于从不同角度或立场收集有关情况的观察与解读,并加以比较。行动研究的结果取决于他们观点之间的异同。例如,在教学情境中，可以从教师、学生以及参与观察者三个角度收集相关记录。

3. 报告

访谈结束后，为了让整理成的报告更具条理性和逻辑性，研究者可以采用以下三种主要方法来整理文字。

一是夹叙夹议。夹叙夹议报告法是指在叙述访谈过程中，穿插了评论和见解，既可以呈现出访谈的完整内容，又可以让读者在阅读过程中，更好地理解访谈的重点和意义。夹叙夹议的方法要求整理者在整理过程中，对访谈内容进行深度剖析，提炼出关键观点和信息。例如，陈向明（2004）所著的《旅居者和"外国人"——留美中国学生跨文化人际交往研究》采用的就是这种方法。

二是深度描述讲故事。这种方法着重于对访谈内容进行详细描述，让读者仿佛身临其境，感受访谈的氛围和受访者的情感。在描述过程中，可以适当运用修辞手法，如对比、排比等，增强文章的表现力。深度描述讲故事的方法要求整理者具备较强的文字功底和表达能力，将访谈内容生动地呈现给读者。

三是进行定量的类别化分析汇报。这种方法通过对访谈内容进行分类整理，统计各类信息的比例，从而让读者对访谈的主题和关键问题能有宏观的认识。类别化分析汇报可以采用图表、列表等形式，使数据更加直观易懂。这种方法要求整理者具备较强的数据分析能力，对访谈内容进行科学合理的分类和统计。

我们可以发现，类别化分析在语言学的质化研究中比较常见，因为它不追求理论的创新，而是借别人的理论来描述汉语二语教学的情景，所以会借用量化的统计方式。而传统意义上的质化研究则更开放，因为它试图去挖掘更本质的东西，想摒弃别人已经形成的结论，根据自己所观察的现象去挖掘研究对象的特征与内涵。

四、研究案例解读

（一）研究案例：对外汉语教师实践性知识

阅读文献《对外汉语教师实践性知识的个案研究》（江新、郝丽霞，2010），请同学们思考：

（1）作者采用的"刺激回忆报告"是怎样采集数据的？

（2）对于下面这段文字语料，作者是如何分析的？质化研究的分析里可以有量化分析吗？

这个法国学生呢［1］，问题很大，他的发音［2］。但是我觉得在这里你要是一个字一个字地纠音首先是浪费时间［3］，再一个对于他的自尊心是一种伤害［4］，所以我就用了一两个（停顿）［5］，选一两个词纠音［6］，我在他的一句话里面纠正了两个词［7］。①

（二）研究案例：留学生论文指导策略

阅读文献《留学生论文指导策略的有效性分析》（陈钰，2016），请同学们思考：

（1）作者所选取的个案具有怎样的典型性？

（2）三角互证法有没有在这篇研究中体现？

（3）这篇研究对你有什么新的启示？

我们可以看到陈钰的研究使用了多种数据采集手段，文中也体现了三角互证理念，同学们在展开研究时也应当尽可能采用多种数据采集手段。

五、课后作业

以"国际中文教育研究生论文写作指导策略"为研究主题设计一项针对学生的质化研究，需有至少 5 篇参考文献，并提出具体的设计方案（如访谈提纲）。

---

① ［1］～［7］表示这段文本被切分为 7 句，用于后文分析。——作者注

六、本章阅读书目与文献

［1］陈向明. 质的研究方法与社会科学研究［M］. 北京：教育科学出版社，2000.

［2］陈向明. 旅居者和"外国人"：留美中国学生跨文化人际交往研究［M］. 北京：教育科学出版社，2004.

［3］陈钰. 留学生论文指导策略的有效性研究［J］. 语言教学与研究，2016（6）.

［4］桂诗春，宁春岩. 语言学方法论［M］. 北京：外语教学与研究出版社，1997.

［5］江新，郝丽霞. 对外汉语教师实践性知识的个案研究［J］. 世界汉语教学，2010，24（3）.

第七章
质化研究的数据分析与汇报

一、导读

本书第六章给大家介绍了质化研究中的访谈法，并布置了小组访谈任务。本章将以同学们的访谈资料为材料，带大家一起学习质化研究的数据分析。

二、访谈法内容简要回顾

访谈法是研究者通过口头谈话的方式从被研究者那里收集第一手资料的一种研究方法。访谈法可分为结构式访谈、半结构式访谈和无结构访谈。访谈的样本具有典型性、特殊性和代表性。其特点在于具有深入性、灵活性并且标准化程度低。访谈的三个技巧包括提问、追问、倾听。

访谈法包括如下七个基本步骤。

（1）明确需要用访谈法收集资料的研究问题。

（2）设计访谈提纲。

（3）抽样，进行正式访谈。

（4）记录与整理（在征得同意的基础上做好录音），建立关于访谈内容的文件。

（5）分析：确定收集到的资料与研究之间的关联。

（6）确证：检查资料的可靠性。

（7）报告：跟别人分享研究的所得。

三、各组关于"论文指导策略"的访谈汇报

（一）访谈汇报要求

以"国际中文教育研究生论文写作指导策略"为研究主题设计一项针对学生的质化研究，需有至少5篇参考文献，并提出具体的设计方案（如访谈提纲）。每组访谈1～2名已完成毕业论文写作的研究生，以"夹叙夹议"的方法归纳总结访谈结果。

参考文献：《留学生论文指导策略的有效性分析》（陈钰，2016）。

随机选两名评分员，给小组的汇报打分，按"访谈结构层次、访谈问题设计、结果解释"三个维度进行评分（每个维度5分，总分15分），评分表见表7-1，并计算评分者信度。

表7-1 质化专题访谈汇报评分

小组	访谈结构层次 （5分）	访谈问题设计 （5分）	结果解释 （5分）	总分 （15分）
第1组				
第2组				
第3组				
第4组				
第5组				

（二）随机抽取评分员

如果我们需要从班级中随机抽取几位同学，大家可以采用小程序、抽卡片的方式。如果同学们的研究需要从大批量的资料中抽取样本，那使用Excel软件的功能生成随机数，就比较便捷。这里给大家介绍从总体中随机抽取样本的一个简单方法。

运用 Excel 软件定义公式的方式自动生成随机数。具体操作如下：

（1）生成一列随机数。步骤为：打开表格→输入法切换为英文→输入"＝"（给 Excel 用户准备输入公式的指令）→继续输入"RAND（）"（返回大于或等于 0 且小于 1 的平均分布随机数）→按回车键，该单元格出现 0 ～ 1 之间的随机数→下拉/拖动单元格→出现一列随机数（每点击运行一次，就会更新随机数）→将该列随机数复制到空白列（注意粘贴时选择"值"，以固定该列随机数值）。

（2）将随机数按升序或降序排序，选择随机数值最靠前的两位同学做评分员。

（三）各组访谈汇报

这里仅展示两组的访谈汇报内容，以夹叙夹议的方式为主。

1. 第一组的访谈提纲

（1）板块一：关于平时的科研指导。

Q1：您的导师是否会定期召开组会？

（组会采取什么样的形式开展？组会的频率如何？组会大概会讨论哪些内容？每次组会的持续时间大概多久？导师是否会在组会时布置下一阶段的学习任务？）

Q2：您的导师是否会帮您划定阅读文献的范围？

（是——阅读这些论文对你的毕业论文写作的哪些方面有帮助？否——您的导师在阅读文献的选择方面是否提供了其他的有效建议？）

（2）板块二：关于毕业论文的指导。

其一，选题方面：

Q3：您花了多长时间来定下选题？

Q4：可以请您说一说确定选题的过程吗？

（哪些因素影响了您的选题方向？例如个人兴趣、实习经历、导师研究方向、课程设置方向等。您觉得导师对您最终确定选题有多大影响？请用百分比表示。）

其二，关于开题：

Q5：导师是如何指导您设计写作大纲的？

（可追问论文结构、研究方法/范式的设计与确定过程。）

其三，关于论文研究方法：

Q6：我们了解到您的论文是做实证研究方面的，那么导师在实验过程中为您提供了哪些帮助？

（可追问研究问题的确定、被试的选取和确定、实验数据的选取、实验环节的设计、测试工具、测试方法。）

其四，关于论文撰写和修改：

Q7：导师是否足够了解您的写作过程？是否会设定阶段性论文写作任务的完成期限并及时给予指导？

Q8：您觉得导师对您的论文提供了哪些方面的帮助？

（您在论文撰写过程中遇到的最大的困难是什么？导师是如何帮助您克服困难的？）

Q9：您的毕业论文在导师的指导下一共修改了几次？每次修改的侧重点有什么不同？

（3）板块三：整体评价。

Q10：导师是以正式指导为主，还是以非正式指导为主？

注：正式指导为一对一、通过组会进行的连贯指导；非正式指导为通过社交软件进行的零散指导。

Q11：导师在指导过程中采取了哪些指导策略？

（导师具体是怎么做的？您觉得对您来说哪些策略是行之有效的？）

Q12：导师在指导论文过程中是采取直截了当的沟通方式，还是间接委婉的沟通方式？

（您更喜欢哪一种沟通方式？为什么？）

Q13：导师在指导过程中是否会关注您的情绪？

（导师是否会关注您在论文写作过程中产生的负面情绪？如果您出现了负面情绪，导师会如何帮您缓解？）

Q14：回顾整个指导过程，您还希望在哪些方面得到导师的帮助？

Q15：请您对导师的指导满意度打个分（10分为满分）。

2. 第一组的访谈结果

参考 Wood 等（1976）对导师指导策略的分类编码，对访谈的结果进行分析可知，该导师在指导学生写作毕业论文时，以下六种指导策略均有使用（见表7－2）。

表 7 - 2 导师指导策略的分类编码

策略类型	核心概念	具体类型
激发兴趣	引导学生注意力	强调某概念或方法的重要性
		提问或用学生名字举例
		引导学生关注某部分的修改
简化任务	降低任务难度，帮助学生理解	讲解研究方法、设计的步骤
		解释某概念或自己的观点
		从论文写作中提取出抽象概念
保持动机	给学生动力或指导，让学生按一定方向写作下去	选题迷茫时，给予指导
		写作不顺利时，提供新方向、新思路
		让学生定期汇报自身情况
		表扬、鼓励学生做得好的方面
指出问题	指出学生写作的不足	指出学生的想法、提纲或论文中存在问题
控制情绪	防止学生的沮丧情绪	选题迷茫时，给予鼓励
		采用委婉方式提出批评
做出示范	根据对论文的期待与要求给出正确范例	提供正确思路或具体修改方案

（1）激发兴趣和控制情绪。

第一，在激发兴趣方面，主要表现为导师在师生微信群中提醒学生注意某一问题。如受访者1："个别学生提出的问题，×老师觉得比较重要的也会直接放到群里面去提醒大家要怎么做。"

第二，在控制情绪策略方面，则因人而异。导师会根据不同指导对象的具体情况判断是否需要采用该策略，如在论文写作过程中，受访者2的情绪波动大于受访者1，因此该导师在指导受访者2时就采取了控制情绪这一策略。

受访者2："有的时候，导师会感受到我的情绪有点沮丧，导师会比较含蓄一点，语气、用词会稍微委婉一点。"

受访者2："我觉得导师会给一些鼓励，我中间做实验的时候觉得自己快要延期毕业了，因为时间比较紧，而且又是第一次做，不太熟悉流程，心里就很没底。导师就会跟我说没关系啊，其实时间是够的，会告诉我每个时间节点要做什么事情，大概需要花多长时间。我觉得字数不够的时候，导师也会跟我说很简单呀，其实就是你可以怎么怎么做，你可以在哪方面进行讨论之类的。"

此外，访谈发现，线下的面谈更有益于导师使用控制情绪策略。导师的沟通渠道会影响导师控制情绪策略的使用，影响学生对导师情绪的判断，进而影响学生自身的情绪。当导师使用文字与学生进行线上沟通时，学生只能通过文字了解导师对论文的要求与标准，而无法感知导师的情绪，从而产生情绪压力。

受访者 1："×老师一直都是比较温柔、比较温和的那种语气，但是有些时候你看他网络上打字，因为网上打字，你只看到文字嘛，听不到语气，看不到表情，有些时候还是觉得有一点点小严厉的，但是如果你跟他面对面交流的话，你还是会发现他虽然比较严格，但是他的语气还是比较温柔的。"

（2）简化任务。

该导师常用简化任务策略，也是受访者 2 认为该导师使用最突出的策略。

受访者 1："其实老师会帮你做一些简化，会告诉你大概点哪个东西，然后点进去之后有些选项，他就会告诉你用哪一个。"

受访者 2："最明显的话是简化任务，比如说，导师可能觉得我对有的批注不太好理解，会跟我解释这个地方可以怎么改，可以去看哪一些相关的论文，看别人是怎么讨论的，能不能加以引用。这样会让我在改论文的时候有一个指导方向。"

（3）指出问题。

该导师在指出学生问题时倾向于使用显性策略，而非隐性策略。学生也认为导师采取显性策略更有助于论文修改。

受访者 1："×老师提问的话，一般是直接问，如'为什么你这个地方这样写'。如果你有些地方，比如说你写得前后矛盾，他就会直接告诉你，你这个地方跟上一个地方有矛盾，然后让你重新去确认，或者是重新理一遍。包括有些时候你的逻辑不通顺，他就会直接讲'这个东西你自己写出来，你都不知道什么意思，就是每次写完之后先大声读一遍，然后改一改再交'。他会直接说出来。"

受访者 2："我觉得是直截了当的。因为其实改论文是很需要比较直接地指出问题，如果很含蓄的话，可能我们不会明白，然后你可能就是修改得没有那么到位吧，所以我觉得直截了当的沟通方式会比较好一点。"

（4）做出示范。

做出示范可以分为直接示范和间接示范两种。直接示范是指导师明确给出写作思路或具体的修改方案，如受访者 1 提到的导师直接提出以什么样的逻辑对论文进行修改；间接示范则是指导师不明确给出解决方案，只给出寻找解决方法的方向，如受访者 2 提到的导师建议去阅读并参考某篇文献的写作框架。

受访者 1：一个是在文献综述的时候，他会告诉你一个框架，怎么样写综述，让人看得更清楚；另一个就是在结论的分析部分，他会告诉你用什么样的逻辑去分析，主要围绕哪几个问题去分析，列成几个条目会比较好，这些他都会给你指导的建议。

受访者 2：导师也会跟我说，可以去借鉴一下他哪一年的哪篇论文是怎么样写作的，参考一下其框架之类的。

（5）保持动机。

保持动机策略的使用情况较为复杂。该导师会在学生写作不顺利时提供新方向、新思路，但较少要求学生定期汇报自身情况。

受访者 1：那这个过程其实就是全凭自觉，然后看你自己的时间安排。我们这一届的几个人都是推迟了毕业时间的。

受访者 2：导师定的时间也就是交初稿和送审的时间。

受访者完成毕业论文写作时正值疫情高发期，学生未能如期完成写作任务在一定程度上是因为受到疫情影响，但考虑到论文写作周期较长，疫情高发期相对较短，因此学生无法按时完成写作任务也与导师未落实保持动机策略有一定关系。

（6）以解决问题为导向的多种策略组合。

该导师在指导学生毕业论文写作时，以解决问题为导向，组合使用几种策略，如："指出问题 + 简化任务""指出问题 + 做出示范""控制情绪 + 做出示范"。

受访者 1：虽然导师给了我们关于统计方法的教材，但是那部教材写得不是很详细，这时候 × 老师如果看见你用错了，他会直接告诉你，你要怎么用。

受访者 2：主要的是文档上的批注。如果批注的内容很多，导师会开一个腾讯会议，然后一点一点地讲这个地方应该怎么改。……我比较担心的是……字数的问题。导师就会安慰两句，然后告诉我接下来应该怎么做，我觉得这是更重要的，就是比起安慰的话，其实给我一个接下来做事情的方向会更重要。

此外，两位受访者都对导师在论文写作过程中的指导给出了很高评价，对导师指导的满意度较高，其中受访者 2 提出，如果在毕业论文开始写作前，导师组织上届学长介绍自己的相关经验或许可以为我们的毕业论文写作提供更多参考，从而减少前期准备过程中出现的问题。

受访者 2：我觉得在指导方面，导师已经做得非常充足了，论文写作方面没有什么其他的需求。我觉得可以让学长在毕业之前，写完论文有空的时候，跟我们介绍一下经验，比如说，可以在腾讯会议上分享一下做实验的经验、注意事项等。

这组访谈对象选择了同门的两位同学，同学们可以关注两位受访者的对比部分（下划线处）。同时，这组的访谈语料是以 Wood 等（1976）对导师指导策略的分类编码为框架组织和分析的，汇报思路较为清晰。

3. 第二组的访谈提纲与受访者的回答

（1）环节一：采访前引入。

Q1：请您简要说说您对自己的论文整体感觉怎么样呢？或者您是否了解其他同学的论文写作情况，大家如何看待自己的毕业论文呢？

受访者 3：总体上并不是很满意，只能说，尽了自己最大的努力，写得也挺辛苦的。至于为什么不满意，有几个原因：第一个就是看的文献太少，书到用时方恨少，感觉到了写毕业论文的时候才发现自己好像啥也不会啥也不是，但是又必须在短时间内交出一篇像样的初稿来，就很 emo（意为伤感）。所以我觉得平时真的应该多积累，养成看书、看论文的习惯，同时要掌握写文献笔记的方法。我另一个痛苦的点在于，我开题看的文献全给忘了，那时没有好好做笔记，开题报告也写得比较粗糙，到了写毕业论文的时候很多细节都不记得了，相当于得重新看。而且看的重点也不一样，写作进度就非常赶。我开题的时候就在想，万一导师觉得我毕业论文工作量不足怎么办，所以我就参照了文献，把实验、问卷调查、访谈等方法全用上了，访谈和出声思考的语料加起来一共有几万字之多，但因为时间不够，最后也没有做质性分析，在论文里也没有体现得很充分。我内心是觉得非常可惜的。第三个是我花了不少时间设计了实验程序，记录了一些数据，最后也没有用上。本来是打算用 R 语言的随机效应模型来做数据分析的，但因为种种原因用回了 SPSS，中间浪费了非常多的时间，写论文的时间也被压缩了。我的论文其实才花了半个月就定稿了，我的其他同学可能用了一个月的时间吧。所以我觉得写论文的过程中我浪费了很多时间在一些事情上，但最后没有什么成果出来或者没有用上。如果自己更努力一点的话，可能会做得更好。

我了解到的其他同学，虽然学校要求毕业论文的字数就两三万之类的，反正三四万都行，可是我了解到其他没有做实验的同学，他们的字数还挺多的，可能都有五六万，到了 100 页左右。整个专业的学生中只有我们组做实验，其实最后反而字数没有那么多。所以我们会觉得心里没啥底吧，送外审的时候不知道那些老师对于这个有没有要求，虽然我自己也不觉得这样内容不饱和，但仍会有这方面的担忧。

受访者 4：嗯，我觉得在导师的指导下，我的论文还是比较完整的。整体来说是比较成系统性的，包括结构啊、内容啊。我觉得因为花的时间和精力还是蛮多的，所以总体上我还是比较满意的。但当然还存在一些问题，就是写作过程中有一些问题依然存在。后续如果能够再继续研究的话，有望提升一下、解决一下。然后开题时有一些老师提到的问题在写作过程中也仍然存在。

从受访者回答内容的丰富度来看，受访者态度积极并且有较强的表达欲，会具体描述论文写作过程的总体感受。

（2）环节二：写作前的准备。

Q2：请您说说选题的过程？哪些因素影响了您的选题方向？（可围绕个人兴趣、实习经历、导师研究方向、课程设置方向展开追问）您最终是如何确定选题的呢？

受访者 3：其实我研一的时候就有在想一个自己想要做的选题，但最后呢，其实我们都听从了导师的安排。主要是导师给的选题有相关的基金项目支持，所以也就是跟着导师的研究方向做论文，我觉得这也是非常合理的。首先导师对这个领域肯定了解得比我们多得多，经验也非常丰富，判断自然会比我们更准确，而且他在熟悉的领域指导起我们来也会更加游刃有余。我们开完题之后，我也跟其他同学交流，他们都感觉导师给的这个选题很好，所以我就开始去了解，去看文献。反正就是相信导师，跟着导师走。

受访者4：我的选题是研究一本教材中生词释义的内容，就是发现教材的生词释义中存在的问题，以词典为标准进行对照，然后在对照的基础上筛选出有问题的生词释义再进行修改。修改是一个方面，另一方面是把这些问题进行分类，再根据这个归纳总结提出在教材编写生词释义方面的建议。这个选题的方向，来自我导师的汉语教材资源课程。在导师布置的一个作业里面，需要去找出教材中的问题。因为教材在我们对外汉语教学中是一个非常重要的载体。如果教材编写出现问题，那可能对学生语言的习得是有影响的。所以我就在跟导师沟通的过程中最后选择了这个题目。然后呢，因为我们导师的研究方向可能是教材、教学资源以及对外汉语的中外发展史，甚至是一些早期的教材，如《朴通事》。那对于书籍的研究来说，导师可能也更加有把握。所以最后我才定了这个选题。

追问：其实您的选题是综合了课程需要和自己的兴趣，以及导师的建议，才最终确定下来的。也就是说，选题会受到这几个因素影响，对吗？

受访者4：嗯，对。我之前是有教学实践的。我在教学过程中也发现确实是有问题的。就是有一些教材，在生词注释方面确实有很大的问题。所以选题还结合了自己的教学实践经历。另外，跟导师的沟通是非常重要的。

Q3：回顾论文写作过程，您觉得可以分为几个大的阶段，其中哪个阶段的难度最大？在这个过程中，您的导师是如何指导您的论文写作的，请举例说说。

受访者3：我觉得可以分为文献调研、确定选题、研究设计、实验程序和材料设计、数据处理和分析、论文撰写。虽说导师给了选题，但文献调研肯定还是要自己做的，调研做完后才正式确定选题。我们导师带的每位同学都要做实验，所以我们肯定会有一些实验要涉及数据的处理和分析。最后是论文的撰写。我觉得实验程序和材料设计最难，因为这一阶段的工作非常细致、琐碎而且工作量庞大。一开始，找合适的目标词就非常困难，生僻词本来就比较少，还要找学习者能看懂释义的词且能用图片来释义的。当时，找了好久后，实验用的语篇没有现成的，都要自己编写，写的过程中发现对于母语者来说很简单的词对学习者来说可能是高级词，你就必须替换成低级的近义词或者换种说法之类的。最后，实验程序需要掌握一定的编程知识，这对于文科生来说挑战还是很大的。

追问：在实验程序和材料设计这个最难的阶段，导师是如何指导的，或者是如何给予帮助的？

受访者3：说实话，导师在这方面没怎么给予指导，都是自己去摸索的。对一些具体的问题，比如学习者阅读时长、目标词是只能点击一次还是可以多次点击，需要跟导师商量，但是具体怎么把这些设计出来，导师是不管的。导师在这个过程中指导最多的是实验材料的编写，他对材料的编写十分严格。因为实验材料设计得好不好或科不科学可能决定整个实验的成败，尤其是测试题目。一开始，我可能以为测试题随便编一下就好了，其实不是，编测试题也要参考许多文献，看一下做词汇的是怎样设计测试题的。测试什么内容，采用什么题型，比如填空、选择、匹配，单选还是多选，这些很多因素都需要去考量。当时来来回回和我导师沟通，改了很多次稿，真的是很多次稿，再加上那段时间我和导师都病了，但导师熬夜给我改稿，经常到凌晨两三点。我非常感谢他对我的严格要求和细致指导。

受访者指出这个过程主要是自己摸索，说明并非所有工作都需要导师指导，但导师的严格要求也很重要。

追问：好，从您刚刚的讲述来看的话，这个时段其实是分为前期的准备阶段、后期的写作阶段，在这些阶段导师是如何指导您的论文写作的？

受访者接到有效提示，进一步回归主题问题，表达对于导师指导的积极态度，肯定了导师在指导中发挥"指导者""评阅者"的正面作用，这样便于继续探索学生对导师指导策略的认识和看法。

（3）环节三：写作中的指导。

Q4：您在论文写作的过程中，遇到问题是否会积极寻求导师的帮助？还是等待导师的主动联系？（在论文写作过程中和导师的沟通是主动的一方还是被动的一方，还是在不同写作阶段有不同角色的转换？）

受访者3：我会积极寻求导师的帮助，比如访谈提纲怎么写，自己也经常会去"烦"他。因为我导师也非常忙，他不可能主动联系我们。而且论文是自己的，当然要自己主动。我导师给我们反馈都非常及时，不拖延，又很勤奋。

受访者4：嗯，前期的时候我确实不是非常主动。一般都是等到我发稿的时候，我再去问导师。就是把所有的问题，所有的修改啊，以及写作过程中的问题，一箩筐式地丢给导师，然后再一次性地去解决。后面我觉得这种沟通方式存在不够及时的问题。可能我开始想了一些问题，等到我发给导师的时候，我的想法可能已经改变了，或者说已经不记得当时产生这个问题的原因是什么，需要解决的关键是什么。所以到后期的时候，尤其是在论文写作过程中，就更能主动联系导师，有问题直接去找导师讲。我觉得这是一个转变的过程。

从上面的反馈可见，受访者 3 认为论文的完成主要应该靠自己，不能寄希望于导师来主动联系自己。因此在毕业论文的写作过程中，他/她会主动联系导师以寻求指导和帮助。受访者 4 在论文写作过程中有一个态度转变的过程：由较为被动转为更积极、主动，由一次性解决所有问题到及时反馈问题。相较于延迟性反馈，学生主动反馈问题的一大优点是能将当时的思考和想法及时地与导师沟通并得到解决，而不是使问题积少成多。

Q5：您在论文修改的过程中，导师采用的是什么样的形式进行意见反馈呢？是以电子反馈（线上）为主，还是以线下见面约谈为主？您更喜欢哪一种方式呢，为什么？可以举例说明吗？

受访者 3：在这个过程中，线上和线下都有，以线上为主。比较小的问题，我们主要是在微信上沟通或者我导师会在文档中批注，然后根据批注来修改。如果微信比较难沟通清楚，比如论文初稿发过去，肯定是写得不怎么样，问题比较多，这时会线下约谈、打微信电话或者开腾讯会议都有。我更喜欢用腾讯会议沟通，因为更高效，可以及时地了解导师的意见以及让导师了解自己的想法。

受访者 4：嗯，我们导师是以线上为主。一般都是用文件来反馈。就是用文件和微信来沟通。我是自己主动约导师线下见了一次。因为我个人比较喜欢线下，我觉得当面沟通和文件沟通还是有一定差别的。而且遇到没明白的问题，我就可以直接问啊。文件反馈时的文字表述和直接的、当面的语言表述，还是有一定差别的。所以我更喜欢线下的见面。但是可能因为导师的工作以及实际的情况，导师会觉得线上更加方便，也更加合适吧。

受访者 3 和导师之间主要通过线上的方式进行联系和沟通，具体包括微信、文档批注、腾讯会议等。有时也会在线下交流一些比较难在线上沟通清楚的问题。受访者更喜欢通过腾讯会议进行沟通，可能是因为这种方法兼能节省时间且能实时沟通。受访者 4 的导师是以线上反馈为主，线上反馈更便捷，时间也更灵活。但受访者偏好线下反馈，认为当面沟通的有效性更强，受指导的体验感更佳。

Q6：请说说在和导师沟通中让您印象深刻的一件事。

受访者3：大多数情况下都是，导师说得都对，都听他的。如果我对自己的想法比较肯定，会稍微跟导师讨论一下，但最终还是会接受导师的说法，也会想清楚，导师说的是对的，毕竟他是导师。

追问：那如果在论文修改中，您和导师就是意见相左的话，您会怎么办呢？

受访者3：这件事也是比较刻骨铭心吧。在第二稿的时候，跟导师协商过后，哭了一晚上。第二稿写得还是不太好，问题比较多，受到了导师的批评，当时可能觉得委屈，但骂完之后，第三稿确实有很大的提升。

受访者4：嗯，我会跟导师沟通我的想法。如果我的解释能够说服导师，那导师肯定就会同意，并说"那按你的来"。如果说在沟通中，导师给我的反馈确实能够说服我，能够让我知道，我这个是有问题的，或者说认识到自己存在的问题，那我肯定按照导师的这个想法来。就是我觉得我和导师的沟通过程更多的是，在讨论当中去获得一致。整个过程中没有出现，是我一定要怎么样，或者导师一定要让我怎么样。就是最终我们都统一了这个观点，我觉得这个还挺好的。

（4）环节四：反思意识。

Q7：在论文写作过程中，您对其他导师的论文指导有所了解吗，您认为您的导师在指导方面最与众不同的表现是什么？

受访者3：有跟其他同学交流过，至少有两位老师是学生发一部分论文，导师改一部分。因为有些导师学生比较多，一下子整篇给的话，可能改不过来，不够时间全部看然后改完，所以有些老师可能会安排这个星期这个学生交，那么下个星期就下一个学生，这样轮着交，会有一个时间上的协调。跟其他导师对比的话，我导师是要把整个论文都写完了，他再来看，这可能是有大局观的表现吧。一开始，我觉得数据分析那一块拿不准主意，想着写完了要不要拿给导师看，结果导师说写完了整篇再发给他。虽然这种方式会导致有一点错整篇都要重写，但这种方法可能会更好，因为我认为论文是一个整体，不能割裂地看，不仅是局部的逻辑要清晰，整个的谋篇布局也要流畅。虽然说苦的是学生，但最后收益的还是自己。

受访者4：有一些导师的指导方法可能就会更加细致一点。比如会逐字逐句地修改啊。这些就是修改得非常细致，每一句话都会改一改这样。我们导师没有说一字一句地修改，就只是说看一个大体的内容，我觉得导师这种指导方法、指导的过程就是指导者和评判者相结合的。在指导我的论文过程中，导师是将这两个角色结合起来的，就是在给我提供指导的同时，也会给我评阅的意见。那这样的话，我是觉得我在论文写作过程中，更加地有一定的自主性。我可以发挥自己的想法和开拓写作思路，能够按照自己的想法和思路去把论文做出来。我觉得整个这种指导过程是非常和谐的。这篇论文还是自己独立完成的。

受访者3提到了自己的导师与很多其他导师不同的地方在于会倾向于一次性批阅整篇论文，而不是分部分去看。他/她认为好处在于，论文不会割裂，谋篇布局会很流畅，但自己修改起来比较困难。

受访者4的导师在论文指导上更多给予的是宏观性的指导，而不是"细致型"的，并且除了提供指导，受访者的导师还会给出评阅意见，发挥指导者和评阅者的双重作用。这种指导方法使得受访者有更多自由发挥的空间，能够按照自己的想法去开展论文写作。

Q8：在论文写作中，您会用哪几个关键词来概括导师对您论文的指导过程呢？（可以从指导方法和策略、指导效果等方面来概括）其中，您觉得最有效果和最不起作用的分别是什么，请举例说明。

受访者3：我导师是处女座，比较严格，别想在任何一个点上糊弄他。另外，他很细致，他不仅严格要求我们，也这样严格要求自己，就是比较完美主义，比如给我们润色、修改论文，都是很细致，逐字逐句地改。大多数情况下还是比较耐心，因为有时候出很多错，自己都看不过去，但导师还是会很耐心地指导。

受访者4：嗯，我觉得指出问题这个肯定是有的。然后控制情绪也是有的，开题之后我还挺受打击的，所以导师一直在关注我的情绪。导师可能会觉得我情绪受开题影响比较大，确实开题不是很顺利，我会有一些担忧。我觉得除了你刚才说的这几个，导师给我一个很大的帮助是给我提供了一些资料，就是跟我一起面对问题。这一点我是非常感谢导师的。比如说有一个问题就是方言要不要归于语体中。我在知网上面没有找到很明确的研究，说方言它是否属于语体的一部分。然后导师过了几天就发给我一本书，这是一本非常专业的书，是我自己没有找到的。然后包括论文分类，导师也给我推荐了张玉华老师的关于外向型词典研究的一本书。就是在一些专著、文献资源方面，导师会给出一些建议。

受访者 3 用了四个词概括自己导师的指导风格：处女座、细致、完美主义、耐心。受访者 4 表示其导师主要采用了"指出问题"和"控制情绪"两项常见的指导策略，还补充了导师给予"提供资料"方面的帮助。由于阅读量、阅读范围和知识厚度等方面的不同，在学生找不到可以支撑论文的相关文献时，导师推荐合适的文献资源显得尤为重要。

Q9：学校开设的论文写作和研究方法课程对您在实际的论文写作过程中有帮助吗？可以举例说明一下吗？

受访者 3：肯定是有的，特别对于我们做实验的来说。在写作过程中，我还用了问卷调查、访谈这些研究方法，导师在这门课上都有给我们讲解，给我们打下了很扎实的基础。像数据分析，我们用的是 SPSS 软件分析，比如单因素重复测量分析，都是在课上学过，然后才按照自己的需求做数据分析。

受访者 4：肯定是有帮助的。对，学了在论文写作的过程中可能用到的研究方法。我觉得很有指导性，你要知道你的研究方法是什么，然后你才能够进行具体的研究过程嘛。所以这个课程还是非常重要的。

两位受访者都认为研究方法课的开设对其论文写作十分有益。

追问：您更希望在课堂上听到哪些有关毕业论文写作的内容？

受访者 3 认为课堂内容已经比较丰富以及时间安排有些困难，他认为课堂无须补充其他与毕业论文相关的内容。受访者 4 提出课程应该更注重介绍质化研究，结合自身的写作经历，他/她强调了质化研究的重要性。

这组同学没有采用 Wood 等（1976）对导师指导策略的分类编码，而是以访谈提纲为写作线索汇报结果。访谈过程中追问部分较多，这也体现了访谈法的灵活性。

四、质化研究评分者信度

（一）质化资料的类别化分析

案例来源：江新、郝丽霞（2010）的《对外汉语教师实践性知识的个案研究》。

这个法国学生呢 [1]，问题很大，他的发音 [2]。但是我觉得在这里你要是一个字一个字地纠音，首先是浪费时间 [3]，再一个对于他的自尊心是一种伤害 [4]，所以我就用了一两个（停顿）[5]，选一两个词纠音 [6]，我在他的一句话里面纠正了两个词 [7]。（注：[1]～[7] 表示这段文本被切分为 7 句）

这段语料为采用刺激性回忆的手段收集到的原始语料。根据原文的介绍，处理语料的第一步就是切句。这段话共切出了 7 个句子，再进行后续编码。当收集的语料很少时，我们可以将每句话粘贴在 Excel 软件里，逐句分类编码。

例如，文中关注教师行为背后的教学思想，可以逐句编码。第一句话"这个法国学生呢 [1]"，可以从研究者的角度将其编码为"了解学生的国别"。第三句话"但是我觉得在这里你要是一个字一个字地纠音，首先是浪费时间 [3]"可以编码为"监控时间"。所有语料分类编码完后，再对这些编码后的语料进行统计分析。例如，假设 100 条语料中有 20 条出现了"关于学生的知识"，那"关于学生的知识"出现的比例就是 20%。

老师，第三句话似乎也可以编码为"关于教学的知识"啊？

是的，这也是质化研究的缺点，编码过程中可能会出现模棱两可的情况。这时，我们建议两位编码者共同编码。先训练，再开始编码，最后借助软件计算两位研究者的一致性。例如，一共有 100 条编码，其中 98 条两位评分者都一样，只有 2 条存在分歧，那么一致性就可以达到 98%。对于编码不一致的两条，两位研究者可以先协商调整，再对最终编码进行统计。

在评价过程中，两位评分者可能出现评分分歧，甚至可能出现两者评分普遍偏高或偏低的情况。这种现象表明，给定的评分标准可能存在问题，从而导致评价效度受损。因此，在进行研究时，我们需要重视信度与效度的问题。保证研究效度的方法之一是采用三角验证的方法，即邀请不同身

份的评分者对同一现象进行评价。例如，除了学生的立场外，还可以邀请
教师和教学督导进行评价。通过三角验证，我们可以从多个角度审视同一
问题，以检验不同角度下的评价结果是否存在差异，从而确保研究效度的
合理性。

（二）评分者信度计算

本部分将介绍评分者信度的计算方式。评分包括两种形式：一种是文本
形式的编码，按前文所述的方式进行计算；另一种是数据形式的评分。这里
以各组汇报的评分为例，介绍评分者信度的计算。

表 7 - 3 为各组汇报的评分情况，此处设置教师的评分权重为 60%，
评分者 1 和评分者 2 的权重各占 20%，最后得分取三者评分的加权平
均值。

表 7 - 3　质化专题访谈汇报评分表汇总

组别	评分者 1（占 20%）	评分者 2（占 20%）	教师评分（占 60%）	得分
第 1 组	15	11	14	
第 2 组	14	15	12	
第 3 组	14	14	12	
第 4 组	15	12	14.5	
第 5 组	13	13	12	

后面的分析使用软件 SPSS 软件，安装时可根据自己的习惯选择中文或英
文版。下面以 SPSS 23 版本为例来说明操作步骤。

（1）定义评分者 1。在 SPSS 的数据界面，点击左下角"变量视图"→输
入"评分者 1"回车→选择"类型"为"数字"（一般常用的类型包括数值
型/数字和文本型/字符串），其中，标签项可以在问卷分析时使用，例如，
在名称处设置为 Q1、Q2……在标签栏输入具体问题以便查看。

（2）定义评分者 2。操作步骤与（1）相同，名称改为"评分者 2"。

（3）新建变量"组别"。右击"评分者 1"单元格→选择"插入变
量"→在"变量视图"将新建变量命名为"组别"→输入组别以及评分者评
分→点击"保存"（出现结果窗口）。

（4）计算两位评分者信度。选择"分析"相关"双变量"→将"评分

者1""评分者2"加入变量窗口→相关系数选择"皮尔逊"(一般来说,当两列数据都是连续的数值时,就选皮尔逊相关,这也是最常用的。如果数据类型是分类数据,就选斯皮尔曼相关。)→显著性检验选择"双尾",勾选"标记显著相关性"(若结果显著,则标 ∗)→(若点击"粘贴",则出现用来执行命令的文件,这里可以查看用户的所有操作)→点击"运行"输出结果→取消拆分文件,再次运行相关,查看结果。

结果显示,两位评分者的相关系数为负值($r = -0.567$)。也就是说,两位评分者的评分负相关。我们也可以从原始数据中发现这个共变规律。例如第一组,评分者1给了15分,而评分者2给了11分,两者的评价确实呈相反的趋势。这意味着两位评分者评分的信效度很低,此时我们加入教师的评分。

(5)加入教师评分再次计算相关系数。新建变量"教师评分"并输入分值→同上操作再次计算相关→输出结果。发现教师与评分者1正相关($r = 0.264$),而评分者2与教师评分仍为负相关($r = -0.191$)。

(6)定义公式计算小组得分。在功能区选择"转换""计算变量"→定义目标变量名称为"小组得分",输入公式"$0.2 ∗$ 评分者$1 + 0.2 ∗$ 评分者$2 + 0.6 ∗$ 教师评分"后回车→数据窗口输出结果。

五、基于 NVivo 的类别化分析

(一) 质化研究文本资料的类别化分析

同样以《对外汉语教师实践性知识的个案研究》这段语料为例。

这个法国学生呢 [1],问题很大,他的发音 [2]。但是我觉得在这里你要是一个字一个字地纠音,首先是浪费时间 [3],再一个对于他的自尊心是一种伤害 [4],所以我就用了一两个(停顿)[5],选一两个词纠音 [6],我在他的一句话里面纠正了两个词 [7]。(注:[1]~[7]表示这段文本被切分为7句)

当收集的语料很少时,我们可以将每句话粘贴在 Excel 软件里,逐句命名编码,再进行合理归类统计。当研究收集的语料量很大时,我们就可以借助一些软件以量化的方式对文本资料进行分析。这里将为大家介绍一款常用的文本分析软件 NVivo。

注意："以量化的方式"并不意味着这就是量化研究了。这里的研究仍然是质化研究，只是对所收集的文本资料展开量化的分析。

（二）NVivo 软件简介

　　NVivo 软件是一款适用于行为研究、内容分析、文献综述等文本研究资料分析的工具，具备组织、分析和查询非结构化或定性研究数据的能力，例如访谈、课堂记录、开放式调查问卷等。NVivo 软件能够以量化方式展示分析成果，同时支持结合变量，便于快速查看各编码节点在不同变量下的分布状况。

1. NVivo 版本及功能

　　NVivo for Windows 软件有 NVivo Starter、NVivo Pro 和 NVivo Plus 3 种版本。各版本具有不同水平的功能性以支持各种项目和研究需要。

　　借助 NVivo Pro 软件，我们可以：使用文本、音频、视频、图像、电子表格、在线调查、社交媒体和网上内容；使用强大的查询工具；创建项目和概念图，展示数据中的关联；使用 NCapture 快速、轻松抓取社交媒体内容用于分析。

　　注意：NVivo 只能在研究人员进行思考的基础上对所有资料的各种特性进行机械性操作，它无法替代研究人员的思考。

2. NVivo 术语

　　材料来源是研究者的研究材料，包括 Word 文档、PDF 文件、数据集、音频、视频、图片、备忘录和框架矩阵。材料来源分类使研究者能够记录有关材料来源的信息（如书目数据）。

　　按主题、课题或案例收集材料的过程进行编码。例如，选择关于教师特质的一个段落，在主题节点"特质"处对其进行编码。

　　节点中包含表示课题、主题或其他概念的编码，它们允许研究者将相关资料收集在一个地方，方便研究者查找新的规律和想法。

　　案例中包含表示"观察单位"的编码，如人员、地点、组织或人为现象。案例分类允许研究者记录有关案例的信息，如人群的人口统计数据。

3. NVivo 的使用步骤及其优势

运用 NVivo 进行文本分析的步骤为：建立项目→NVivo 主界面→收集材料来源→创建备忘录→创建节点→创建案例和属性→编码→创建模型→创建图表→运行报表→导出数据。

值得注意的是，编码过程为互动式，若在后续研究中发现原有编码存在不合理之处，可适时调整或采用全新编码体系。相较于其他软件，NVivo 具备将研究结果可视化呈现的优势。

 注意：完成第一次编码后，间隔一个星期再重新审视编码结果，调整完善各编码概念。然后，请他人进行一次编码，并运用 NVivo 编码比较，衡量编码的一致性。对比编码差异稍作调整，最终确定分类系统。

编码过程一般需要进行以下 7 步操作：

（1）新建项目。首次使用软件需选择"文件""选项"→将文本内容语言设置为"中文"→点击"空项目"新建项目并命名。

（2）导入待分析材料。点击导航区材料来源→选中"内部材料"右击，新建子文件夹（如学生访谈语料、组会视频、教师访谈语料等）→选中"学生访谈语料"文件夹→点击功能区"数据""文档"→选择本地文档。

（3）词频查询。选中待查询的文本→在导航区选择"查询"→右击列表区空白处"新建查询"，选择"词频"→搜索位置选择"选定项"并勾选文档→显示字词数可以自定义→点击"运行查询"→选中无关词语，右击"添加至停用词表"，并重新运行查询→最右边可选择查看与导出词汇云。

（4）设置节点。导航区选择"节点"→右击列表区空白处"新建节点"并命名→重复相同操作建立节点→选中任一节点右击"新建节点"，可新建子节点。选中某一节点右击，选择节点特性，可对节点进行重命名。

（5）文本编码。打开待编码文本→在明细视图选中具体内容→按住鼠标直接拖动至列表区相应节点下即可。可在功能区选择"视图""突出显示""所有节点编码"，显示已编码的文本。也可双击某一节点，在明细区查看该编码包含的具体文本，如果发现编码有问题，也可在此处选中某段文本，右击"从此节点取消编码"。

（6）建立批注。对于语料的某些句子或段落的思考可以建立批注记录。打开待编码文本→在明细视图选中具体内容→点击功能区"分析""新建批

107

注"→可在明细区输入批注内容。

（7）建立备忘录。关于整个研究的一些想法或者思考可以建立备忘录记录，后续论文写作也可以从备忘录中寻找灵感。点击功能区"创建""备忘录"并命名→可在明细区记录研究思考和想法。

六、其他定性研究软件

自 20 世纪 80 年代中后期，计算机辅助质性数据分析软件在质性资料分析领域得到了广泛应用，如 ATLAS. ti、MAXqda、The Ethnograph、Weft QDA、InfoRapid 以及 Audacity 等。ELAN 则是一款针对视频和音频数据的标识创建、编辑、可视化和搜索工具，其主要目的是为标识提供声音技术，并针对多媒体剪辑进行开发利用。尽管 ELAN 主要针对语言、手语和姿势分析，但任何人都可以使用它来处理多媒体数据，如视频和音频，以便进行标识、分析和建档。

在语言学领域，ELAN 被广泛应用于多模态话语分析。多模态话语是指在交流过程中，通过运用多种交流模式（包括听觉、视觉、触觉、味觉、嗅觉等五种感觉）以及语言、图像、声音、表情、肢体动作等多种手段和符号资源进行交际的现象（张德禄，2009）。

七、研究案例

（一）质化研究案例：基于 NVivo 软件的编码与类别化分析

《元认知视角下汉语二语课堂管理策略的分类及使用情况》（庾健欣，2021）为笔者曾指导的一篇硕士学位论文。

摘要： 该研究在元认知视角下建构汉语二语课堂管理策略分类系统和调查不同教龄的教师使用各类管理策略的频率与评价。首先，研究整合 157 篇案例文本，构建汉语二语课堂管理策略分类系统，包括预防、监控、调整三大系统 55 个次级节点。在预防方面，教师主要通过反思与总结自身教学管理经验和借鉴中国汉语教师经验提前精心做好教学准备；在监控方面，教师有意识地监控教学效果、课堂气氛以及学生的行为和情绪；在调整方面，教师根据监控结果即时调整课堂气氛、教学内容与方式，在学生出现严重的行为问题时也会及时了解与制止。

（二）三大管理策略的节点与参考点统计

作者使用定性研究工具 NVivo 软件对 157 个教学管理案例进行编码与分析，确立了 3 大分类，共有 55 个次级节点（见表 7-4）。一级编码"预防策略"的二级编码包括管理依据和预防内容，三级编码包括反思与总结自身教学管理经验、借鉴中国汉语教师的经验、借鉴本土教师的经验等。三大策略的案例库共涉及课堂管理策略 610 次，其中监控策略使用频率最高（占47.21%），预防策略次之（占 31.15%），调整策略最低（占 21.64%）。

表 7-4　汉语二语教师课堂管理中三大策略的节点与参考点统计

策略	节点			参考点		
预防策略	管理依据		1. 反思与总结自身教学管理经验	49		77
			2. 借鉴中国汉语教师的经验	16		
			3. 了解当地课堂管理要求	4		
			4. 借鉴本土教师的经验	4		
			5. 查阅相关文献资料	4		
	预防内容	精心做好教学准备	6. 认真设计教学活动	34	72	190
			7. 使用有趣的教学材料与媒体	21		
			8. 课前留有充分的准备时间	3		
			9. 预估可能会出现的教学情况	2		
			10. 仔细考虑教学细节	5		
			11. 发出清晰、明确、简单的指令	2	113	
			12. 根据学生水平分配学习任务	5		
		确立学生行为规则	13. 建立合理公平的规则	2		
			14. 学年初就制定行为规则	5	17	
			15. 跟学生详细解释规则	4		
			16. 与学生讨论遵守或违反规则的后果	3		
			17. 预留时间再次强调规则	3		

续表 7 – 4

策略			节点		参考点		
预防策略	预防内容	构建积极课堂关系	18. 想办法跟学生交朋友	5		113	190
			19. 开展学习活动，促进学生间的关系	2	13		
			20. 让学生了解教师	1			
			21. 对学生一视同仁	1			
			22. 与家长沟通	2			
			23. 主动了解学生情况	2			
		建立良好物理环境	24. 装饰课室	1	5		
			25. 展示学生学习成果	4			
		塑造教师良好形象	26. 塑造成熟、专业的形象	1	2		
			27. 保持笑容满面、精神奕奕的状态	1			
			28. 中外教师沟通合作	4	4		
监控策略			29. 监控教学节奏		95		288
			30. 监控学生行为		93		
			31. 监控课堂气氛		54		
			32. 监控学生情绪		40		
			33. 监控教学效果		6		
调整策略	即时调整	调整心理状态	34. 调整自身心理状态	10		94	132
			调整学生心理状态 35. 代币制奖励	2	38		
			36. 评选优秀学生	1			
			37. 物质奖励	8			
			38. 语言鼓励、表扬学生	17			
			39. 调整课堂气氛		13		
			40. 调整教学内容		16		
			41. 调整教学方式		20		
			42. 调整教学节奏		7		

续表 7 - 4

策略		节点			参考点		
调整策略	即时问题干预	及时了解与制止	43. 及时了解问题的原因	1	22	38	132
			44. 有意忽视行为问题	1			
			45. 点名提醒学生	4			
			46. 学生说话或捣乱时调整座位	3			
			47. 与学生交流沟通	13			
		表明态度	48. 表达对行为的期望	1	13		
			49. 保持严肃或表现生气	5			
			50. 表现对学生的关心	3			
			51. 表现对作业的重视与负责	2			
			52. 坚定维护规则	2			
		利用惩罚	53. 罚做作业	1	3		
			54. 取消评选优秀学生的资格	1			
			55. 言语批评	1			

八、本章阅读书目与文献

［1］文秋芳. 评析二语习得认知派与社会派 20 年的论战［J］. 中国外语，2008（3）.

［2］文秋芳，林琳. 2001—2015 年应用语言学研究方法的使用趋势［J］. 现代外语，2016，39（6）.

［3］冯舸，吴勇毅. 国外期刊中的汉语教育研究：现状、分析与展望［J］. 全球教育展望，2021，50（10）.

［4］徐锦芬，李高新. 国外二语语法能力研究述评（1981—2020）：一项基于质性分析软件 NVivo 的研究［J］. 外语教学理论与实践，2021（4）.

［5］张德禄. 多模态话语理论与媒体技术在外语教学中的应用［J］. 外语教学，2009，30（4）.

［6］张德禄，张珂. 多模态批评（积极）话语分析综合框架探索［J］. 外语教学，2022，43（1）.

第三编
国际中文教育
中的量化研究

　　第三编包括八章，旨在介绍国际中文教育中的量化研究。要求学生在了解量化研究核心概念的基础上重点学习两类常见的量化研究，即问卷调查和实验设计。第十一章至第十三章是量化研究中必须掌握的统计分析手段。第十四章是为学有余力且论文有建模之需的学生提供新的分析视角，通过回归模型和中介效应检验进一步解释变量与变量之间更复杂的影响关系。第十五章简要阐述量化研究汇报的要点。

第八章
量化研究中的核心概念

一、导读

老师，我觉得量化研究对我们文科生是一个巨大的挑战，因为没有数理统计的基础。

量化研究受到实证主义的影响，强调研究者应当收集资料并验证假设。它倾向于站在前人的肩膀上展开研究，不算一种特别具开创性的研究，这也是应用型学科的特点。

其实量化研究最大的难点是同学们的畏难情绪。大家一旦掌握量化研究的统计技巧，就会发现它比质化研究更好做，因为它追求确定性。

二、复习与回顾：研究设计的一般分类

从国际中文教育研究设计分类（如图 8-1 所示）可以看出，这里的量化研究根据采集数据的手段形式而不是研究目的进行分类。该分类舍弃了"相关法"（以探讨变量关系为研究目的的研究）这种叫法，而用"调查法"。因为相关法强调在研究者分析数据的过程中，研究变量之间的关系，而它采集数据的手段其实是通过调查，包括结构化访谈、问卷调查、测试等。与之相对应的是实验法，实验的核心在于研究者的干预，意味着过程与结果都不是自然而然发生的，主要目的在于探讨和分析干预后的实验效应。

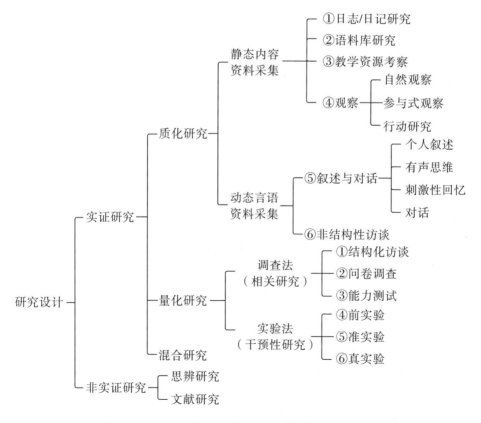

图 8-1　社会科学视野下国际中文教育研究设计分类

三、量化研究的核心概念

（一）假设、理论及理论模式

1. 假设

研究假设（hypothesis）是在前人研究成果和已确立的理论基础上，对研究问题所提出的事前设想。在科学研究中，假设扮演着至关重要的角色，它为研究者提供了指导方向，帮助他们探索未知领域。通过对假设的验证，研究者可以进一步丰富和完善现有的理论体系，为未来的研究奠定基础。在研究过程中，研究者会根据现有理论和对研究问题的理解，提出一个或多个可能的假设。这些假设通常是对现象背后的原因和规律的推测，需要通过实证研究来验证其正确性。通过对假设的验证，研究者可以确定哪些因素对研究问题具有显著影响，进而提出更具针对性的解决方案。

事前设想具有以下 5 个特点。

（1）基于现有理论和研究成果：假设是在前人研究的基础上提出的，体现了研究者对现有知识的继承和发展。

（2）指向性：假设为研究问题提供了明确的方向，有助于研究者集中精力开展相关研究。例如"在汉语二语学习过程中，使用母语的程度与学习成绩有什么关系？"

a. 两者没有关系——零假设/虚无假设/原假设 H_0——一切研究假设的开始。

b. 正向关系，程度越高，成绩越好——正向假设 H_1 ⎫
c. 负向关系，程度越高，成绩越差——负向假设 H_2 ⎬——有向假设。

d. 尚未确定，可能正向也可能负向——无向假设 H_3——元分析研究。

（3）可验证性：假设可以通过实证研究进行验证，从而为研究者提供关于研究问题的确切信息。

（4）假设可以是单一的或多个：针对同一个研究问题，可能存在多个相互竞争的假设，这有助于推动学术界的争论和探讨。

（5）假设的修正和完善：在研究过程中，假设可能会随着新证据的发现而被修正或完善，这有助于研究者在不断探索中逐步接近真理。

总之，假设是科学研究中不可或缺的组成部分。通过对假设的提出、验证和修正，研究者可以不断拓展知识边界，为人类社会的发展做出贡献。在研究过程中，假设不仅指导着研究者的思考和探索，还为实证研究提供了理论依据。因此，正确地提出和验证假设是研究者开展高质量科学研究的关键环节（文秋芳、俞洪亮、周维杰，2004）。

2. 理论及理论模式

理论（theory）作为一种抽象的思维工具，是由一组互相关联的假设组成的。这些假设共同构成了一个系统、完整的阐述体系，对所研究的对象进行全面而深入的剖析。在这个阐述体系中，各个假设之间相互支持、相互补充，形成一个统一的整体，为研究者提供了脉络清晰、层次分明的思考框架。

首先，我们要明确，理论的核心是假设。假设是对现实世界中某一现象或问题的猜测或设想，是基于已有的观察和实验结果提出的。一组有效的假设能够反映现实世界的某种规律，为研究提供方向和指引。因此，假设的质量和合理性是理论成立的关键。

其次，互相关联的假设构成了理论的内在逻辑。在理论中，各个假设之间存在密切的联系，它们相互依赖、相互制约。这种内在逻辑使得理论具有严密的体系性，有助于我们在研究过程中避免盲目性和片面性。同时，这种内在逻辑也要求我们在分析和解决问题时，要全面地考虑各个假设的影响，以确保结论的准确性和可靠性。

再次，理论的目的是对所研究的对象形成系统、完整的阐述。这意味着理论不仅要包含对现象的描述，还要揭示现象背后的原因和规律。这样的阐述有助于我们深入理解研究对象，为实践提供有力的指导。此外，系统性和完整性还要求我们在研究过程中，要充分考虑各种可能的因素，确保理论的全面性和广泛适用性。

最后，理论作为一种重要的思维工具，可以帮助我们更好地认识和解释现实世界。例如，Krashen（1985）二语习得理论包括5个假设：习得－学得假说、自然顺序假说、监控假说、输入假说、情感过滤假说。这些假设形成一个系统、完整的阐述体系，帮助我们理解二语习得过程的规律与特点。当这些假设以更简要的图形有逻辑地系统呈现出来时，理论就形成了固定的理论模式（theory model），如图8-2所示（转引自文秋芳、俞洪亮、周维杰，

2004：19）。以语言表述的理论借助以图形描述的理论模式呈现，更形象，也更生动，但以清晰、明确的语言表述的理论依然是核心，不可或缺。

图 8 - 2　Krashen 的二语习得理论

（二）如何将理论定义变为操作定义？

在学术研究中，我们常常需要对研究对象进行明确和深入的理解。为了达到这个目的，研究者们通常会借助两种定义方式：理论定义和操作定义。

理论定义，是指提供人们理解某个变量的概念特征的一种定义方式。这种定义方式主要通过对相关概念、理论的梳理和分析，揭示研究变量之间的内在联系，从而为研究提供理论基础。理论定义常常出现在论文的文献回顾部分。通过对研究领域的理论定义进行梳理，可以帮助研究者更好地把握现有研究成果，为自己的研究奠定基础。此外，理论定义还可以帮助研究者明确研究问题，为后续的操作定义和实证研究提供指导。

操作定义，是指提供人们测量、操作某个变量的具体方法的一种定义方式。与理论定义不同，操作定义更注重实际操作过程中的具体操作方法和测量手段，从而为研究提供一个具有可操作性的框架。操作定义通常出现在研究方法部分。通过明确操作定义，研究者可以确保研究过程中的测量和操作具有较高的可靠性和有效性。此外，操作定义还可以帮助研究者设计研究方案，确保研究结果的准确性和可重复性。

例如：

（1）阿里的汉字学得非常好（理论定义：准确而快速地认读汉字；操作定义：一分钟内准确认读汉字的字数）。

（2）阿里之所以汉字学得好，因为他很努力。Gardner（1985）认为：动机 = 努力 + 实现学习目标的愿望 + 积极态度。

思考：如何界定"努力"？

我觉得上课出勤率高的同学更努力。阿里肯定坚持来上汉字课了。

我认为课后阅读量大的学生算努力。阿里除了上课，课后还很爱看汉语书。

我们通常认为努力得铆足了劲，希望实现某一目标。同学们提到的出勤率和阅读数量都可以反映努力的程度。然而，"努力"的理论定义其实不够有效、不够直观。一周读几本书的阅读频率可以算作努力呢？研究者需要细化，得到更精准的指标，这才是操作定义。

如果我们把"出勤率"用作"努力"的定义，它确实是一种稳定且精准的测量方式，是一个有信度的指标。然而，实际中很有可能出现下面这种情况。如果大家都出勤了，那么大家的出勤率是一样的（看起来似乎一样努力）。如果一个学期里有同学请假 1 次，有同学请假 2 次，同学之间开始出现出勤率的高低，是不是意味着请假 2 次的同学没有请假 1 次的同学或从未请假的同学努力呢？当操作定义被量化后，我们就要思考，这个被我们量化的概念到底有没有效，也就是效度，例如出勤率是否准确反映了努力的程度。这是研究中最容易出问题的环节。

老师，我发现有时不同学者对同一个东西有不同的测量方式，那我们研究时到底应该怎么选择呢？

根据测量目的和测量对象来选择测量方式，可以参考与研究最接近的前人的测量方式，确定操作定义后，再收集数据。

（三）变量

1. 变量的定义与常见变量的类型

当概念的操作定义确定后，也意味着它成为一个变量（variable）。从定义变量（操作定义）到测量或操纵变量的过程，也是从研究假设到研究设计的过程。后续分析变量、做出推论，是完成数据分析到成文的全过程。

变量是指具有一个以上取值的概念，其特点是数值可以变化。根据变量在研究过程中的作用和性质，我们可以将变量分为以下 5 类。

（1）自变量（independent variable）。自变量是研究中起影响作用或预测作用的因素，通常用 x 来表示。例如，在研究学生毕业论文质量的过程中，学生的努力程度就可以被视为一个自变量。自变量的作用在于，它对因变量产生影响，从而影响研究结果。

（2）因变量（dependent variable）。与自变量不同，因变量是受到自变量影响或预测的对象，通常用 y 来表示。在上述学生毕业论文质量的例子中，学生毕业论文的质量就是因变量。因变量反映了自变量对研究对象的实际影响，是研究结果的直接体现。

（3）调节变量（moderator variable）。在某些研究中，我们不仅仅关注变量的因果关系，还希望进一步探讨是什么在影响自变量与因变量之间的关系。这个在研究过程中对自变量和因变量的关系起到调节或缓和作用的变量被称为"调节变量"。例如，在探讨学习风格与学习满意度之间的关系时，班级文化可以被视为一个调节变量，因为它可能影响学习风格与学习满意度之间的关联程度。

（4）控制变量（control variable）。控制变量是指在研究过程中，为排除其他因素对研究结果的影响，而特意引入的一种变量。通过控制变量，我们可以将研究焦点集中在自变量和因变量之间的关系上，从而提高研究的准确性。例如，在研究学习投入与汉语成绩之间的关系时，我们可以将学习任务作为一个控制变量，确保所有学生完成的是相同的学习任务，以此避免学习投入受学习任务的影响。

（5）干扰变量（intervening variable）。干扰变量是指在研究过程中被研究者忽视或无法测量到，但可能对自变量和因变量之间关系产生影响的一种变量。干扰变量的存在可能会导致研究结果的失真，影响研究结果的可靠性。

2. 课堂练习：判断自变量和因变量

判断下面研究所涉及的自变量和因变量。

研究1：有两种二语写作教学法，一种要求学生把同一篇作文修改多次，简称为"反复修改法"；另一种要求学生多写一些不同的文章，简称为"多篇作文练习法"。该项研究认为，反复修改法比多篇作文练习法对提高学生的写作能力更有效。

自变量：_____ 因变量：_____

研究2：频繁使用多种学习策略的人比使用学习策略种类少且频率低的人英语学习成绩要好。

自变量：_____ 因变量：_____

研究3：学生对教育的态度可部分预测他们对"好老师"的看法。

自变量：_____ 因变量：_____

3. 课堂练习：判断研究中可能的调节变量

调节变量有时又被称为第二自变量。如果研究者研究自变量 x 对因变量 y 的影响，但怀疑 x 和 y 之间的关系可能由于因素 z 的影响而发生改变，那么 z 就作为调节变量来研究。常见的调节变量包括性别、年龄、二语水平等。

研究4：研究者在教汉语时想看视觉单模态（图画）和听觉单模态（录音）哪种方法更有效。首先，研究者随机将学生分为2组，1组使用图画，另1组使用录音，3个月后参加同一个测验。结果，两个班的成绩差不多。

自变量：_____ 因变量：_____ （可能的）调节变量：_____

思考：这个结果是否表明模态形式对汉语成绩没有影响？还是可能存在其他影响？

> 提示：调节效应指自变量（模态效应）对因变量（汉语成绩）的影响因调节变量（汉语水平）的不同而不同。调节变量可以是连续变量，如汉语水平；也可以是分类变量，如性别等。

4. 课堂练习：判断研究中的控制变量

实际工作中我们往往不可能同时对所有变量展开研究。我们可以使其中某些变量保持中立，确保这些中立的变量不影响自变量与因变量的关系，这些保持中立的变量就称为"控制变量"。常见的控制变量包括性别、年龄、二语水平等。

研究5：在一项关于课外辅导对培养阅读理解能力的影响的研究中，研究者有意地选择了 HSK 4 级及以上的学生作为研究对象。一半的学生分入课外辅导组，另一半的学生仅参加课内课程。

自变量：＿＿＿＿＿　　因变量：＿＿＿＿＿　　　控制变量：＿＿＿＿＿

在另一项研究中，研究者想研究人格特质对职前汉语教师胜任力的影响，但发现汉语国际教育的职前教师存在严重的性别失衡现象。于是，研究者仅选取了女教师作为研究对象。这样，性别就是控制变量。

思考：控制变量与调节变量的区别？

控制变量与调节变量类似，只是人为地进行了控制。例如，某项研究仅关注大学生，就要对变量年龄进行控制，不再考虑其他年龄段的情况。

5. 课堂练习：判断研究中可能存在的干扰变量

干扰变量是指在研究中若干没有测量出来，但和自变量与调节变量一起对因变量产生影响的变量。在这两种情况下，可能存在干扰变量：①研究者想测量，但很难测量的变量；②可以测量，但研究者因时间、资源有限或经验不足而忽略的变量。比如，你想进行一项研究，旨在搞清楚阅读量（自变量）与词汇量（因变量）的关系。在这两种变量之间，还有另外一些变量在起作用，如阅读动机、已掌握的词汇量、记忆单词的策略、个体记忆能力。这些都需要研究者提前做好文献回顾的工作，及早识别可能存在影响的干扰变量。

研究6：在一项研究中，你想比较线上学习的效果好，还是传统的线下上课的效果好。经过一个学期的教学，结果发现还是线下学习的效果更好。为什么？你觉得这个影响效应是如何产生的？这里可能存在的干扰变量有哪些？

温馨提示：研究者应在研究中提前识别干扰变量。知道什么是干扰变量，有助于解释自变量引起因变量变化的原因。比如，教学实验前切记要先测量被试的汉语水平，否则它将成为你研究中的干扰变量，严重影响研究结果的可靠性。

6. 各类变量之间的关系

自变量与因变量之间可能存在因果关系或相关关系。调节变量，又称"第二自变量"，它会改变自变量与因变量之间的关系。控制变量一般保持恒定，没有变化。控制变量可以更好地研究自变量对因变量的影响。干扰变量是无法直接测量的变量。干扰变量越多，自变量与因变量的因果关系越难解释清楚。需要注意的是，一个变量的功能不是一成不变的，而会随研究的变化而变化。

研究的核心变量包括自变量和因变量。干扰变量像未及时测量的"病菌"，干扰自变量对因变量的解释。控制变量就像及时测量且得到有效控制的"病菌"，控制手段包括"有效分类与随机分组"、仅抽样某一类型。调节变量则像及时测量但未有效控制的"病菌"，只能通过统计手段检验调节变量（第二自变量）与核心自变量（第一自变量）是否存在交互作用。

四、变量的测量方式与变异

变量的测量方式，详见本书第九章关于问卷调查的设计。

变量的特点是数值可以变化。例如，当研究目的是探讨为什么有的留学生汉语学得好，有的留学生汉语没那么好。这里存在变异（variance），统计上用样本方差来描述变异的大小。假设有 30 位同学，汉语测试的平均分为70 分，A 同学考了 80 分，比平均分高 10 分；B 同学考了 70 分，与平均分相等分；C 同学考了 60 分，比平均分低 10 分。每位同学的得分都与均值存在偏差，有正也有负。按式（8－1）可计算这组数据的样本方差。它可以衡量这组数据变异的大小，方差越大，变异越大。样本标准差为样本方差的算术平方根，用 S 表示。

$$样本方差：S^2 = \frac{(X_1 - \overline{X})^2 + (X_2 - \overline{X})^2 + \cdots + (X_n - \overline{X})^2}{n-1} \quad (8-1)$$

$$样本标准差：S = \sqrt{\frac{(X_1 - \overline{X})^2 + (X_2 - \overline{X})^2 + \cdots + (X_n - \overline{X})^2}{n - 1}} \quad (8-2)$$

式（8-1）、式（8-2）中，n 表示样本量，$\overline{X}$ 表示样本的均值，$X_1, \cdots, X_n$ 为样本观测值。

方差和标准差为衡量变量离散趋势最重要、最常用的指标，是测算数值型数据离散程度的最重要方法。当数据分布比较分散（即数据在平均数附近波动较大）时，各个数据与平均数的差的平方和较大，方差就较大；当数据分布比较集中时，各个数据与平均数的差的平方和较小。因此方差越大，代表了数据的波动越大；方差越小，代表了数据的波动越小。

五、研究对象总体与样本

研究对象总体与样本是量化研究中不可或缺的概念。研究者在研究设计过程中必须考虑一个基本问题：如何从有限的个体中获取有代表性的样本，以便对总体特征进行准确分析。

研究对象总体是指我们所关注的一个特定群体的全部成员，如来华留学的学生总体。这个总体内部，还可以依据某个特征分出不同的总体，比如国籍。样本是从研究对象总体中抽取的一部分成员。研究对象总体与样本的关系如图8-3所示。样本的选择需要遵循一定的方法和原则，以确保其具有代表性。具体的抽样方式，将在本书第九章做详细介绍。

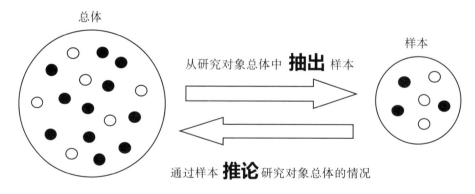

图8-3　研究对象总体与样本的关系

六、读文献，找变量，学方法

要求：精读量化研究文献《初级阶段外国留学生汉字学习策略的调查研究》（江新、赵果，2001）和《社会网络和语言认同对汉语二语口语产出的影响》（陈默、安子逸、龚阳，2022）。

对于《初级阶段外国留学生汉字学习策略的调查研究》，重点了解作者如何概念化和通过量表的方式测量"整体字形策略""音义策略""笔画策略""复习策略"这些抽象概念，以及如何验证问卷的信效度。

对于《社会网络和语言认同对汉语二语口语产出的影响》，重点了解作者如何量化"社会网络"和"语言认同"，通过怎样的方法验证这两者对汉语二语口语产出有影响。

七、本章阅读书目与文献

[1] 陈默，安子逸，龚阳. 社会网络和语言认同对汉语二语口语产出的影响 [J]. 语言文字应用，2022（4）.

[2] 江新，赵果. 初级阶段外国留学生汉字学习策略的调查研究 [J]. 语言教学与研究，2001（4）.

[3] 文秋芳，俞洪亮，周维杰. 应用语言学研究方法与论文写作 [M]. 北京：外语教学与研究出版社，2004.

第九章
量化研究之问卷调查设计

一、导读

老师，教学调查问卷跟其他类型的问卷有什么区别吗？

教学调查问卷是研究者为达到调查教学的目的而设计的由一系列问题、备选答案及说明组成的向被调查者收集资料的工具。关于教学调查问卷的更多问题我们将在本章深入学习。

二、教学调查问卷

为了实现调查教学的目的，我们精心设计了一种工具，即问卷调查来收集必要的数据。问卷由一系列精心设计的问题、备选答案以及详细的说明组成，旨在从被调查者那里获取有价值的信息。根据研究目的和变量的数量，问卷调查可以分为单变量问卷调查和多变量问卷调查两种类型。单变量问卷调查主要关注某一特定变量的特点，通过大样本量的调查，能够深入揭示该变量的分布、特点和趋势。多变量问卷调查则更注重不同变量之间的关联和相互影响，有助于研究者理解它们之间的复杂关系。

除了根据变量的数量进行分类，问卷调查还可以从时间维度划分为横向问卷调查和纵向问卷调查两种类型。横向（共时）问卷调查在同一时间点对不同对象进行调查，以便了解不同群体之间的差异和共性。纵向（历时）问卷调查则是在不同时间点对同一对象进行调查，以便了解个体或群体的变化趋势和发展规律。总之，问卷调查是一种重要的工具，对于实现调查教学的目的而收集必要的数据至关重要。通过科学与严谨的设计、实施和分析过程，我们可以获得可靠、有效的结果，为进一步的教学和研究提供有力支持。

三、调查问卷的结构

（一）体例结构

问卷的体例结构主要包括四部分。第一部分是标题和问卷编码，编码通常由 6～8 位数字组成，设于问卷右上角，用于研究者归类。第二部分是问卷说明与承诺，包括自我介绍、调查目的、问卷填答指导语、严格保密的承诺等。第三部分是问卷正文。第四部分是结束语。有些问卷还会为被调查者附上编码指南，用于对开放性问题部分的答案进行归类和标注。

＊＊一、标题＊＊

探索××××现象：一场深入心灵的问卷调查——期待你的独特见解！

＊＊二、问卷说明与承诺＊＊

亲爱的小伙伴们，这是一场关于××××现象的深入探索！我们诚邀你分享你的真实想法和独特观点，你的回答将为我们提供无比宝贵的启示。请在回答问题时，根据自己的内心感受，选择最贴切的答案。同时，如果你有任何独特的故事或观点，不要忘记在开放性问题部分分享哦！

我们郑重承诺，将严格遵守相关法律法规，对你的个人信息进行严格的保密。请放心填写问卷，保护你的隐私安全是我们最重要的责任。

＊＊三、问题与回答部分＊＊

这部分的问题设计得既有趣又有深度，它们将引导你深入思考××××现象的各个方面。请认真作答，让你的答案成为我们理解这个世界的宝贵素材。

…………

＊＊四、结语＊＊

感谢你抽出宝贵的时间来完成这份问卷！你的意见和建议对我们来说非常重要。让我们共同努力，为一个更美好的未来献出自己的一分力量！再次感谢你的参与！

＊＊五、编码指南＊＊

为了方便数据的整理和分析，我们提供了一份详细的编码指南。这份指南将帮助我们对开放性问题部分的答案进行归类和标注。如果你在填写问卷时需要参考相关说明，可以随时查阅这份编码指南。同时，我们希望你能积极参与数据整理的工作，共同为我们的调查增加宽度和深度。

（二）内容结构

在设计一份有效的调查问卷时，我们需要深入思考两个核心问题。第一，我们需要明确本研究的目标是什么，即我们希望通过调查了解哪些具体的信息或数据。第二，我们需要决定从哪些维度或子概念入手进行调查。这些维度应该是对研究主题的全面反映，有助于我们深入理解研究对象的各个方面。

设计问卷的思路主要有两种：理论先行的"自上而下"设计和头脑风暴型的"自下而上"设计。理论先行的设计方法适用于已有丰富前人研究成果的领域。在这种情况下，我们可以借鉴已有的理论框架和研究方法，设计出一份结构清晰、逻辑严密的问卷。例如，对于汉字学习策略、论文指导策略和学习风格等领域的研究，我们可以依据已有的理论体系构建问卷。相比之下，头脑风暴型的"自下而上"设计方法更适合于前人研究成果较少或全新的研究领域。这种方法要求研究者从实际现象出发，通过头脑风暴的方式收集各种零散的信息和观察结果。然后，对这些信息和观察结果进行编码和归类，抽象出上位概念，再结合质化和量化研究方法对这些概念进行深入探讨。例如，对于课堂管理策略的研究，由于这一领域的研究相对较少，研究者可以采用头脑风暴的方法，从实际课堂管理现象出发，逐步提炼出有价值的调查维度。

（三）调查内容

问卷调查是一种被广泛使用的数据收集工具，用于了解人们的观点、行为和态度。为了全面了解调查对象，问卷的内容通常包括多个方面的信息。其中，经历/行为、看法、情绪感受、知识/能力和个人简况是最常见的五类调查信息。

第一类，经历/行为类问题（"所为"）。该类问题主要关注调查对象的实际行为和经历。这类问题通常询问调查对象在过去的一段时间内所做的事情，如购买行为、工作经历、旅行经历等。通过这些问题，研究人员可以了解调查对象的行为模式和习惯，从而分析其消费行为、职业发展等方面的情况。

第二类，看法类问题（"所想"），主要考察调查对象的观点、态度和价值观。这类问题通常询问调查对象对某些事件、产品、服务或政策的看法，如对某品牌或产品的评价、对社会问题的看法等。通过这些问题，研究人员可以了解调查对象的意见和态度，从而分析其价值观念和社会态度。

第三类，情绪感受类问题（"所感"），关注调查对象的情感体验和心理状态。这类问题通常询问调查对象在特定情境下的情感反应，如对某个话题的感受、对某个情境的心理反应等。通过这些问题，研究人员可以了解调查对象的情感体验和心理需求，从而分析其心理状况和生活质量。

第四类，知识/能力类问题（"所知"），关注调查对象的知识储备和技能水平。这类问题通常询问调查对象对某些知识或技能的掌握程度，如对某个领域的了解程度、语言能力等。通过这些问题，研究人员可以了解调查对象的知识水平和技能，从而分析其教育水平和社会竞争力。

第五类，个人简况类问题（"背景"），主要关注调查对象的个人信息和社会背景。这类问题通常询问调查对象的出生日期、年龄、性别、婚姻状况等基本情况，以及家庭背景、职业等社会背景信息。通过这些问题，研究人员可以了解调查对象的基本信息和背景情况，从而分析其社会背景和生活状况。

综上所述，问卷的内容涵盖了多个方面的信息，通过这些问题的设计，研究人员可以全面了解调查对象的情况。在进行问卷调查时，需要充分考虑不同类型的问题对于收集数据的意义和作用，合理安排问题的顺序和表述方式，以确保问卷的有效性和可靠性。

这五类调查信息越靠后越难测，例如第一类行为信息，一般调查收集到的数据都是相对真实的，通常不需要检验信度、效度。第四类能力信息，则较抽象。例如，考试第一名的同学不一定是能力最强的同学，考试似乎与能力不等同，说明考试这种测量方式存在误差。

课堂练习：判断下面的题目所调查的信息类型

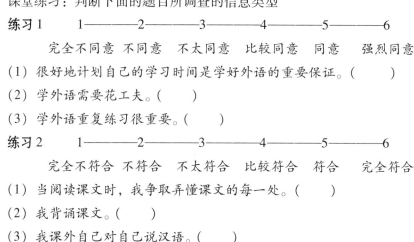

练习1　　1————2————3————4————5————6

　　　　　完全不同意　不同意　不太同意　比较同意　同意　强烈同意

（1）很好地计划自己的学习时间是学好外语的重要保证。（　　）

（2）学外语需要花工夫。（　　）

（3）学外语重复练习很重要。（　　）

练习2　　1————2————3————4————5————6

　　　　　完全不符合　不符合　不太符合　比较符合　符合　完全符合

（1）当阅读课文时，我争取弄懂课文的每一处。（　　）

（2）我背诵课文。（　　）

（3）我课外自己对自己说汉语。（　　）

　　提示：① 实际操作过程中，五类信息可与时间框架（过去、现在和将来）联系起来；②切勿将观念题和行为题混为一谈。

　　观念题一般结构："我认为/我想……"

　　"我认为学好汉语要花很多工夫。"

　　"我花了很多工夫学习汉语。"

四、调查问卷设计的原则与标准

（一）出发点：为回答者着想，便于理解与阅读

设计一份高质量的调查问卷并非易事，需要问卷设计者遵循一定的原则和标准，以确保调查结果的有效性和可靠性。首先，出发点应当是为被调查

者着想，便于阅读。具体提出四点注意事项：第一，若问卷超过 5 页，可考虑装订成小册子；第二，同一道题不要跨页；第三，不要为了节约空间，把许多题目挤在一起；第四，问卷的纸张质量要好，打印要清楚。

提示：以上内容是针对纸质版问卷的注意事项，现在大家更多采用线上平台制作问卷，高效便捷，但基本原则是一致的。

以下是对调查问卷设计的原则与标准的深入探讨，以便更好地理解和应用这些原则。

1. 原则为纲

（1）目的明确：在设计调查问卷之初，我们必须明确研究目的。每一道问题都应与我们的研究主题紧密相关，避免引入与主题无关的干扰项。这样不仅可以确保收集到的数据具有针对性，还可以提高问卷的作答效率。

（2）简洁明了：简洁的语言和明确的提问方式是设计问卷的关键。避免使用晦涩、难懂的术语，以免造成被调查者的困惑。同时，应尽量精简问题的长度，避免冗长的回答要求，以免引发被调查者的厌烦情绪。

（3）逻辑性强：问题的排列顺序应遵循逻辑原则，先易后难，逐步引导被调查者深入思考。这样可以确保被调查者在回答过程中逐步适应，从而提高回答的质量。

（4）适度平衡：在问题设计上，要兼顾提问的不同类型和角度。既要有开放性问题，以收集被调查者的主观意见；也要有封闭式问题，以便于进行定量分析。这样可以使问卷设计者更全面地了解被调查者的想法和行为。

（5）尊重隐私：在问题设计过程中，问卷设计者必须尊重被调查者的隐私权。避免涉及个人敏感信息，如身份证号、银行卡号等。对于必须涉及的敏感信息，应明确告知被调查者关于数据的保密措施，以增强其信任感。

2. 标准为尺

（1）问题的准确性：问题的表述应准确反映研究目的，避免歧义和模糊不清的情况。我们应仔细推敲每一个问题，确保其含义明确，不会被误解。

（2）选项的完整性：对于封闭式问题，选项应全面覆盖所有可能的答案。这样可以确保被调查者能够找到最适合自己的选项，从而提高回答的准确性。

（3）语言的规范性：问题的表述应使用规范的语言，避免使用不规范或不常见的表述方式。这样可以确保被调查者能够准确地理解问题，从而保证回答的一致性。

（4）格式的一致性：在问卷设计中，格式的一致性至关重要。问卷设计者应保持问题的格式统一，如使用相同的答案选项顺序、相同的提问语气等。这样可以提高问卷的整体美观度，同时方便被调查者回答。

（5）设计的合理性：问题设计应符合被调查者的心理需求和行为习惯，避免使用过于敏感或引发反感的问题。我们应站在被调查者的角度思考问题，确保问卷既不侵犯其隐私，也不让其感到不适。

（二）问卷设计应考虑多种因素和可行性

设计一份优秀的调查问卷需要我们综合考虑多方面的因素。遵循上述原则与标准可以帮助我们设计出更加科学、合理的问卷，从而为后续的数据分析提供有力的保障。在实践中，我们应根据具体情况灵活应用这些原则与标准，不断完善和优化问卷的设计。更重要的是，我们还需要根据调查目的来确定样本性质，例如，如果我们的目的是了解某个特定群体对某项新教学政策的看法，那么我们需要针对这个特定群体设计问卷。同时，我们还需要考虑可行性的问题，包括财力、人力和时间。这里的财力，指的是设计、发放和收集问卷所需的费用；人力，指的是需要多少人员来完成这些任务；时间，则是指完成整个调查所需的时间。在考虑这些因素后，我们可以选择最适合的调查方法，如在线调查、电话调查或面对面采访等。总之，问卷设计是一个需要综合考虑各种因素的复杂过程，问卷设计者只有明确了调查目的和样本性质，并充分考虑了可行性的问题，才能设计出一份高质量的调查问卷。

（三）优质问卷的标准

一份优质问卷，首先，其外观样式应当规整且问题少（相对而言）而精；其次，问卷应满足研究的目的和内容需要，并适合调查的对象。针对不同群体的调查，问卷需要进行相应的调整，以适应其背景和需求。这有助于提高问卷的针对性和有效性，确保调查结果能够真实反映目标群体的意见和情况。

问卷的信度和效度是评估其质量的关键因素。信度是指问卷的一致性，即同一被调查者（访谈中又称"受访者"）在不同时间回答同一问卷时所得结果的稳定性。效度则是指问卷能否真实反映所需研究的内容，包括内容效度、结构效度和验证效度。

> 问卷调查最重要的是通过调查确实测量到了研究者想测量的东西，实现了研究目的。测量到了研究者想测量的东西，用统计术语来说，就是信度和效度。问卷效度的评估包括两种：一种是收集数据之前的评估，也就是事前的评估；另一种是收集了数据之后，依赖统计数据的评估。

如何保证问卷的内容效度（content validity）？

事前评估作为研究设计中重要的一环，其主要任务是评估研究设计的逻辑性和科学性。事前评估只能在逻辑上论证研究设计，这种逻辑证据就叫内容效度。内容效度是在设计开发时应当关注的问题。内容效度是指研究内容与目标之间的匹配程度，即研究内容是否能够准确地反映研究目标。具体而言，问卷设计者在设计问卷时，可以反复考虑以下三个问题。

（1）我有没有问到我想问的问题？

（2）被调查者的回答究竟意味着什么？

（3）答案只有一个解释还是多个？

如果只有一个直接与研究变量相关的解释，那么这一条题目的效度就很高。除了自省上述问题，也可以通过对照问卷自我评价表（见表9-1）逐一检查。问卷项目初步检验后，再通过与专家（导师）的讨论，确定问卷项目的合理性，以保证问卷的内容效度。为确保内容效度，还需要在问卷设计完成后进行试测和反馈。试测可以帮助研究者发现问卷中存在的问题和不足，研究者可根据试测结果进一步优化和完善问卷。同时，还可以通过收集目标受众的反馈来了解他们对问卷的看法和建议，从而进一步改进问卷的设计和质量。

总之，内容效度的评估是研究设计的重要环节，需要认真对待并充分准备。问卷设计者应该具备相关的专业知识和经验，并请相关领域的专家进行指导，还需要对目标受众的特点和需求进行深入的分析和研究。通过这些努力，可以确保问卷问题得到准确和全面的回答，从而提高其内容效度，为后续的研究提供可靠和有效的数据支持。

表 9 - 1 问卷自我评价

评价标准	问卷项目					
	1	2	3	4	5	……
是否包含了双重或多重含义						
是否使用了概括性强、模糊的词语						
问题是否带有前提性或倾向性						
答案是否可能千篇一律						
句子结构是否简单						
句子是否太长						
语言是否简单、明了						
是否使用了专业术语或缩略语						
是否使用了否定句或双重否定句						
是否使用了反向问题						
是否超出了受访者知识范围						
问题会不会引起受访者的反感						
等级量表选项之间的距离是否相等						

资料来源：秦晓晴（2009：130）。

五、调查问卷的常见题型与设计原则

（一）常见题型

调查问卷的常见题型包括单选题、多选题、填空题和开放式问题等，如图 9 - 1 所示。这些题型各有特点，适用于不同的调查目的和场景。

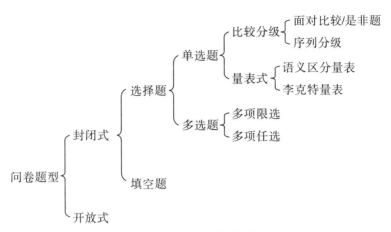

图 9 - 1 常见的问卷题型

第一类，单选题。单选题是调查问卷中最基本的题型之一，通常用于具有唯一答案的问题。例如，询问受访者的年龄、性别、职业等基本情况，或者对某项教学活动的评价。单选题的优点在于答案较为集中，易于统计和分析，但也可能因为选项限制而无法完全表达受访者的真实想法。单选题又分为"比较分级"型和"量表式"。

"比较分级"型单选题需要受访者对选项进行配对比较或按等级顺序进行排序，例如：

Q1. 你为什么要学习汉语？（根据重要性从高到低排列下面的选项）

A. 对学汉语很感兴趣

B. 想毕业后在中国工作

C. 打算回国教授汉语

D. 想了解更多的中国文化

"量表式"单选题是问卷设计中用于调查受访者态度的最常见的题型，包括"李克特量表"和"语义区分量表"。李克特量表即等级测量。语义区分量表题型可以用于对人进行评价，可以避免诱导性提问，例如：

Q2. 你对任课老师的印象

友好＿＿＿＿：＿＿＿：＿＿＿：＿＿＿：＿＿＿：敌意

有趣＿＿＿＿：＿＿＿：＿＿＿：＿＿＿：乏味

漂亮＿＿＿＿：＿＿＿：＿＿＿：＿＿＿：难看

单一＿＿＿＿：＿＿＿：＿＿＿：＿＿＿：丰富

第二类，多选题。多选题类似于单选题，但允许受访者选择多个答案。

这种题型适用于调查多项选择或排列的问题，如对多个汉语课程的偏好程度。多选题可以收集到更多的信息，但统计和分析相对复杂一些。多选题在数据分析时一般会按选项进行分类处理，每类单独统计百分比，不能将题目转换成连续变量，无法探讨它与其他变量的关系。例如：

Q3. 在日常生活中，你是如何学习文化差异的？（可选多个答案）

A. 看汉语杂志和有关中国风俗习惯的书

B. 看中国的电影和录像

C. 主动和中国人交流

第三类，填空题。填空题通常用于收集较为详细的信息，例如某项教学任务的具体参与情况或感受。填空题可以让受访者自由发挥，但也可能因为答案分散而难以统计和分析。此外，填空题需要受访者具备一定的文字表达能力。

第四类，开放式问题。这是一种较为自由的题型，通常用于收集受访者的意见、建议或描述性问题。这种题型可以充分发挥受访者的主观能动性，但答案可能较为分散，难以进行定量分析。对于一些需要深入了解受访者观点或经历的调查，开放式问题非常有用。

在实际应用中，需要根据调查目的、受众特点和数据需求等因素来选择合适的题型。同时，还需要注意问题的表述方式、顺序和排版等细节问题，以提高调查问卷的回收率和数据质量。

（二）李克特量表设计的注意事项与反向题的处理

李克特量表（Likert scale），即等级测量，每个选项都有文字描述和相应的分值，相邻两选项间的距离相近。量表内的不同题目均采用一致的评分标准，高低分的含义相同，否则要采用反向计分。

想一想：是录入时就反向计分，还是事后统计时反向计分？

提示：正反题目的平衡，例如：

1. 我喜欢在语言实验室上口语课。

2. 我不喜欢老师监听我和别人的交流。

切记：当题目有反向题时，一定要对题目的分数进行事后的反向计分！

以 5 点李克特量表为例，5 点量表的中点值为 3。在 SPSS 软件中计算反向分的操作为：点击"转换"→重新编码为不同变量→选择需要转换的题目→在输出变量框重新命名并点击"变化量"→点击"新值和旧值"→在新旧值框内穷尽式给出转换值（"5"反向记为"1"；"4"反向记为"2"；"3"保留不变；"2"反向记为"4"；"1"反向记为"5"）→点击"继续"确定→数据视图出现转换后的反向题分值。

（三）提问与答案设计的一般原则

问卷设计时，提问的一般原则包括：语言简单，词语难易程度适合调查者语言水平；陈述尽可能简短、清晰，不能有双重或多重含义；不能带有倾向性，如"不受人欢迎的方法课应该改革"。回答者应具有必要的知识，并且愿意回答。问卷设计者也可以采取间接的提问方式，不能强迫无看法的回答者作答。

答案设计的一般原则主要包括穷尽性、互斥性、内容协调一致，以及问题与答案呼应。在设计答案时，问卷设计者应该遵循上述原则以确保答案的完整性和准确性。

首先，穷尽性原则要求问卷设计者在设计答案时尽可能全面地涵盖所有可能的选项。这样可以保证答案的完整性，避免遗漏重要信息。为了实现穷尽性，问卷设计者需要充分了解问题的背景和相关领域的知识，以便收集到尽可能多的信息。

其次，互斥性原则要求答案中的选项必须是相互排斥的。这意味着每个选项都应该具有独特的含义，并且不能与其他选项重叠。这样可以避免混淆和歧义，使答案更加清晰易懂。为了满足互斥性原则，问卷设计者需要仔细审查和比较每个选项，确保它们之间没有重叠。

再次，内容协调一致原则也是答案设计的重要原则。这意味着答案中的信息应该相互协调，没有矛盾和冲突。为了确保内容协调一致，问卷设计者需要对答案进行仔细的审查和校对。

最后，问题与答案呼应原则要求答案必须与问题相关联。这意味着答案应该直接回答问题，并且与问题的主题和要求保持一致。为了实现这一原则，问卷设计者需要仔细阅读问题，理解其含义和要求，然后有针对性地设计答案。

六、调查问卷设计的基本程序

调查问卷设计是一项系统性的工作，需要遵循一定的基本程序。以下是问卷设计的基本程序。

（1）明确调查目的。在开始设计问卷之前，必须明确调查的目的和目标受众，以确保所收集的数据能够满足调查需求。

（2）编制提纲。根据调查目的和主题，制定调查问卷的大纲，列出需要询问的问题和组成部分。

（3）设计问题。根据提纲设计每个问题。问题的表述要清晰、简洁，避免产生歧义。问题的类型可以根据需要选择封闭式问题、开放式问题、混合式问题。

（4）修改问题。在设计完问题后，需要进行审查和修改。检查问题是否涵盖了所有需要的信息，是否具有逻辑性，是否存在重复或矛盾的问题。

（5）试测与客观性评价。选取一部分目标受众进行试测，并对调查问卷进行项目分析和信效度检验，以评估调查问卷的客观性和有效性。根据试测的结果，对问卷进行相应的修改。

（6）修改、完成问卷。根据试测和评价结果，对调查问卷进行必要的修改和完善，最终完成问卷的设计。

（7）抽样、收集数据。在目标受众中进行抽样调查，收集所需的数据。为了确保数据的准确性和可靠性，可以采用多种方法进行抽样，如随机抽样、分层抽样等。

在调查问卷设计过程中，还需要注意一些细节问题。例如，提问的顺序应该符合逻辑，先易后难，逐步引导被调查者进入主题。此外，对于敏感性问题，可以采用匿名方式进行调查，以获得被调查者的真实回答。通过以上步骤，可以设计出一份高质量的问卷，为后续的数据分析提供可靠的基础。

七、信效度

（一）项目分析

高质量的调查问卷无疑在整体上具有很好的信效度，能否做到这一点的关键在于问卷中的每一个问题是具有良好的信效度，即我们能否使每一个问题都真正测量到我们所要测量的变量。

项目分析（item analysis）评估是教育测量中非常重要的一环，其中评估项目区分度或鉴别力是其核心内容。项目区分度，也被称为项目效度，用于衡量项目（即问卷题目）在多大程度上能够区分不同水平的人。一个好的测试项目应该能够有效地鉴别被调查者的能力水平，而不是对所有被调查者都给出相同的分数。

在进行项目分析时，可以采用极端分组法和题总相关法两种方式来评估项目的区分度。极端分组法是一种常用的方法，它以27%的标准将被调查者分成高、低两组，然后通过统计分析比较每一题上高、低分组的得分情况。如果一个项目的得分在高、低分组之间存在显著差异，那么该项目就具有良好的区分度。

另一种方法是题总相关法，它通过计算每一题得分与总分之间的相关系数来评估项目的区分度。如果相关系数大于等于0.3且显著，则表明该项目具有较高的内部一致性，即该项目具有较好的区分度。在实际应用中，可以通过计算每个项目的区分度系数来判断该项目的质量，并将区分度过低的项目进行修订或淘汰。

（二）信度

信度（reliability），即可靠性，是指在采用相同的方法对同一对象进行重复测量时，所得结果的一致程度。它是评估测量工具稳定性和可靠性的重要指标。为了全面理解信度的概念，我们需要深入探讨其内在含义、分类以及检验方法。

信度可以分为内在信度和外在信度两大类。内在信度主要关注测量工具的内部一致性，而外在信度则强调测量工具在不同时间、不同形式或不同评分者之间的稳定性。

内在信度检验是评估测量工具内部一致性的过程。其中，内部一致性系数（Cronbach's alpha）和分半信度法是最常用的两种方法。Cronbach's alpha可以衡量量表各项目之间的内在一致性（跨项目的一致性），其值介于 0 到 1 之间，越高表示内在信度越好。分半信度法则将量表分为两部分，并计算这两部分得分的相关性，以此评估整个量表的内在一致性。

外在信度检验则是评估测量工具在不同时间、不同形式或不同评分者之间的稳定性。外在信度检验的方法主要有重测信度法、复本信度法和评分者信度法。重测信度法是指通过在不同时间对同一对象进行重复测量，并计算两次测量结果的相关性，以此评估测量工具的稳定性（跨时间的一致性）。复本信度法则是指使用两个内容相近但形式不同的量表对同一对象进行测量，并计算两个量表得分的相关性，以此评估测量工具的一致性（跨形式的一致性）。评分者信度法则是指由多个评分者对同一对象进行评分，并计算各评分者之间的评分一致性，以此评估测量工具的可靠性。

总之，信度作为评估测量工具稳定性和可靠性的重要指标，对于科学研究和实践应用都具有重要意义。通过深入理解信度的概念、分类和检验方法，并采取有效措施提高测量工具的信度，我们可以更好地评估和比较不同研究对象之间的差异和相似性，为科学研究和实际应用提供更加准确可靠的数据支持。

（三）效度

信度是基础，效度是关键。效度（validity）即有效性，它是指测量工具或手段能够准确测出所需测量事物的程度。通过逻辑证据（内容效度）和统计证据确立效度。效度包括内在效度和外在效度。

1. 内在效度

内在效度（internal validity）是评估问卷质量的重要指标之一，它包括内容效度和结构效度两个方面。内容效度（content validity）是指问卷题目对于所要测量内容的适合程度和相符程度，主要依赖于研究者的专业知识和经验判断，属于事前评估的逻辑证据。在编制问卷时，需要对问卷题目进行仔细审查和评估，以确保其内容效度。

结构效度（construct validity）是指问卷的实际测量结果与所要测量的理

论结构的一致程度，需要研究者收集统计证据。为了评估结构效度，需要分析问卷结果中各个项目之间的相关性和因素结构，以确定问卷是否真正测量了所期望的结构。常用的统计方法包括因子分析、聚类分析等，这些方法可以帮助研究者识别问卷中的潜在结构，检验每一结构对观测现象的整个方差的贡献大小，并评估其与理论结构的一致性。

在评估内在效度时，需要综合考虑内容效度和结构效度。内容效度是前提和基础，如果一个问卷的内容效度不高，那么它的结构效度也不会高。同时，结构效度是内在效度的核心，如果一个问卷的结构效度不高，那么它的测量结果就不具备可靠性和有效性。因此，在编制问卷时，需要同时关注内容效度和结构效度，以提高问卷的整体质量。

2. 外在效度

外在效度（external validity）是评估问卷质量的重要指标之一，它包括聚合效度、区分效度和效标效度三个方面。

聚合效度（convergent validity）是指运用不同测量方法测定同一特征时测量结果的相似程度。这意味着，如果不同的方法被用来测量相同的特质或能力，那么它们应该产生相似的结果。这是因为，如果不同问卷在测量同一特质时结果不一致，那么我们无法确定哪一个问卷的结果更准确。因此，聚合效度强调不同测量方法应在相同特征的测定中具有一致性。

区分效度（discriminant validity）是指在一项测验中，能够区分出不同特质或能力的程度。具体来说，如果一个测验的理论假设与另一个建构没有相关性，那么在统计上应该证明这两个建构之间没有相关性。例如，如果一项测验的理论假设创意性（creativity）和智力（intelligence）有很大区别，而相关测验中的创意性得分和智力没有显著相关关系，那么就可以认为这项测验具有良好的区分效度。

效标效度（criterion validity）是指被试在该测量工具上的表现与另一个独立存在的、可观察的相关行为特征表现（效标）之间的关联性程度。效标效度可以分为共时效度（concurrent validity）和预测效度（predictive validity）。共时效度是指测验结果与效标行为在同一时间点上的关联程度，而预测效度则是测验结果对效标行为的预测能力。

八、调查问卷的抽样

问卷的抽样需要关注"如何抽"和"抽多少"两个问题。其中"如何抽"涉及抽样的方法，而"抽多少"则涉及样本量的问题。

（一）抽样方法

抽样是问卷调查的重要环节。根据抽样方法的不同，问卷的抽样可以分为随机抽样和非随机抽样。

1. 随机抽样

随机抽样是一种科学、客观的抽样方法，其基本原则是每个样本都有相等的机会被选中。这种方法能够减少主观因素的影响，提高样本的代表性和数据的准确性。随机抽样的具体实施方法有很多种，如简单随机抽样、系统随机抽样（等距抽样）、分层随机抽样等。

简单随机抽样是最基本的方法。它从总体中随机抽取一定数量的样本，确保每个样本被选中的概率相等，从而保证样本的公正性和代表性。在实施简单随机抽样时，有两种主要方式：当总体个数相对较少时，研究者可以采用更为传统的抽签方式。这种方式虽然古老，但效果显著，能够保证每个样本被选中的机会均等；而当总体个数较大时，研究者则可以利用现代科技，如在 Excel 表格中使用随机函数来生成随机序列。通过输入特定的函数指令，如"＝RAND（）"，研究者便能轻松地得到一组随机的数字序列，进而用于抽样。简单随机抽样在实际应用中具有广泛性。例如，在学生抽样调查中，研究者可以通过简单随机抽样来确保每个学生的数据被采集的概率相等，从而获得具有代表性的数据。在语料库的构建中，简单随机抽样同样能够保证语料的多样性和全面性。在教材的评估中，简单随机抽样也能够为教育工作者提供客观、公正的评价依据。然而，简单随机抽样也存在一定的局限性。当总体很大，而所需样本数量相对较少时，如仅有 30 个样本需要从 1000 个总体中抽取情况下，所选取的样本可能并非均匀分布在总体中，从而影响结果的准确性和代表性。因此，在实际应用中需要根据具体情况进行权衡和选择。对于大总体和少量样本的情况，可能需要考虑其他更合适的抽样方法，以确保结果的准确性和公正性。

系统随机抽样/等距抽样也是一种有效的抽样方法，它能够确保样本均匀分布在总体中。系统随机抽样是按照一定的顺序，每隔一定数量的单位抽取一个样本。在具体操作中，首先需要将总体 N 中的个体进行编号，然后根据拟抽取的样本容量 n 求得抽样间距 k，$k = N/n$。最后，利用随机数字表选出一个 1 至 n 之间的起点进行抽样。然而，系统随机抽样依然可能存在抽样误差。这是因为某些重要变量可能没有得到充分考虑。例如，在研究大学生学习态度时，如果只采用系统随机抽样，可能会忽略性别、年级、能力水平等重要因素的影响。这些因素在不同年级、不同性别、不同能力水平的学生中可能存在显著差异，从而影响样本的代表性。为了避免这种情况，可以在抽样过程中引入分层抽样的思想。

第三类常用的抽样方法是分层随机抽样。它将总体按照某些已知的特征分成若干层，然后在每一层内进行简单随机抽样。这种方法可以确保每一层内的样本都有代表性，从而更准确地反映总体的情况。通过分层随机抽样，既可以避免因为总体内部差异过大而导致抽样误差的增加，还可以提高样本的代表性和准确性。分层随机抽样的应用非常广泛，它适用于各种不同的领域，例如社会调查、市场调研、医学研究等。在国别化的社会调查中，分层随机抽样可以根据各个国家的人口特征、地理位置等因素将总体分成不同的层，然后在每一层内随机选择样本。这样可以更准确地了解不同人群的特征和行为。分层随机抽样的优点在于它可以提高样本的代表性和准确性，还可以减少抽样误差。同时，分层随机抽样可以帮助我们更好地理解总体内部的差异和特点，从而更好地制订相应的策略和计划。当然，分层随机抽样也存在一些缺点，例如在某些情况下可能会增加抽样的成本和时间。因此，在实际应用中需要根据具体情况选择合适的抽样方法。

类似的还有多级随机抽样，它先从大的单元中随机抽取样本，然后在这些大单元的小单元中再次随机抽取样本，以此类推，直至抽取到所需的样本大小。多级随机抽样的优势在于，它能够有效地降低总体异质性对样本代表性的影响。例如，在进行全国性的调查时，如果直接对全国所有人口进行随机抽样，不仅成本高昂，而且难以操作。而采用多级随机抽样，先从各个省份或地区随机抽取样本，然后在这些地区内部的城市或乡村再次随机抽取样本，可以更好地代表不同地区的特点，从而提高样本的代表性。然而，多级随机抽样也存在一些挑战。例如，不同层次样本的随机抽样概率可能不同，导致样本的代表性存在偏差。此外，不同层次样本之间的相关性也会影响样本的代表性。因此，在进行多级随机抽样时，需要仔细考虑各层次样本之间的相关性、抽样概率等因素，以确保抽取的样本具有代表性。

2. 非随机抽样

非随机抽样，又称为便利样本抽样，是一种常见的抽样方法。它并不是按照一定的规则或概率进行的随机抽取，而是基于调查人员的主观意图、经验或取样的方便性，从总体中抽取一部分单位作为调查对象。由于这种抽样方法缺乏科学性和总体代表性，因此研究者应谨慎使用有限的样本资料去推断总体的全面情况。常见的非随机抽样方法有多种，其中较为常见的是立意抽样、配额抽样和随意抽样。这些方法各有特点，但都广泛应用于实际研究中。

立意抽样是一种基于研究目的和主观判断而选择具有一定代表性的样本的方法。它通常适用于总体数量较小、研究时间有限的情况。例如，在教材本土化研究中，如果研究者想要快速了解海外汉语教师在教材本土化方面的需求和偏好，研究者可能会采用立意抽样方法，选择一些代表性的样本进行调查。这种方法的优点是简便易行，能够快速获得研究结果，但需要注意的是，由于样本的选择完全依赖于研究者的判断，因此存在主观偏见的可能性。

配额抽样是根据一定的标准或比例在各个子群体中分配样本数量的方法。这种方法的目的是确保样本的代表性更加客观、准确。例如，在人口普查中，为了确保样本具有代表性，通常会根据不同地区、不同年龄、不同性别等标准进行配额抽样。配额抽样的优点是能够避免主观偏见，而且可以针对特定的子群体进行调查，从而获得更加详细和准确的信息。但需要注意的是，配额抽样比其他非随机抽样需要花费更多的时间和资源，因为需要进行详细的配额规划和执行。

随意抽样是基于方便和主观意愿进行的抽取方法。这种方法的优点是简便易行，不需要过多的时间和资源投入。例如，在街头调查中，为了方便和快速地进行调查，调查人员可能会随机选择一些路过的人作为样本。但是随意抽样的代表性通常较差，因为选择的样本完全是基于方便和偶然因素，因此不能保证样本具有代表性。

总的来说，无论是随机抽样还是非随机抽样，都有其适用的场合和优缺点。在实际应用中，研究人员应根据研究目的、数据类型和资源等因素综合考虑，选择最合适的抽样方法。同时，也需要注意样本的代表性和数据的准确性，以避免误差和偏见。

（二）样本量

对于"样本要多少才算足够大"的问题，答案并不是一成不变的。实际上，样本量的大小取决于多种因素，包括研究类型、目标、精度、效应大小以及可用资源等。在调查研究方面，如果是一项地区性的大型调查，一般来说，样本人数在 500 ～ 1000 人之间是比较合适的。这个取样规模可以保证采样具有广泛性、样本具有一定的代表性，从而使得调查结果更为可靠。

对于一般的描述性研究，采样数量至少应占研究对象总体的 10%。这样的样本量可以提供一定的统计意义，帮助我们了解研究对象总体的一些基本特征和趋势。然而，如果总体本身就比较小，那么为了确保研究的可靠性和稳定性，样本数量最好能占总体的 20%。

另外，如果研究的目的是探究变量之间的关系是否存在，那么样本量的大小就更为关键了。在这种情况下，一个基本的准则就是样本必须在 30 人以上。这是因为，只有当样本量足够大时，我们才能更准确地估计变量之间的关系，从而避免因为随机误差而产生误导性的结论。

当然，以上只是一些基本的指导原则。在实际研究中，研究者还需要根据具体情况进行调整。比如，对于一些特殊的研究问题或者复杂的统计分析方法，可能需要的样本量会更大。此外，样本量的确定还需要考虑到研究的时间、经费等资源因素。因此，在确定样本量时，研究者需要综合考虑各种因素以作出最佳决策。

九、研究案例解读

（一）教学调查

精读《对欧美韩日学生阅读猜词策略的问卷调查研究》（吴门吉，2008），重点学习作者如何描述和对比不同国家的学生在阅读猜词策略上的异同。

精读《初级阶段外国留学生汉字学习策略的调查研究》（江新、赵果，2001），重点学习作者如何验证问卷的信效度，包括项目分析和因子分析。

讨论：①以上调查研究中的问卷属于"自上而下"还是"自下而上"的设计？②快速阅读研究方法和调查结果部分，将自己想了解的概念和方法圈出来。

（二）教学测试

精读《汉字认读在汉语二语者入学分班测试中的应用——建构简易汉语能力鉴别指标的实证研究》（伍秋萍 等，2017），重点学习作者如何论证汉字认读在入学分班中的有效性。

精读《留学生识字量表编制研究》（张海威 等，2021），重点学习作者如何抽样汉字。

讨论：①以上调查研究中的教学测试是如何编制和抽样的？②快速阅读研究方法和调查结果部分，将自己想了解的概念和方法圈出来。

十、本章阅读书目与文献

[1] 江新，赵果. 初级阶段外国留学生汉字学习策略的调查研究 [J]. 语言教学与研究，2001（4）.

[2] 秦晓晴. 外语教学问卷调查法 [M]. 北京：外语教学与研究出版社，2009.

[3] 吴门吉. 对欧美韩日学生阅读猜词策略的问卷调查研究 [J]. 云南师范大学学报（对外汉语教学与研究版），2008（4）.

[4] 伍秋萍，洪炜，邓淑兰. 汉字认读在汉语二语者入学分班测试中的应用：建构简易汉语能力鉴别指标的实证研究 [J]. 世界汉语教学，2017，31（3）.

[5] 张海威，张雪妍，张铁军，等. 留学生识字量表编制研究 [J]. 世界汉语教学，2021，35（1）.

第十章
量化研究之实验设计

一、导读

> 老师，如果问卷调查收集不到需要的那么多数据，能用实验法代替吗？

> 采集不到足够的样本数据，说明这个选题本身的可行性不高。此时，我们可以辅以访谈类的质化研究，还应与导师重新商议选题和研究目的。实验类的量化研究要求的样本量相对小一些，也是常见的一种研究范式，但研究目的不同于调查法。

国际中文教育早期受语言学本体研究的影响，更多地关注语言现象。近几年，随着学者们开始关注学习过程中的语言因素、教师因素和学习者因素对习得过程的影响，实验法这种研究范式逐渐成为二语习得领域的主流。相关研究成果有《句子语境类型对汉语二语学习者伴随性词汇习得的影响》（王玮琦、易维、鹿士义，2021）、《搭配强度与结构类型对中高级泰国汉语学习者限制性搭配加工的影响》（常新茹，2020）、《视觉输入增强对汉语二语学习者语块学习的影响》（房艳霞、江新，2020）、《任务的模态配置对汉语二语文本理解、词汇和句法学习的影响》（洪炜、吴安婷、伍秋萍，2018）、

《提高语块意识的教学对汉语第二语言学习者口语产出的影响》（房艳霞，2018）。

从上述已发表的期刊论文可以看出，这些以实验研究为范式的论文，都有一个共选词——"影响"。不难看出，实验法可为研究者论证"A 对 B 的影响"提供实证数据。此外，从历届的汉硕生毕业论文也可以看出实验法占有举足轻重的地位。表 10-1 为笔者某年同期评审的汉语国际教育专业硕士和心理学硕士部分毕业论文选题。从这些选题可以看出，心理学专业各领域的研究主要以实验为主，例如临床上的干预研究，以及社会心理学、心理语言学中对变量之间的因果关系的探讨。在融合了语言学、心理学、教育学、传播学的国际中文教育领域，实验法也占据了一席之地，尤其在汉语二语习得领域。

表 10-1 硕士论文部分选题中的实验研究

汉语国际教育专业硕士论文题目实例	心理学专业硕士论文题目实例
（一）教学资源的静态考察 （1）初级汉语综合教材对多义词"在"的义项选取与编排研究 （2）高级汉语综合教材练习对比研究——以《焦点中国》与《博雅汉语》为例 （3）对外汉语儿童分级读物《华语网读金字塔》易读性考察 （4）医学汉语水平考试（MCT）样卷分析——兼与《MCT 大纲》对比 （5）《中国文化象征词典》植物类词条释义研究	（一）临床心理学干预研究 （1）自我悲悯干预对中国大学生拒绝敏感性及社交退缩的作用 （2）自我悲悯干预在慢性非特异性腰痛人群中的应用 （3）乳腺癌女性患者身体意象与焦虑抑郁的关系：自我悲悯的中介作用
（二）基于语料库的偏误研究 基于 HSK 动态作文语料库量词"个"的偏误研究——从外国学习者母语有无量词的角度出发	（二）社会心理学实验研究 愤怒类型对亲社会行为倾向的影响

续表 10 – 1

汉语国际教育专业硕士论文题目实例	心理学专业硕士论文题目实例
（三）基于教学测试的偏误研究 （1）基于上下位语义关系的韩国留学生易混淆词偏误分析——以"感情—爱—爱情"为例 （2）老挝学生典型时间表达偏误分析——以素北学校为例	（三）心理语言学实验研究 （1）开闭口音比例对于礼貌程度的影响——从接受和表达双方面验证 （2）语言中鼻音与关系远近的共变性
（四）二语习得实验研究 （1）不同试错学习模式对汉语二语词汇习得的影响 （2）输入模态和文本难度对汉语伴随性词汇习得的影响	（四）神经机制研究 幸福感的动态神经机制

二、实验研究

（一）实验研究的定义与步骤

在社会科学实验研究中，实施实验的研究人员称为"主试"，参加实验研究的人员被称作"受试"／"被试"（subject）。研究人员通过精心设计实验，严格控制实验条件，以尽可能地排除其他因素的干扰，从而准确地评估自变量对因变量的影响。这种方法主要包括三个关键步骤。

第一步，研究人员需要对一个或多个自变量进行调控处理，确保这些变量在实验中符合所需的条件。这一步骤至关重要，因为它确保了实验结果的准确性和可靠性。

第二步，研究人员需要比较至少两组人或两种情况，以便更好地理解自变量对因变量的影响。这些比较通常在实验组和对照组之间进行。实验组是指接受自变量调控处理的组，而对照组是指没有接受自变量调控处理的组。通过比较这两组的实验结果，研究人员可以更加准确地评估自变量对因变量的影响。例如，在研究教育程度对收入的影响时，研究人员可能会将受试者分为两组，一组是接受过高等教育的，另一组是接受了中等教育的，然后比较他们的收入水平。

第三步是测量受调控的自变量对一个或多个因变量的影响。这一步是实验的核心，因为它直接涉及研究的主要目的。研究人员需要收集数据并进行分析，以确定自变量对因变量的具体影响。这一步需要使用适当的统计方法和技术，以确保结果的准确性和可靠性。例如，在研究不同教学方法对学生学习成绩的影响时，研究人员可以将一部分学生分配到采用新教学方法的实验组，另一部分学生分配到采用传统教学方法的对照组，然后比较他们的学习成绩。

需要注意的是，实验进程需提前设想好，并及时采取措施控制或排除干扰变量对因变量的影响。在实验中，可能会存在一些未被识别的干扰因素，这些因素可能会对实验结果产生影响。为了确保实验结果的准确性，研究人员需要采取措施来控制这些干扰因素。例如，在研究不同运动项目对身体健康的影响时，研究人员需要同时控制实验组和控制组受试者的饮食、生活习惯等干扰变量，以确保实验结果的可靠性。

（二）区分单因素被试间与被试内设计

1. 实验案例 1（两组人的比较）——单因素被试间设计（one-factor between subject design）

Bejarano（1987）想研究合作学习法是否比传统的全班学习法更为有效。这项研究在以色列进行，参加实验的是 665 名 7 年级学生。他们经过随机分配分为实验班和对照班，实验班改用合作学习法，对照班依然使用全班学习法。经过四个半月的教学，所有学生参加了听力理解和阅读理解测试。研究结果发现，就听力理解训练而言，合作学习法优于全班学习法；但对阅读理解训练来说，全班学习法优于合作学习法。（转引自文秋芳、俞洪亮、周维杰，2004：101）

自变量：_____ 因变量：_____

思考：随机分配的目的是什么？

2. 实验案例 2（两种情况的比较）——单因素被试内设计（one-factor within subject design）

Pica、Young 和 Doughty 3 个人在 1987 年进行了一项研究，旨在发现通过商谈交流是否能促进二语理解。他们进行了一个小规模的实验，对两种语言输入的方式进行比较。16 名语言为中级水平的成人学生参加了这项研究。要求参加者在两种不同的情形下，通过在木板上放东西来检查他们的语言理解能力。第一种情形是：由英语本族语者宣读指令，这些指令的语言经过加工后，变得简单、易懂，如简化了句法的结构、解释了指令中的困难词语、重复了指令中的实义词。但是，学生在听指令时不允许与宣读指令的人进行语言交流。第二种情形是：指令仍旧由同一位英语本族语者宣读。与第一种情况不同的是，指令的语言原封不动，没有经过任何简化，但指令宣读者鼓励实验对象与他进行交流，以便理解指令的内容。研究结果表明，学生放东西的准确率在第二种情形下比在第一种情形下高。由此，研究者推断商谈交流可促进二语理解。（转引自文秋芳、俞洪亮、周维杰，2004：101）

自变量：_____ 因变量：_____

上面两个实验案例的自变量有个共同特点——都是分类变量。在实验中，研究者习惯将这些分类变量称为"因素"。只有一个分类变量，即"单因素"。"单因素"下的分类可以是两个或多个独立的"组"，也可以是同组被试参加不同的实验条件。前者属于"单因素被试间设计"，后者属于"单因素被试内设计"。如果研究想多探讨一个因素，那么研究则变成了"双因素"。

三、因果关系

（一）"A 引起 B"的含义

在探讨"A 引起 B"的因果关系时，我们首先需要明确一点：因果关系并非总是确定的、唯一的，而是存在多种可能性和解释。这种关系并非绝对的，而是相对的，并且受到多种因素的影响（文秋芳、俞洪亮、周维杰，2004）。

首先，A 可能是引起 B 变化的多种原因之一（即非唯一原因）。这意味着 B 的变化可能不仅由 A 引起，还可能受到其他多种因素的影响。例如，在二语教学中，学生的语言水平提高可能不仅仅是因为教学方法的改进，还可能受到学生自身的努力、家庭环境、社会环境等多种因素的影响。

其次，A 可以解释 B 的变化。这意味着当观察到 B 发生变化时，可以合理地推测这可能是由 A 的变化引起的。然而，这种解释并不是绝对的，还需要进一步用实证研究来验证。例如，研究者可能会认为，某种新的教学方法能够有效地提高学生的语言水平，但是否真的有效还需要通过实验、对比研究等方式进行验证。

最后，A 和 B 之间存在因果关系，尽管不能直接证明，但可以推断。这种情况通常出现在复杂的系统中，其中多个变量交织在一起，导致因果关系难以直接观察和验证。在二语教学中，由于涉及多个变量（如学生个体差异、教学内容、教学环境等），因此很难确定某一个具体因素对教学效果的影响。这种情况下，研究者通常需要通过一定的研究方法来推断因果关系的存在。

（二）因果关系的条件

在探讨因果关系时，研究者首先需要明确它所需要满足的条件。一方面，因果关系必须具备时间先后顺序，即原因必须在结果之前发生。另一方面，因果关系需要具备必要联系或共变，也就是说，某一原因必须在特定条件下导致特定的结果。此外，研究人员需要排除其他可能的原因，以确保实验中观察到的效果是由特定的原因引起的。

在实验中，为了确保结果的准确性和可靠性，研究者需要做好两种控制。一种是人工控制（physical control），它涉及在实验设计和实施过程中的物理干预。例如，通过随机抽样选择实验组和对照组，或在干扰变量上匹配两组。通过这种方式，研究者可以尽量减少外部因素对实验结果的干扰。另一种是统计控制（statistical control），它是在数据分析阶段应用的。它通过统计方法来控制干扰变量的影响，例如使用回归分析、方差分析或协方差分析等技术来调整潜在的干扰因素。这种控制方法可以帮助研究者更准确地评估实验处理的效果，并排除其他潜在因素的影响。

四、实验效度

（一）实验效度的定义与分类

实验效度是量化研究中的核心概念，是评估实验结果可靠性和有效性的重要指标，包括内部效度和外部效度两个方面。

内部效度是指研究所得到的因果关系在多大程度上能够得到圆满的解释，是实验结果可靠性的基础。理想的情况，也就是效度高的情况是成功创设一个实验环境，只有自变量对因变量发生作用，其他变量都被有效控制。这时因变量的变化完全归结于实验的处理。

外部效度即生态效度，更注重研究结果的推广性和应用价值。它涉及研究结果是否可以适用于不同的研究对象和环境。其中，"研究对象的效度"指的是某一研究结果在多大程度上可以应用到其他研究对象上。而"环境的效度"指的是某一研究结果在多大程度上可推广到其他环境。为了提高外部效度，研究者需要尽可能使实验条件接近自然环境，减少干扰因素的影响，同时对研究对象的特征和背景进行充分了解和控制。例如，在心理学实验中，如果实验结果仅适用于特定的实验室环境，那么其外部效度就很低。但如果实验结果可以推广到现实生活的各种情境中，那么其外部效度就很高。

总之，内部效度和外部效度是实验效度的两个重要方面，相互关联且相互影响。在实验设计时，研究者需要根据实际情况进行综合考虑和权衡，以最大限度地提高实验结果的可靠性和推广性。

（二）影响内部效度的因素

在内部效度和外部效度无法平衡的情况下，优先考虑内部效度是必要的。内部效度是外部效度的前提和基础，没有高内部效度的实验结果很难在外部效度上得到可靠的推广和应用。所以，在实验设计时，研究者需要对各种可能影响实验结果的因素进行充分考虑和排除，以确保内部效度的最大化。

影响实验内部效度的因素主要包括三类。

首先，与环境有关的因素是影响实验内部效度的第一类因素。环境因素对于实验的影响至关重要，由于实验过程中很难完全控制所有外部条件的干扰，例如，实验室内的温度、湿度、光照等环境因素都可能对实验结果产生影响，而实验室外的社会环境、文化背景等也可能对实验结果产生影响，因此，在实验设计时，应充分考虑环境因素的影响，并尽可能地加以控制。

其次，与研究对象有关的因素也是影响实验内部效度的关键因素之一。在实验中，研究对象的选取对于实验结果的影响非常大。例如，受试者的年龄、性别、教育背景等个人特征都可能对实验结果产生影响，而受试者的心理状态、情绪等也可能会对实验结果产生影响。因此，在选择研究对象时，应尽可能地保证受试者的同质性，并充分考虑各种可能影响实验结果的个体差异。

最后，与测量和实验实施有关的因素也是影响实验内部效度的关键因素之一。在实验中，测量的工具、方法、标准等都可能对实验结果产生影响，尤其是测试本身的信效度。此外，测试效应（前后测的时间间隔、前测提高了受试对变量的敏感度、同一测试的反复使用带来的学习效应）、测试的不稳定性（测试难度）、实验实施的时间长短和方式（实验组和对照组实施时间不一样、实施实验的主试存在个体差异）等也可能对实验结果产生影响。因此，在实验实施时，应严格按照实验设计方案进行，并保证测量工具、方法的标准化和规范化。

（三）控制干扰变量

在实验中，为了确保结果的准确性和可靠性，我们通常通过人为控制和统计控制来排除干扰变量对结果可靠性的影响。具体操作方法见表 10 - 2。

表 10 - 2　实验研究中的人为控制和统计控制

人为控制	统计控制
（1）随机抽样 　　把实验对象随机分成实验组和对照组。如果样本太小，随机抽样的效果可能不佳。可以通过测量可能的干扰变量，比较组间差异，来检验随机抽样是否有效	（1）受试者分层 　　把一个干扰变量选为调节变量，然后根据调节变量将受试者重新分组，再进行数据分析。例如：大班教学 vs. 小组考核（伍秋萍、向娜，2022）

续表 10 - 2

人为控制	统计控制
（2）限制变量 　　采取措施使得某些变量恒定不变，如性别、国别	（2）计算部分相关 　　把干扰变量对因变量的影响从自变量对因变量的影响中排除。例如，动机与学习策略一起影响二语学习成绩，通过多元回归或部分相关排除动机的影响，只计算学习策略与二语学习成绩的部分相关系数
（3）匹配分组 　　在实验前根据某些关键的背景变量，对受试分组。例如：在研究阅读策略训练前，以动机、二语阅读水平和性别进行匹配 　　不足：实验对象是根据几个特征匹配的，在其他一些变量上可能是不对等的；如果所匹配的特征与因变量不相关，那么匹配是无效劳动	（3）协方差分析 　　在进行分析前，先把协变量的影响从因变量中排除。例如，研究阅读策略训练的有效性。为了控制实验前阅读能力这一干扰变量，我们对阅读理解的分数（因变量）进行调整，以消除在前测分数中的差异。经过调整后，再对两组阅读理解的分数进行比较

五、实验研究的种类

　　根据实验的控制程度和实验目的，实验研究可以分为前实验研究、准实验研究和真实验研究三种类型。每种类型都有其独特的设计、特征（见表10-3）和适用范围。在实践中，研究者应该根据实际情况选择适合的实验研究类型，以便更好地探究变量之间的关系。

　　前实验研究是最基本的一种实验研究方式，它通常是在缺乏理论指导或经验证据的情况下进行的，旨在探索变量之间的关系。前实验研究通常采用简单的设计，如单组前后测设计，以获取初步的数据支持后续的实验研究。例如，在心理语言学实验中，研究者可能会通过简单的实验来探究人类对某种刺激的反应时间，以了解人类的认知过程。

　　准实验研究是在实验条件控制相对较弱的情况下进行的实验研究。准实验研究通常采用与实际情境相似的情境来模拟实验条件，以便更好地控制无关变量的影响。准实验研究在教育、社会学等领域中应用广泛。例如，在教育领域中，研究者可能会通过准实验研究来比较不同教学方法的效果，以便为教育实践提供依据。

真实验研究是在严格控制实验条件的情况下进行的实验研究。真实验研究通常采用随机化分组和前后测设计的方法来保证实验的公正性和可靠性。真实验研究在心理学、医学等领域中应用广泛。

表 10 – 3　三类实验研究设计

类型	前实验研究	准实验研究	真实验研究
不同的设计	单组后测设计 X　　O$_1$	非等值组后测设计 实验组：X　O$_1$ 对照组：　　O$_2$	等值组后测设计 实验组：R　X　O$_1$ 对照组：R　　　O$_2$
	单组前后测设计 O$_1$　X　O$_2$	非等值组前后测设计 实验组：O$_1$　X　O$_2$ 对照组：O$_3$　　　O$_4$	等值组前后测设计 实验组：R　O$_1$　X　O$_2$ 对照组：R　O$_3$　　　O$_4$
不同的特征	没有对照组 没有随机抽样	有对照组 没有随机抽样	有对照组 有随机抽样

资料来源：文秋芳、俞洪亮、周维杰（2004：110）。

六、实验研究案例

案例：《线上信息差与意见差任务中的协商互动及对口语输出的影响》（伍秋萍、向娜，2022）。

（一）研究简介——快速阅读题目与摘要

要求：阅读案例文章，学习如何在真实的教学环境中开展实验研究，并判断该研究属于"前实验""准实验""真实验"中的哪类？

提要：本研究以"城乡差异"和"旅游城市"为话题设计信息差和意见差对话任务，通过整合协商互动和即时总结发言的输出语料，考察中级汉语二语学习者对话过程中的协商互动及对口语输出的影响。协商互动的语料分析结果显示：①学习者在配对小组中的协商互动约占对话话轮的1/3，内容协商数量显著多于意义和形式协商；②学习者在信息差任务中出现了更多的"澄清请求"和"确认核查"两类发起方式和更多的"解释"反馈，而意见差任务中学习者更常使用"诱发"发起协商，并通过"肯定或否定"及"补充"给予反馈。两类任务即时总结发言的语料分析显示，学习者口语输出的流利度和准确度较高、复杂度偏低，其中口语输出的词汇复杂度可被同伴互动过程中内容协商的数量显著预测。

（二）解析专家评审意见

要求：阅读和讨论案例文章的专家评审意见主要是从哪些视角对文章提出质疑，这也是未来我们在做研究的过程中可能会遇到的问题。

1. **第一类：概念的澄清**

（1）有关信息差和意见差的解释看不出这两类任务之间的具体差异。从解释来看，都是需要获取对方的信息，这其中包括了解对方的观点和看法，从定义看不出这两者的差异。从结果来看，信息差的任务结果具有封闭性，意见差的结果具有开放性。应该如何理解结果的封闭性和开放性？

（2）作者需要阐述流利度、复杂度和准确度这三个维度之间的复杂关系及其可能产生的相互影响。

2. **第二类：变量的澄清**

（1）"两组被试的汉语水平都在中级以上，且都在中国广州留学，留学环境相似，故被试对材料的熟悉度也基本相同"，这并不能保证被试对材料的熟悉度是相同的，需要进行熟悉性的评定。【干扰变量】

（2）针对有关互动时间的考察，作者的回复并没有直接回答这一问题。时间的长短会对结果产生很大影响，即使是与已有文献相差1分钟。实验1和实验2的方式不同，为什么也设置7分钟？【控制变量】

3. **第三类：统计指标的选择**

两类任务与口语输出质量之间的关系是案例文章最大的亮点，但在实际的分析过程中，意义、形式、内容三类协商的数量（即绝对频次）不能作为自变量进行分析。自变量应为三类协商的话轮比例（即每个被试协商话轮占其产出总话轮的比例），然后与口语输出质量（即每个被试口语产出语料）

各个参数进行相关分析。

4. 第四类：对统计结果的解释

案例文章研究结果的 4.2 部分汇报两类任务口语输出结果，作者结论部分提出"流利度较高""复杂度较低""准确度较高"，这里应该提供关于流利度、复杂度和准确度这几个指标的阈值，超过则较高，低于阈值则较低。

> 温馨提示："前实验"只是一种初步的探索，无法作为强有力的证据。较好的研究设计是等值组前后测设计，有时为了避免前测带来的测试效应而会采用等值组后测设计。

（三）回应专家评审意见

所谓专家评审，是指在论文投稿过程中，邀请具有相关领域专业知识和经验的专家，对论文的选题、研究方法、数据分析、结论等方面进行评估。在论文投稿过程中，专家评审环节具有举足轻重的地位。这一环节旨在确保论文的质量，促进学术交流，以及为相关领域的研究提供有价值的参考。专家评审的核心目标是确保论文的质量，提升学术研究的水平。在这个过程中，专家们会从专业的角度对论文进行全面的评估，提出建设性的意见和建议。这些意见对于论文作者来说，具有极高的价值。它们可以帮助作者更好地理解自己的研究，发现论文中的不足之处，进一步完善论文结构和内容。同时，通过专家评审，作者还可以了解到自己研究领域的最新动态和发展趋势，为今后的研究工作奠定基础。

下面是《线上信息差与意见差任务中的协商互动及对口语输出的影响》一文的作者对上述系列问题的回应。

1. 对"信息差"和"意见差"的概念的澄清

回复：感谢评审的意见。本文采用刘壮等（2007）的概念及赵雷（2015）的相关设计，选取信息差和意见差两类任务。这两类任务对学习者的信息输入与互动导向有本质区别，但学习者在任务执行过程中的行为具有共通性。两类任务的异同见例表 1 所示，详见本文正文 2.2 小节的阐述。

例表1 研究案例对概念的阐述

任务类型	信息差任务	意见差任务
定义	学习者用目标语进行信息交流时，各方只拥有信息的一部分，需要通过双向交际来获得完整的信息，才能完成语言使用任务（刘壮 等，2007）	学习者针对特定话题或情景，表达个人的感受、态度，并通过协商互动了解他人的感受、态度（刘壮 等，2007）
任务执行前	双方所持信息存在差异	双方可持有部分参照信息或无参照信息
任务执行前	注：研究者需保证学习者没有提前交换信息［为了确保互动双方在执行任务前的信息保密性，我们在课前5分钟内提前发放，且向学生强调了任务的重要性和信息的保密性。此外，学生来自不同专业，彼此不认识，且在课前5分钟才拿到阅读材料（信息）和分组信息，避免了学生之间的私下交换］	
任务执行中	①都具有双向性，需要两个或两个以上学习者互动完成。②都必须交换信息，即要完成任务，双方必须交换及获取对方信息或观点（赵雷，2015）	
任务执行结束	任务结果具有封闭性，需要找到确定的答案，并达成共识（赵雷，2015） "封闭性"指的是信息差任务的结果应为学习者所拥有信息的整合，不包括材料以外的新信息，各个小组的回答是一致的	任务结果具有开放性，即对双方观点及论据没有确定答案，论据可多可少，需交换观点及汇总报告，无须达成共识（赵雷，2015） "开放性"指的是意见差任务的结果是每个学习者主观意见的汇总，包括材料以外的新信息，各个小组的回答一般不一致

2. 阐述流利度、复杂度和准确度这三个维度之间的复杂关系

回复：感谢评审的意见。流利度、复杂度、准确度是衡量二语者语言水平的指示器，也是口语"典型特征"评估标准中最常使用的评分维度，近年被广泛应用于描述二语者口语或书面语的语言表达水平（陈默，2015；吴继峰、赵晓娜，2020）。关于这三个维度之间的关系，陈默（2015）的研究表明，中级汉语二语学习者（美国留学生）的准确度和流利度之间不存在显著

的相关关系，而复杂度跟流利度、准确度之间存在着一定的相关性；高级汉语二语学习者（美国留学生）的复杂度、准确度和流利度三者之间具有一定的相关性。由于本研究的重点在于考察任务类型对成员之间的协商互动和任务执行后个体的口头输出的影响，因此没有横向对比口头输出各个指标之间的关系。

3. 关于干扰变量"熟悉度"的澄清

回复：感谢评审的意见。关于被试对材料的熟悉程度的相关问题，本文作者考虑到以下四个方面。

第一，从任务的本质上说，两类任务的完成不依赖学习者对材料的熟悉程度。对于信息差任务，学习者的核心任务是获取材料信息。即使在不熟悉的情况下，也需要通过阅读的方式尽力获取。对于意见差任务，互动双方可以有部分参照信息甚至没有，其核心任务要求是阐述理由、表明态度。

第二，从任务的执行来说，材料无法提前派发给学生做熟悉度评定。

第三，从组别配对看，分组时保证了被试的汉语水平的匹配性，A 组与 B 组学生的汉语水平一致。

第四，从材料本身来说，首先，两项研究的话题（城乡差异、旅游城市）较为常见，材料所用词汇难度适中。汉语阅读分级指难针的结果显示，研究一和研究二所用材料的词汇难度分别约为 0.3 和 0.4，而本研究的学生汉语水平均达到中级及以上，因此该材料对被试来说易于接受和理解。其次，信息差与意见差任务组被试拿到的材料内容基本一致。研究一中，两组被试都拿到关于中国城市与乡村的各方面特征的描述；研究二中，两组被试都拿到关于北京和上海的相关介绍。

因此，本研究未提前评定两组被试对材料的熟悉度。诚然，若能提前寻找一批同等汉语水平但不参加此项研究的被试对材料进行熟悉度评定，则更能保证结果的可靠性。这一点是研究开始前没有考虑周全的。

此外，从学习者即时总结的口语输出来看，学习者能够较为清晰流畅地表明自己所有的信息，或者表达自己的观点和看法，表现为"学习者口语输出的流利度和准确度较高，且不受任务类型的影响"。由此可见，学习者对材料的熟悉度不直接影响对比结果。但未来的研究如果需要拓展话题类型，则需要提前评定学习者对材料的熟悉度。这一点，已写进论文的展望部分。

4. 关于控制变量"互动时间"的解释

回复：感谢评审的意见。陈默（2022）在"基于教学的汉语二语习得研究"的发言中提出"教学实验依托课堂来开展，有优势也有短板，相比于实验室有一定的局限性"。研究一是依托课堂开展，具有一定程度的不确定性，因此才设置研究二，以弥补研究一的不足。

具体来看，研究一的被试沉默即讨论结束，讨论时间在5分钟左右。但文本语料显示，研究一中各组讨论内容的长短不一，且部分语料篇幅相差较大，所以研究二规定了7分钟的讨论时间，以控制文本长度。关于7分钟讨论时间的依据：①HSKK（中级）第二、第三部分的考试时间均为4分钟（单人）。②赵雷（2015）的研究因为任务类型、要求、难易度不同，任务完成时间不同。按照课堂实际，信息差任务，每组同期录音12分钟，意见差任务，每组同期录音8分钟。③吴继峰、赵晓娜（2020）给每位被试3分钟的时间完成任务，收集语料，以此评估初、中级汉语水平二语者口语产出的质量。本文参考以上研究，并结合学习者的汉语水平、两人小组的配对情况和课堂实际，设置了7分钟的互动时间。

5. 关于自变量的统计指标

回复：究竟选择协商的"绝对频次"还是相对的"话轮比例"？我们仔细思考了自变量的选择问题，综合考虑后认为，用三类协商的数量作为自变量进行分析更合适。我们认为，任务的"执行过程"决定了任务的"产出质量"，有意义、有针对性的内容的协商互动的频数（内容协商）是促进有质量的口语输出（输出词汇的复杂度，即高级词汇）的重要基础。语料显示，全部话轮中，存在部分非协商的话轮，学习者讨论的内容与话题无关，且每组的话轮长度不一。如果以三类协商的话轮比例作为自变量，则会削弱自变量对因变量的预测贡献率。所以，把三类协商的数量作为自变量更合适。

6. 下结论的过程中如何确定"流利度、复杂度和准确度"的阈值

回复：对于流利度，本文计算的是学习者的语速，平均每秒3～4个字。汉语母语者的语速大致为每分钟150～160个字（孙晓明，2008），即每秒2～3个字。可见，本研究的汉语二语学习者的流利度确实较高，与母语者水平相当。对于复杂度和准确度，分值表示占比，均可转换为百分比分数。从百分制的分数来看，超过80%可以视为良好。从报告结果来看，这批学生的

准确度确实比较高，而复杂度偏低，尤其是词汇复杂度（仅有5%～20%，即高级词及以上的词种数在总词种数中的比例不超过20%）。

七、本章阅读书目与文献

[1] 陈默. 汉语作为第二语言自然口语产出的复杂度、准确度和流利度研究 [J]. 语言教学与研究，2015（3）.

[2] 洪炜，王丽婧. Focuson Form 和 Focuson Forms 两种教学法对汉语二语词汇学习的影响 [J]. 世界汉语教学，2016，30（2）.

[3] 刘壮，戴雪梅，阎彤，等. 任务式教学法给对外汉语教学的启示 [J]. 世界汉语教学，2007（2）.

[4] 孙晓明. 准备因素对留学生汉语口语表达的影响 [J]. 民族教育研究，2008（4）.

[5] 伍秋萍，向娜. 线上信息差与意见差任务中的协商互动及对口语输出的影响 [J]. 世界汉语教学，2022，36（3）.

[6] 吴继峰，赵晓娜. 初中级汉语水平二语者口语产出质量评估研究 [J]. 语言文字应用，2020（1）.

[7] 赵雷. 任务型口语课堂汉语学习者协商互动研究 [J]. 世界汉语教学，2015，29（3）.

第十一章
数据分析 （1）：信效度分析与描述性统计

一、导读

老师，我们回收的问卷数据需要怎么转换成研究中可以统计分析的变量呢？

在数据的整理与录入时，研究者需要对变量编码，也就是将调查的问题转变为变量并录入变量值。在使用 SPSS 软件整理数据时，通常遵循"一行一个人，一列一个变量"的方式。

二、变量的分类与取值

变量是统计学中一个重要的概念，它指的是具有一个或多个取值的概念。在变量中，数值可以发生变化，这使得变量具有很强的灵活性和实用性。根据变量的特点和性质，我们可以将变量分为称名变量、等级变量、等距变量和比率变量四大类。

称名变量（nominal variable），又称分类变量，它具有区分性属性。这类变量通常用于表示事物的种类或类别，如性别、民族、职业等。在称名变量中，取值具有一定的类别特征，如"1"代表"男性"，"2"代表"女性"。

称名变量的主要特点是类别之间的差异，而非数值之间的距离。

等级变量（ordinal variable），又称序数变量，是一种具有等级性和位次性的变量。它通常用于表示事物的属性按照一定标准进行分类。等级变量的取值不仅具有区分性，而且还具有等级性，如成绩排名中，"1"代表"较差"，"2"代表"中等"，"3"代表"良好"。等级变量关注的是类别之间的排序关系，而非数值之间的精确距离。

等距变量（interval variable），又称区间变量，是一种具有相对单位、固定参照点，以及等级性和等距性的变量。等距变量的数值可以进行比较，但缺乏绝对零点，如温度和智力测验成绩等。在等距变量中，虽然数值之间存在间隔，但间隔大小是固定的。

比率变量（ratio variable），又称比例变量，是一种具有相对单位、绝对零点以及等级性、等距性和等比性的变量。比率变量的数值可以进行精确比较，如体重、成绩等。在比率变量中，数值之间的间隔大小是固定的，且总体分布呈正态分布。

综上所述，称名变量和等级变量属于分类变量，关注类别之间的差异和排序关系；等距变量和比率变量属于连续变量，关注数值之间的距离和比例关系。当样本量足够大时，等距变量在取平均值时，趋于符合连续变量的特点。了解和掌握这四大类变量的特点和应用范围，对于数据分析和建模具有重要意义。

三、描述性统计分析

思考：如何准确地描述下面100人的数据？

假设我调查了100名大学生每周运动的时间为（以小时计）：6、2、7、9、9、7、3、9、8、4……

可以将100个数据逐一列出，这样更准确。

可以用均值来描述这组数据，这样更简单。

统计中，常用一些不太准确但简洁得多的方法来描述数据。描述数据的基本原则是尽可能准确且相对简洁。

描述性统计分析是探索数据特征的关键步骤。在众多统计分析方法中，描述性统计分析被视为基础的基础。它是一种对数据进行初步探究和概括的过程。通过这一过程，我们可以挖掘出许多统计量的特征，为后续的深入分析奠定基础。描述性统计分析主要包括对分类变量的频数分布分析和对连续变量的描述性统计量分析两个方面。

（一）分类变量的频数分布分析

当拿到一组分类数据时，对其进行频数分布分析可以帮助研究者了解数据的基本情况。通过对各个类别频数的统计，研究者可以直观地看出哪些类别在数据中占据主导地位，哪些类别较为稀少。此外，研究者还可以通过计算各类别的频率（频数除以总样本数）来进一步了解数据的分布特征。频数分布分析有助于研究者找出数据的规律和特点，为后续的建模和分析提供依据。

（二）连续变量的描述性统计量分析

对于连续变量，描述性统计量分析起着至关重要的作用。描述性统计量可以帮助研究者刻画数据的集中趋势和离散趋势，从而对数据进行全面把握。常见的描述性统计量见表 11-1。

表 11-1　常用的描述性统计量

集中趋势		离散趋势		分布情况	
均值	mean	标准差	standard deviation	偏度	skewness
中位数	median	方差	variance	峰度	kurtosis
众数	mode	极小值	minimum		
和	sum	极大值	maximum		
		全距	range		
		均值的标准误差	S. E. mean（standard error of mean）		

用于描述连续变量集中趋势的常用统计量有均值、中位数、众数。

（1）均值：又称平均值，是所有数据的算术平均值。它能够反映数据的总体水平，但其容易受到极端值的影响。

（2）中位数：将数据从小到大排序后，位于中间位置的数值。它是一种稳健的统计量，不受极端值影响。

（3）众数：数据中出现次数最多的数值。它可以有多个，反映数据的主要分布特点。

思考：如何理解标准差和方差？

假想有一个学生一周运动 8 小时，他想知道自己与班上同学平均运动水平的差距。这个偏差是多少？用实际值减去同学的平均值即可。所有人的平均偏差，即这群分数的标准差。如式（11－1）所示，标准差越小，数据越集中；标准差越大，数据越分散。

$$S = \sqrt{\frac{\sum_{i=1}^{n}(X_i - \overline{X})^2}{n-1}} \qquad (11-1)$$

式（11－1）中，X_i 表示每个样本的取值，$\overline{X}$ 表示所有样本的均值，n 表示样本量，$n-1$ 为自由度。方差是标准差的平方，是衡量数据离散程度的非常重要的统计量。假设每 n 个研究对象为一组，各组均值的标准差就是整体数据的标准误。

SPSS 软件的描述性统计（descriptive statistics）子菜单相关功能介绍如下。

（1）频数（frequencies）：产生变量值的频数分布表，并可计算常见描述性统计量和绘制相对应的统计图。

（2）描述（descriptive）：计算一般的描述性统计量。

（3）探索（explore）：探索性分析，使用户能够从大量的分析结果之中挖掘到需要的统计信息。

四、信效度分析

（一）衡量多维度问卷的信度

一般而言，信度分析包括内在信度检验和外在信度检验。前者通过内部一致性系数/分半信度检验，后者通过重测信度和复本信度、评分者信度检验。

考察问卷跨项目的一致性可以计算内部一致性系数。当量表很长时，也可计算分半信度。重测信度也就是隔一段时间再测一次。当我们对语料进行评分时，需要关注跨形式的一致性，可以计算复本信度和评分者信度。

具体操作详见本章第六节的课堂练习。

（二）衡量多维度问卷的效度

效度是对测量工具或手段有效性评估的程度。通过逻辑证据（内容效度）和统计证据确立效度。包括内在效度和外在效度。

内在效度（internal validity）包括内容效度和结构效度。外在效度（external validity）包括聚合效度、区分效度和效标效度。每类效度的概念解析详见本书第九章，具体操作详见本章标题六"课堂练习"。

研究中常用的效度包括研究前的内容效度和基于统计证据的结构效度以及效标效度。而聚合效度和区分效度在语言学中不太常用。

五、相关分析

在数据分析中，变量之间的关系（relationships between variables）是我们需要关注的重要内容。为了更好地理解和描述这些关系，研究者可以采用计算相关系数（correlation coefficients）的方法。相关系数是一种衡量两个变量之间线性关系强度的指标，它可以帮助研究者了解变量之间的相互依赖程度。

在探讨变量之间的关系时，研究者需要了解相关系数的计算方法和其在实际应用中的作用。

（一）皮尔森（Pearson）相关系数

皮尔森相关系数是最常用的相关系数计算方法，其计算公式见式（11 - 2），主要用于衡量两个变量之间的线性相关程度。

$$r = \frac{\sum Z_X Z_Y}{n} \tag{11-2}$$

式（11-2）中，Z_X 和 Z_Y 分别表示求相关的两个变量（X 和 Y）所对应的每个样本的标准分，n 表示样本量。皮尔森相关系数的取值范围在 -1 到 1 之间，其中："-1"表示"完全负相关"，即两个变量之间存在完全的反线性关系；"0"表示"无相关"，即两个变量之间不存在线性关系；"1"表示"完全正相关"，即两个变量之间存在完全的线性关系。

当研究两个变量间的相关关系时，如图 11 - 1 所示。其中，图 11 - 1（a_1）是最理想的情况，斜率 = 1，X 每增加 1 个单位，Y 就增加 1 个单位。但现实是可能出现图 11 - 1（b_1）～（d_1）的情况。当 $X = 30$ 时，Y 的取值不唯一，这是组内差异；但整体上看，$X = 30$ 时，Y 的取值依旧大于 $X = 10$ 时 Y 的取值，这是组间差异。数据越集中，相关系数越大，越接近 1；相反，数据越分散，相关系数就越小。图 11 - 1（a_1）～（d_1）表示 X 与 Y 正相关，图 11 - 1（a_2）～（d_2）表示 X 与 Y 负相关。

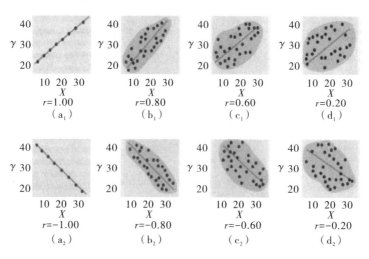

图 11 - 1　正相关和负相关

如果 X 和 Y 符合连续变量，可选用皮尔森相关系数，它可以用于计算测试的信效度（reliability and validity），包括内部一致性系数、重测信度（test-retest reliability）、评分者信度（inter-rater reliability）和效标效度（criterion validity）。

（二）斯皮尔曼（Spearman）等级相关系数

当研究中的数据是等级数据时，可以使用 Spearman 等级相关系数来衡量变量之间的相关性。Spearman 等级相关系数的取值范围在 −1 到 1 之间，表示变量之间的单调关系。

（三）肯德尔（Kendall）相关系数

这是另一种适用于等级数据的相关系数，它可以衡量两个变量之间的相关性，取值范围在 −1 到 1 之间。

在实际应用中，肯德尔相关系数可以帮助研究者：

（1）分析变量之间的依赖关系，以便更好地理解和解释数据。

（2）评估预测模型。例如，在时间序列分析中，相关系数可以用来评估自变量与因变量之间的关联程度。

（3）确定变量之间的共线性。共线性可能导致多元回归分析中的估计偏误，因此在进行多元分析之前，研究者需要检查变量之间的相关性，以避免不必要的误差。

六、课堂练习

研究案例：中级汉语二语学习者汉字学习策略调查。[①]

（1）统计调查对象基本信息。SPSS 软件的操作为：Analyze（分析）/ Descriptive Statistics（描述性统计）/Frequencies（频数）。

----

① 调查问卷选自江新、赵果（2001）针对留学生所编制的"汉字学习策略量表"。原量表有 48 题，经信效度检验删除了 12 题（Q7、Q9、Q10、Q20、Q29 ～ Q32、Q35、Q41、Q45、Q48），保留 36 题。本研究案例采用了 36 题版本的测量中级汉语二语学习者（详细数据见本书附录三），这些学习者来自笔者任教的班级。

（2）检查原始数据，标记反向计分题。

（3）为每个被调查者计算合成变量的个人平均分。

为每位调查者计算 8 项策略的平均得分，SPSS 软件的操作为：Transform（转换）/Compute Variable（计算变量）/输入目标变量名和计算公式/点击"粘贴"/输入计算所有合成变量的公式的指令。

根据调查问卷的设计，计算每位调查者在 8 项分策略量表上的平均得分：

策略 1——笔画策略：Q1 ～ Q6（6 题）；

策略 2——音义：Q17、Q18、Q23、Q24、Q26、Q27（6 题）；

策略 3——字形：Q8、Q11、Q19、Q25、Q28（5 题）；

策略 4——归纳：Q12 ～ Q16、Q21、Q22（7 题）；

策略 5——复习：Q33、Q34、Q36（3 题）；

策略 6——应用：Q37 ～ Q40（4 题）；

策略 7——监控：Q42 ～ Q44（3 题）；

策略 8——计划：Q46、Q47（2 题）。

（4）检验问卷信效度。

a. 计算总量表和分量表的内部一致性系数。SPSS 软件的操作为：Analyze（分析）/Scale（量表）/Reliablity（信度）。

b. 计算每个题在子量表内的题总相关（item-total correlation），即每个题目与其所对应的分策略得分之间的相关。若题总相关低于 0.3，则建议将其删除。你的修订建议是什么？

c. 因素分析。因素分析用来检验所编制的问卷的结构效度，它需要的题项数和被调查者人数的比例为 1 : 5，即被调查者人数是题项数的 5 倍或以上。论文对每种策略均做了一次因素分析，此处以元认知策略为例。

SPSS 软件的操作为：Analyze（分析）/Data Reduction（降维）/Factor Analysis（因子分析）/选择待分析的变量。然后，分以下四步完成。

第一步，选择"Descriptive"，勾选 KMO 值；

第二步，点击"Extraction"（提取），选择"Principal components"（主成分分析），勾选"Scree plot"（碎石图）；

第三步，点击"Rotation"（旋转），选择"Quatimax"（最大方差法）；

第四步，点击"Scores"（得分），勾选"Save as variables"（保存为变

量），即可直接计算潜变量分数。

碎石图解读：特征根 > 1，则该题项有价值；若取 3 个主成分则特征根 < 1，表明取 2 个主成分即可。由图 11 - 2 和表 11 - 2 可知，2 个成分累计解释率为 64.109%。

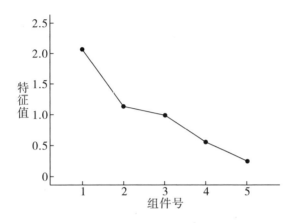

图 11 - 2　因素分析中的碎石图

表 11 - 2　应用主成分分析法得到的总方差解释的结果

成分	初始特征值			提取载荷平方和			旋转载荷平方和		
	总计	方差百分比/%	累积/%	总计	方差百分比/%	累积/%	总计	方差百分比/%	累积/%
1	2.067	41.333	41.333	2.067	41.333	41.333	1.839	36.780	36.780
2	1.139	22.776	64.109	1.139	22.776	64.109	1.366	27.329	64.109
3	0.996	19.922	84.031						
4	0.555	11.091	95.122						
5	0.244	4.878	100.000						

旋转后的成分矩阵见表 11 - 3。以 Q43 为例，监控策略每提高 1 个标准差，Q43 就提高 0.349。可以看出，成分 1 主要预测 Q46 和 Q47，成分 2 主要预测 Q42、Q43 和 Q44。研究者根据题项内容将成分 1 命名为"计划因子"，成分 2 命名为"监控因子"。

表 11 - 3　因素分析中旋转后的成分矩阵

题号	成分	
	1	2
Q43	0. 349	0. 509
Q42	0. 532	0. 665
Q44	0. 285	- 0. 786
Q46	0. 835	0. 084
Q47	0. 810	0. 200

提取方法：主成分分析法。

旋转方法：最大方差法。

（5）对变量进行描述性统计（整体或分组的平均分、标准差）。SPSS 操作提示：Analyze/Descriptive Statistics/Descriptive。

（6）计算变量和变量之间的相关，根据研究问题逐步分析，并填入表中（见表 11 - 4）。描述所有调查者在 8 项策略上的得分（平均数、标准差、范围）和内部一致性系数，计算策略间的相关性。

SPSS 软件计算信度的操作为：Analyze/Scale/Reliablity；SPSS 计算相关系数的操作为：Analyze/Correlation/Bivariate。

表 11 - 4　依据描述性统计结果填入汇报表

策略	均值	标准差	alpha 系数	笔画	音义	字形	归纳	复习	应用	监控	计划
笔画				1							
音义					1						
字形						1					
归纳							1				
复习								1			
应用									1		
监控										1	
计划											1

七、本章阅读书目与文献

［1］江新，赵果. 初级阶段外国留学生汉字学习策略的调查研究［J］. 语言教学与研究，2001（4）.

［2］秦晓晴. 外语教学问卷调查法［M］. 北京：外语教学与研究出版社，2009.

第十二章
数据分析（2）：推断性统计之 t 检验

一、导读

> 老师，当我们发现两组数据的描述性统计结果不一样的时候，怎么从现有样本数据推断不同的总体（群体）或不同的条件有差异？

当我们不再满足于"描述"时，"假设"与"推断"便产生了。例如，当医生建议我们为了健康而减脂时，我们不仅仅关心体脂率达到多少算超标，还想知道：怎么做效果最佳？做瑜伽好，还是跑步好？一周至少运动多久呢？这时，我们开始"假设"与"推断"，然后在不同的方法中做出自己的选择。

"假设"与"推断"，发生在生活的每一天。因为积极设想跑步是可以减脂的，于是我们去跑步了；积极设想自己是可以考上 985 高校研究生的，于是我们决定报名和认真复习；积极设想自己是可以创业成功的，于是我们选择了自主创业。

上面这些积极的设想就是一种"理论假设"。然而，跑步真的更好吗？考研时，团体复习真的比自主复习更高效吗？年轻人一毕业就创业，真的能成功吗？人们很想从不同的群体中吸取别人的经验教训，再做出自己的选择。这时，就需要去对比不同的群体在实践后的结果，再谨慎做出推断与抉择。

实际上，推断性统计是一个悲观主义者。假设检验总是从一个虚无假设（零假设/零差异）开始的。之所以说它"悲观"，因为这个"虚无假设"经常跟积极设想的"理论假设"对着干。它会告诉你：跑步和瑜伽都无所谓，效果差不多；考研时，团体复习和自主复习都一样，只要复习就行了；年轻人创业成功的概率与年龄、阅历无关。

老师，如何理解这个"虚无假设"？为何假设检验是从"零假设""零差异"开始的？

"虚无"，就是一个无法证真的假设。对于零差异，我们永远无法证明两者的差异为 0，只能用数据证明两者的差异无限趋近于 0，微弱的差异可忽略不计而已。

再举一个"离谱"的例子。一对恋人即将迈入婚姻，他们可能会进行一场关于"爱情"的灵魂拷问。

女：如果有一天，我不再年轻，你还会爱我吗？

男：会！

女：那你证明给我看！

男：那你先变老！

婚姻是一场冒险吗？谁也无法在当下证明若干年后的结局。根据推断性假设的基本思想（如图 12 − 1 所示），此时此刻面对虚无的假设（null hypothesis），我们永远无法证真，所以需要小心检验（test）、理性判断（decision）。如果有一位先知（条件概率）告诉你，p（不爱/老了）远远小于 0.05，那么，你会不会冒着低于 5% 的背叛风险而选择与对方结婚呢？即便你已经收集足够多对方的证据并自认为非常理性，我们也无法将未来的风险完全控制到 0。所以，判断与抉择的背后，不过是一次次的条件概率事件。

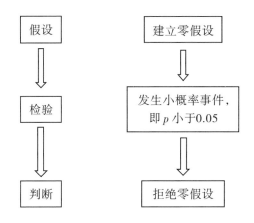

图 12 - 1　推断性假设的基本思想

二、假设检验的基本思想与步骤

假设检验是一种统计学方法，其主要目的是通过对数据进行分析，来判断一个假设是否合理。这种方法的基本思想源于概率反证法，即通过反证的方式来检验零假设（也称为虚无假设）是否成立。在这个过程中，我们需要先假定零假设成立，然后观察在接受这个假设的前提下，是否会出现不合理的结果。如果结果是合理的，就不拒绝它；如果结果不合理，则否定原假设（reject to H_0）。

假设检验的过程可以分为以下六个步骤。

（1）提出假设：在进行假设检验之前，研究者首先需要明确要检验的假设。通常情况下，假设分为零假设和备择假设。零假设是指在观察数据之前，研究者对未知参数的一种猜测。备择假设则是对零假设的否定，也是研究者更愿意接受和更想证明的理论假设。

（2）确定显著性水平：显著性水平是指在零假设成立的情况下，拒绝零假设的概率。这个概率通常是预先设定好的，用以判断检验结果的可靠性。显著性水平越小，检验结果的可靠性越高。

（3）收集数据：在进行假设检验之前，研究者需要收集一定数量的数据。这些数据通常是通过实验、调查或其他方式获取的。数据收集的目的在于为假设检验提供依据。

（4）计算统计量：在数据收集完成后，研究者需要对数据进行统计分析，计算出用于判断假设的统计量。统计量是根据数据计算出的，用于反映数据特征的量。在假设检验中，研究者通常使用 t 统计量、卡方统计量等。

（5）计算 p 值：p 值是指在零假设成立的情况下，观察到当前统计量或更极端情况的概率。p 值越小，说明观察到的数据越有可能导致零假设被拒绝。所谓导致不合理结果，就是看是否在一次观察中，出现小概率事件。通常把出现小概率事件的概率记为 0.01 或者 0.05，即显著性水平。

（6）判断结论：比较 p 值与显著性水平。如果 p 值小于显著性水平，那么研究者就有足够的证据拒绝零假设，认为备择假设成立；反之，如果 p 值大于显著性水平，那么研究者不能拒绝零假设，即认为零假设成立。

总之，假设检验是一种通过反证法来判断假设是否成立的方法。在检验过程中，研究者需要关注统计量、p 值和显著性水平这三个核心概念。通过比较它们之间的关系，研究者可以得出关于假设是否成立的结论。需要注意的是，假设检验并非绝对可靠，其结果受到样本数量多少、显著性水平等因素的影响。因此，在实际应用中，研究者需要根据具体情况来选择合适的假设检验方法，并谨慎对待检验结果。

> 三个常用的假设检验的显著性水平：$\alpha = 0.01$，$\alpha = 0.05$，$\alpha = 0.10$。如果 p 值 $< \alpha$，即发生了小概率事件，那么我们可以积极地告诉"先知"：要勇敢地拒绝"悲观"的零假设！

三、单样本 t 检验

> 老师，最近我们在实习的教学班上调查了汉语水平为中级的留学生在学习汉字时是否采用笔画策略（书写时注意笔画顺序）。调查结果（均值为 3.412，标准差为 0.885）低于前人对汉语水平为初级的留学生使用情况的调查结果（均值为 3.73），是否可以认为留学生到了语言中级阶段较少采用笔画策略学习汉字？

对于上面这种情况，最好是同时抽样语言初级水平留学生和语言中级水平留学生进行比较，因为前人研究所抽样的留学生样本可能不同质。毕竟，已发表的研究，其样本抽样时间可能要早于发表时间 1 ～ 2 年，那时的语言"中级"水平的学生未必与当前所评估的语言"中级"一致。在教学实践中，当研究者无法满足两类群体的抽样时，也可以试试用现有的样本描述性统计结果与已发表的结果做对比。

　　此时，单样本 t 检验可用于比较样本平均数与总体平均数（已知）的差异。

（一）单样本 t 检验的检验逻辑

　　第一步，从研究假设到零假设。

$$H_0: \overline{X} = \mu \tag{12-1}$$

式（12-1）中，$\overline{X}$ 表示样本均值，μ 表示总体均值。

　　第二步，检验。

　　（1）计算假设检验成立下的统计量 t：

$$t = \frac{\overline{X} - \mu}{\dfrac{S}{\sqrt{n}}} \tag{12-2}$$

式（12-2）中，$\overline{X}$ 表示样本均值，μ 表示总体均值，S 表示样本标准差，n 表示样本量。

　　（2）如果继续抽样，样本 t 值符合 t 分布，样本 t 值 > 现有 t 值的概率（即 p 值）。p 值是任意抽取的样本与总体的偏差更大的概率。

　　第三步，判断。若 $p < 0.05$，拒绝零假设，表明任意抽取的样本跟总体的偏差更大的概率小于 0.05，表明 t 值够大。

　　第四步，下结论。

　　单样本 t 检验结果显示，＿＿＿＿＿＿，$t =$ ＿＿＿＿，$df =$ ＿＿＿＿，$p =$ ＿＿＿＿。

　　注意：t 检验需要报告自由度！只有 p 值足够小，才能表明 t 值足够大。而 t 值足够大，才能拒绝零假设。样本量越大，则 t 分布越接近正态分布。

（二）单样本 t 检验的 SPSS 软件操作

前人研究表明初级留学生笔画策略使用频率的平均分是 3.73 分（详见江新、赵果，2001），但我们在教学实践中无法同时抽样汉语水平为初级与中级留学生的时候，依然想知道所抽样的汉语水平为中级留学生的笔画策略的使用频率与汉语水平为初级留学生是否有显著差异。

SPSS 软件的操作提示为：Analyze/Compare Mean/One Sample t Test。

此例中，单样本 t 检验的结果见表 12 - 1，$p = 0.038$，p 值小于 0.05，拒绝零假设，表明所抽样的汉语水平为中级留学生笔画策略的使用频率显著低于前人研究所调查的汉语水平为初级留学生。

表 12 - 1　单样本 t 检验的结果

项目	$t=3.73$					
	t	自由度	显著性 （双尾）	平均值差值	差值95%置信区间	
					下限	上限
笔画策略	- 2.56	35	0.038	- 0.318	- 0.617	- 0.019

四、独立样本 t 检验

老师，我们在实习的教学班上特意安排了汉字策略培训，一个学期下来，我们怎么判断自己所教的班级在汉字学习上受益于培训？

独立样本 t 检验可用于比较两个独立样本之间平均数的差异，它比单样本 t 检验更常用。例如，培训班和未接受培训的普通班的比较，还有教学法、性别、国别比较等。

（一）独立样本 t 检验的检验逻辑

第一步，从研究假设到零假设。

$$H_0: \overline{X}_1 = \overline{X}_2 \tag{12-3}$$

式（12-3）中，$\overline{X}_1$ 和 $\overline{X}_2$ 分别表示两个独立样本的均值。

第二步，检验。

（1）计算假设检验成立下的统计量 t，两样本差异越大，则 t 值越大：

$$t = \frac{(\overline{X}_1 - \overline{X}_2) - (\mu_1 - \mu_2)}{\sqrt{S_p^2 \left(\frac{1}{n_1} + \frac{1}{n_2} \right)}} \tag{12-4}$$

式（12-4）中，$\overline{X}_1$ 和 $\overline{X}_2$ 分别表示两个独立样本的均值，μ_1、μ_2 分别表示两个总体均值，S_p^2 表示两个独立样本的汇合方差，n_1、n_2 分别表示两个独立样本的样本量。

（2）如果再抽样，t 值 > 现有 t 值的概率（即 p 值）。

第三步，判断。若 $p < 0.05$，拒绝零假设。

第四步，下结论。

独立样本 t 检验结果显示 _____，$t =$ _____，$df =$ _____，$p =$ _____。

　　注意：t 值是有方向的，同学们记得关注输出结果中 t 值的正负号！

（二）独立样本 t 检验在 SPSS 软件中的实操练习

课堂练习：教学实验数据分析——汉字课教学实验。

问题：实验组更优于控制组吗？（组间比较）

SPSS 软件的操作提示为：Analyze/Compare Mean/Independent-Samples t Test。

独立样本 t 检验的结果见表 12-2。

表 12 - 2 独立样本 t 检验的结果

项目	莱文方差等同性检验		平均值等间性 t 检验							
	F	显著性	t	自由度	显著性（双尾）	平均值差值	标准误差差值	差值95%置信区间	
								下限	上限
假定等方差	0.414	0.525	0.840	28.000	0.408	0.208	0.248	0.716	0.299
不假定等方差			0.838	25.767	0.410	0.208	0.248	0.719	0.302

注意：在 t 检验前，统计软件会先对方差进行齐性检验。如果齐性检验对应的 F 值很大，就意味着不同组之间方差不相等。此处，我们希望 p 值大于 0.05，表示实验组与对照组方差齐性。当组间方差是齐性后，就只需要关注均值之间的差异了。若方差齐性，则关注表 12 - 2 第一行的结果即可；若方差不齐，则采用其第二行的结果。

五、配对样本 t 检验

（一）配对样本 t 检验的检验逻辑

配对样本 t 检验用于比较同一样本在不同时间或不同指标上的差异。可用于比较实验中的被试内设计，如教学施测前后学生的成绩是否有差异，同一批学生，不同的学习策略之间是否存在差异。

配对样本 t 检验的统计量指标：

$$t = \frac{(\overline{X}_1 - \overline{X}_2) - (\mu_1 - \mu_2)}{\sqrt{\dfrac{S_1^2 + S_2^2}{n} - \dfrac{2rS_1S_2}{n}}} \qquad (12-5)$$

式（12 - 5）中，$\overline{X}_1$ 和 $\overline{X}_2$ 分别表示两配对样本的两个均值，μ_1、μ_2 分别表示两个总体均值，S_1^2、S_2^2 分别表示配对样本的两个方差，r 表示配对样本的相关系数，n 表示样本量。

（二）配对样本 t 检验在 SPSS 软件中的实操练习

课堂练习：教学实验数据分析——汉字课教学实验。

SPSS 操作提示为：Analyze/Compare Mean/Pair-Samples t Test。

（三）配对样本之间的相关分析

配对样本之间的相关分析用于计算同一样本在不同时间或不同指标上的相关。皮尔森相关系数（Pearson coefficient）常应用于计算测试的信效度（reliability and validity），包括内部一致性系数、重测信度、评分者信度以及效标效度（待验证的测试与效标测试之间的相关）。例如，分析前测中三个评分（指标）之间的关系、前后测之间的关系等。

相关分析（correlation analysis）的统计量指标 r 为：

$$r = \frac{\sum Z_X Z_Y}{n} \qquad (12-6)$$

式（12-6）中，Z_X 是变量 X 的标准分，Z_Y 是变量 Y 的标准分，n 为样本量。

SPSS 软件的操作为：Analysis/Correlate/Bivariate。

思考：配对样本 t 检验与配对样本之间的相关分析有什么区别呢？

> 从数据上看，它们用的都是同一组数据，例如收集某班学生入学前与学期末成绩，采用配对样本 t 检验可研究入学前后成绩是否存在差异；采用相关分析则可研究入学前后成绩之间是否存在共变性，也就是入学前得分高的同学是否在学期末仍然得分高。

六、课堂练习

（一）教学实验案例简介

题目： 语文分进教学模式下汉字学习策略培训效果的研究——针对非汉字文化圈学习者的实验研究（孙景烨，2014）。

摘要： 进行有效的策略培训是汉字学习策略介入性研究的重点。在策略培训方式的有效性问题上，前人的研究已证实了分散式培训效果略优于集中式培训。中山大学语文分流班设有专门的汉字课，将汉字策略培训引入了课堂，实为对学生进行分散式的汉字学习策略培训。本文通过自然环境下的教学实验，探索了在整字、部件和归纳这三项汉字学习策略的培训过程中，显性和隐性两种培训方式对学生策略使用频率的影响，并且还探究了培训本身以及培训所带来的策略使用频率的变化对学生汉字学习能力的影响。实验结果显示：显性策略培训方式的效果优于隐性策略培训；显性策略培训本身以及培训所带来的策略使用频率的变化对学生辨析相似字、通过形旁猜测生字含义以及分析汉字结构这三项汉字能力的提升起到了促进作用，并且降低了学生记忆生字时的书写负担。

（二）课堂练习：教学实验数据分析——汉字课教学实验

数据说明：由于论文笔者自己编制了一份汉字策略量表，为验证量表效度，笔者在学期末后测中同时使用了自己的量表（JY）和已发表并已验证信效度的江新（JX）的汉字策略量表。JY 量表包括笔画、音义、字形、归纳、复习、应用、部件、计划八大策略，而 JX 量表则比 JY 量表缺少了"部件策略"，多了"情感策略"。

1. 练习一

要求：计算两份量表在各个策略上的平均使用频率和标准差，然后计算相同策略之间的相关系数；采用配对样本 t 检验检验同一策略在量表上的差异，并对结果进行解读。请将检验结果填入表 12－3。

相关分析的 SPSS 软件操作提示为：Analysis/Correlate/Bivariate；配对样本 t 检验的 SPSS 操作提示为：Analyze / Compare Mean/Pair-samples t Test。

表 12－3 研究案例的相关分析和配对 t 检验结果

策略类型	JY 量表	JX 量表	相关系数	t 值	df 值	p 值
笔画						
音义						
字形						
归纳						

续表 12 - 3

策略类型	JY 量表	JX 量表	相关系数	t 值	df 值	p 值
复习						
应用						
部件		—	—	—	—	—
计划						
情感	—		—	—	—	—

相关分析的结果显示，_____。

配对 t 检验的结果显示，_____。

2. 练习二

要求：采用自编的 JY 量表，采用独立样本 t 检验比较实验班与平行班在学期末时各个策略平均使用频率是否存在差异。请将结果填入表 12 - 4。

SPSS 软件的操作提示为：Analyze /Compare Mean/Independent-Samples t Test。

表 12 - 4　研究案例的独立样本 t 检验结果

策略类型	实验班 ($n = 17$)	平行班 ($n = 13$)	t 值	df 值	p 值
笔画					
音义					
字形					
归纳					
复习					
应用					
部件					
计划					

结果：采用独立样本 t 检验对实验班和平行班在学期末时各个策略的平均使用频率的差异进行检验，结果显示_____。

七、本章阅读书目与文献

［1］孙景烨. 语文分进教学模式下汉字学习策略培训效果的研究：针对非汉字文化圈学习者的实验研究［D］. 广州：中山大学，2014.

［2］秦晓晴. 外语教学问卷调查法［M］. 北京：外语教学与研究出版社，2009.

第十三章
数据分析（3）：推断性统计之 F 检验

一、导读

老师，如果研究对象不止两组，如何进行比较呢？

当独立样本 t 检验满足不了研究需求时，我们可以使用方差分析。它不再停留在均值间的检验，而是对组间的方差进行检验。

本章将重点介绍"多组PK"的统计方法。

二、单因素方差分析

（一）单因素方差分析的检验逻辑

单因素方差分析（one-factor ANOVA，或称 one-way ANOVA）是一种统计方法，主要用于比较单一变量在不同水平下的平均值差异。在这种分析中，研究者关注的是一个因变量（或称响应变量），该变量受到一个或多个自变量（或称解释变量）的影响。单因素方差分析的基本假设是：不同水平下的自变量对因变量的影响是独立的，也就是说，一个自变量水平的改变不会影响其他自变量水平下的因变量表现。通过单因素方差分析，研究者可以评估这些自变量对因变量的影响程度，并检验各水平下因变量平均值之间是否存在显著差异。

在进行单因素方差分析之前，研究者需要确保数据满足以下三个条件。

（1）数据正态分布：各水平下的数据分布应符合正态分布，这意味着数据的可视化图形（如柱状图）应呈钟形曲线。

（2）方差齐性：各水平下的数据方差应相近，这意味着数据分布的变异程度相似。

$$零假设 H_0: Sd_1^2 = Sd_2^2 = Sd_3^2 = \cdots \tag{13-1}$$

（3）独立性：各水平下的数据之间应具有较高的独立性，避免不同水平之间的数据相互影响。

单因素方差分析的过程主要包括以下六个步骤。

（1）数据收集：根据研究目的，选择合适的实验设计，如完全随机设计、随机区组设计等，收集不同自变量水平下的数据。

（2）数据整理：对收集的数据进行清洗、去除异常值，并计算各水平的平均值和标准差。

（3）方差分析：计算各水平下因变量的平方和、自由度，以及总平方和。

（4）计算 F 统计量：根据方差分析的结果，计算 F 统计量，用于检验各水平下因变量平均值之间的差异。

$$F = \frac{MS_{bet}}{MS_w} \tag{13-2}$$

式（13-2）中，MS_{bet}（组间均方）表示样本均数间的变异，MS_w（组内均方）则表示与试验因素无关的变异，即残差均方。

$$df_{bet} = k - 1 \tag{13-3}$$

式（13-3）中，df_{bet} 表示 MS_{bet}（组间均方）的自由度，k 表示组数。

$$df_w = N_t - k \tag{13-4}$$

式（13-4）中，df_w 表示 MS_w（组内均方）的自由度，N_t 表示样本总量，k 表示组数。

（5）判断显著性：对照显著性水平（一般选择 $\alpha = 0.05$），判断 F 统计量的值是否大于临界值，以确定各水平下因变量平均值是否存在显著差异。

（6）结果解释：根据分析结果，解释自变量对因变量的影响，并提出研究结论。

（二）研究案例：过程－结果写作教学法的比较

1. 研究简介

案例来自刘琼（2014）《成果过程教学法在对外汉语中级写作中的应用》。

摘要： 本文首先对中山大学国际汉语学院中级一班所使用的写作教材《新汉语写作教程》中范文的选择提出疑问，该教材是在成果教学法指导下进行编排的。进而考察了依托过程教学法编撰的教材《体验汉语写作》，根据以往研究和教学实践表明，过程教学法的效率似乎不高。因此，笔者在两种主流写作教学法之间，取长补短，以成果过程教学法为指导设计了一个写作单元的教案，并参考 *Ready To Learn* 的第七章"Writing About Places"进行编写；并在中山大学国际汉语学院三个班（中级1A班、中级2B班、中级1B班）分别采取成果教学法、过程教学法、成果过程教学法进行4课时的教学实验，以检测三种教学法的教学效果。在实验前、后都对三个班进行了教学前和教学后两次命题写作测试，对评分标准和作文测试数据用 SPSS 软件进行分析。笔者在实验后进行了问卷调查，主要了解学生学习汉语的基本情况、对写作的认识和看法、对写作课的态度、对教学实施中各环节是否满意。研究数据表明，三种教学法中，成果过程教学法的教学效果显著高于另外两种教学法。因此，笔者认为，成果过程教学法是改善对外汉语中级写作教学和中级班学生写作能力的有效方法。

2. 课堂 SPSS 软件操作练习

（1）三个抽样班级在教学前的写作水平。

SPSS 软件的操作提示为：Analyze/Compare Mean/One-way ANOVA。

研究者对三个班级在教学前的写作水平做了评估，分别从内容、语言、语篇三个方面进行评定，用三方面的总分表示初始的写作水平。各个班级的写作分数的平均分和标准差填入表 13－1。为了检验所抽样的三个班级在未接受写作教学干预之前的写作水平差异，研究者采用单因素方差分析对三个班级的写作前测成绩的差异进行显著性检验。以 0.05 为显著性水平，检验结果显示三个班级之间_____（存在 vs. 不存在）显著差异，F（___，___）= _____，$p =$ _____。

表 13 – 1　三个班级在教学前的写作水平的描述性统计结果

班级	内容前测		语言前测		语篇前测		写作总分前测	
班级 1	_____	（　　）	_____	（　　）	_____	（　　）	_____	（　　）
班级 2	_____	（　　）	_____	（　　）	_____	（　　）	_____	（　　）
班级 3	_____	（　　）	_____	（　　）	_____	（　　）	_____	（　　）

注：_____上填写平均值，（　　）内为标准差。

（2）教学法对写作训练效果的影响。

SPSS 软件的操作提示为：Analyze/Compare Mean/One-way ANOVA（单因素被试间设计——单因素方差分析）。

三个班级完成教学实施后，写作水平的平均分和标准差见表 13 – 2。为了检验写作课教学效果，我们将每个同学的写作成绩后测分数减去前测分数作为效果的指标，采用方差分析的方法检验写作教学效果在三种教学法（即三个班级）之间的差异是否存在显著性。结果显示_____。

表 13 – 2　三个班级在教学实施后的写作水平的描述性统计结果

班级	内容后测		语言后测		语篇后测		写作总分后测	
班级 1	_____	（　　）	_____	（　　）	_____	（　　）	_____	（　　）
班级 2	_____	（　　）	_____	（　　）	_____	（　　）	_____	（　　）
班级 3	_____	（　　）	_____	（　　）	_____	（　　）	_____	（　　）

注：_____上填写平均值，（　　）内为标准差。

为了解具体的班级差异，我们在方差分析的基础上做进一步的事后分析，结果显示_____。

（三）ANOVA 结果解读——变异数分析摘要表

检验结果与推断：单因素方差分析检验结果显示_____，
F（____，____）=_____，p _____。

> 注意：F 检验有两个自由度（见表 13 – 3），第一行是分子对应的自由度，第二行是分母对应的自由度。当 $p < 0.05$ 达到显著，说明 k 组当中至少有一个组和其他组有明显的区别，也可能 k 个组之间都存在显著的差别。

表 13 – 3　方差分析结果

前测总分

项目	平方和	df	均方	F	显著性
组间	2 482.057	2	1 241.028	5.161	0.010
组内	9 618.350	40	240.459		
总数	12 100.407	42			

拒绝 H_0 后，我们要继续回答到底是 k 组之间有差别还是某一组与其他组有差别。点击"post hoc"按钮，进行事后分析。

从表 13 – 4 可知，1 班和 3 班之间存在显著差异，$p = 0.022$；2 班和 3 班之间存在显著差异，$p = 0.005$；1 班和 2 班之间不存在显著差异，$p = 0.391$。

表 13 – 4　方差分析后事后多重比较的结果

因变量：前测总分

LSD

班级（I）	班级（J）	平均值差值（I – J）	标准误差	显著性	95% 置信区间 下限	95% 置信区间 上限
1	2	– 5.425	6.251	0.391	– 18.059	7.209
1	3	12.875 ∗	5.401	0.022	1.959	23.791
2	1	5.425	6.251	0.391	– 7.209	18.059
2	3	18.300 ∗	6.180	0.005	5.810	30.790
3	1	– 12.875	5.401	0.022	– 23.791	1.959
3	2	– 18.300 ∗	6.180	0.005	– 30.790	– 5.810

老师，那如何在实验中排除各班汉语水平这一影响因素呢？

此时有两种处理方法：第一种，不用后测总分作为因变量，而使用后测减前测的差异值作为因变量；第二种，依旧用后测总分作为因变量，而将前测分数作为协变量通过统计软件进行控制。本章标题四将对第二种处理方法做介绍。

三、重复测量方差分析

（一）重复测量方差分析的检验逻辑

在科学研究中，我们常常需要对同一实验对象进行多次测量，以探究不同条件对实验结果的影响。在这种情况下，重复测量方差分析（repeated measure ANOVA）作为一种统计分析方法，可以帮助研究者准确地分析这些数据，揭示不同条件之间的真实差异。它是在方差分析的基础上，对同一实验对象在不同条件下的测量结果进行比较。重复测量方差分析广泛应用于教育、医学、心理学、生物学等领域。

与单一测量数据的方差分析相比，重复测量方差分析可以更好地控制个体差异，更准确地评估不同条件对实验结果的影响。分析步骤与方差分析类似，将方差分解为三个部分：

重复测量方差分析：

$$SS_{\text{total}} = SS_{\text{RM}} + SS_{\text{sub}} + SS_{\text{inter}} \qquad (13-5)$$

式（13-5）中，SS_{total} 表示总方差，SS_{RM} 表示重复条件的方差，SS_{sub} 表示组内方差，SS_{inter} 表示交互条件的方差。

所建构的统计量指标为：

$$F = \frac{MS_{\text{RM}}}{MS_{\text{inter}}} \qquad (13-6)$$

式（13-6）中，MS_{RM} 表示重复条件的均方，MS_{inter} 表示交互条件的均方。

（二）重复测量方差分析的 SPSS 操作与解读

练习1：依然以刘琼（2014）的研究为例，内容、语言、语篇的训练效应之间是否存在差异？训练效应是否因教学法的不同而不同？

SPSS 软件的操作提示为：Analysis/GLM/Repeated Measures。

检验结果与推断：单因素重复测量方差分析检验结果显示，_____ 的主效应（不）显著，F（____，____）= _____，p = _____。

练习2：写作的三个侧面的训练效果是否存在差异。

SPSS 软件的操作提示为：Analysis/GLM/Repeated Measures。

依据写作评分，我们在前测与后测中分别对写作的内容、语言、语篇进行评分。研究者分别用写作的内容、语言、语篇的后测分数减去前测分数作为三个侧面的写作训练效果的指标。由于三个侧面的提高分数均来自同一位学生，属于被试内因素，因此研究者选用重复测量方差分析检验三个侧面的训练效果差异。结果显示不同侧面之间＿＿＿＿，F（＿＿＿，＿＿＿）＝＿＿＿，p ＝ ＿＿＿＿，表明＿＿＿＿＿＿＿＿＿＿＿＿＿＿＿＿＿＿＿＿＿＿。

> 　　交互效应指某一自变量所带来的效应因另一个自变量的水平的不同而不同，也就是本例中的前测与后测间的差异，因评分维度的不同而不同，或者写作评分维度之间的差异因时间的不同而不同。

四、协变量方差分析

（一）协变量方差分析的检验逻辑

在现实的数据分析中，研究者常常遇到复杂的研究问题，需要对多个变量之间的关系进行探讨。在这种情况下，协变量方差分析作为一种有效的数据处理方法，可以帮助研究者更好地理解变量之间的相互作用和影响。

协变量方差分析（covariance analysis）是一种统计方法，主要用于研究多个自变量（包括连续变量和离散变量）对一个因变量（连续数据）的影响。在研究中，连续变量被作为协变量加以"控制"，以排除非处理因素的影响，从而更准确地获得处理因素对因变量的影响。协变量方差分析的基本原理与单因素方差分析类似，但前者涉及的变量更多，分析过程更为复杂。协变量方差分析的关键在于满足平行性检验的条件，即自变量与协变量之间不存在交互作用。此外，协变量方差分析还要求各样本之间相互独立，满足正态分布和方差齐性。

（二）研究案例

案例来源：《视频字幕类型对中高级学习者听力理解和口头输出的影响》（宋雨恬，2022）。

研究背景：播放视频字幕是二语课堂中常用的一种视听多模态输入形式，可以帮助学习者对输入信息进行视听双通道的有效加工。本文以新闻类汉语原声视频为实验材料，设计三种版本的视频字幕（汉语字幕、英语字幕和无字幕），分别让三组母语为英语的汉语二语学习者观看视频两次并完成听力理解测试题和口头输出任务，以此考察视频字幕类型对汉语二语学习者听力理解和口头输出的影响。

由于受实验设计等因素的限制，宋雨恬（2022）的三组学习者的汉语水平有一定差异，该研究借助统计技术来消除汉语水平对实验效果的影响。

为检验汉字认读成绩是否与后续测试成绩相关，宋雨恬等（2023）采用相关分析计算汉字认读成绩与各项指标间的相关系数。结果显示，汉字认读成绩与口头输出主观评分的"听感"指标（$r = 0.340$，$p = 0.066$）、客观评分的流利度指标（$r = 0.389$，$p = 0.034$）、语音准确度（$r = 0.324$，$p = 0.080$）三者之间达到边缘相关或显著相关。因此，后文组间差异分析将汉字认读测试成绩作为协变量，以控制汉字认读水平对实验的干扰。

在分析新闻视频字幕类型对听力理解成绩的影响时，描述性统计结果显示三组的听力理解平均分为 $23.7 \sim 26.0$。得分情况为：英语字幕组 > 无字幕组 > 汉语字幕组。为检验组间差异是否达到统计上的显著性，文章以汉字认读成绩为协变量进行单因素方差分析，结果显示各组差异不显著，F（2，26）$= 1.008$，$p = 0.379$。

SPSS 软件的操作提示为：Analyze（分析）/General Linear Model（一般线性模型）/Univariate（单变量）。然后进入变量界定的界面，分别选择"Dependent Variable"（因变量，即听力理解成绩）、"Fixed Factor"（固定因子，即字幕组）、"Covariate"（协变量，即汉字认读成绩），点击"确定"。

五、本章阅读书目与文献

［1］刘琼. 成果过程教学法在对外汉语中级写作中的应用［D］. 广州：中山大学，2014.

［2］宋雨恬. 视频字幕类型对中高级学习者听力理解和口头输出的影响［D］. 广州：中山大学，2022.

第十四章
数据分析（4）：回归模型与中介效应

一、导读

> 老师，如果研究中的自变量不止一个怎么办呢？

> 这是研究中常遇到的现象，可以使用本章即将要学习的回归分析法来进行研究。

二、回归分析

（一）回归分析的优势

回归分析法（regression analysis）是利用数理统计方法建立因变量与自变量之间的回归关系函数表达式（称回归方程式或回归模型）。这种方法在社会科学、自然科学等领域具有广泛的应用，为研究者提供了一种评估和预测的重要手段。

分层回归（hierarchical regression）是其中一种回归分析法。它通过比较多个回归模型对因变量变异量的解释程度，评估预测变量对结果的影响。在这一过程中，研究者可以逐步引入新的预测变量，构建更为复杂的模型，从而提高预测准确性。第一个模型通常不包含任何预测变量，而第二个模型则在第一个模型的基础上增加一个预测变量。如果新增的预测变量能够解释额外的变异，那么第二个模型就优于第一个模型。通过不断迭代，研究者可以找到最佳模型，从而确保回归分析的准确性和有效性。

在实际应用中，分层回归分析可以帮助研究者解决一系列问题。例如，在教育研究中，研究者希望了解学生成绩的影响因素，可以采用分层回归方法。先构建一个不包含任何预测变量的模型，然后逐步添加学生性别、家庭背景、学习时间等变量，观察每个模型对成绩变异的解释程度。最后，通过比较不同模型的拟合效果，研究者可以找到最合适的预测变量，并为教育政策制定提供依据。

（二）回归分析在汉语测试中的应用

由于回归分析可以通过比较不同模型的拟合效果，为研究者找到最合适的预测变量，因此可被应用于教学测试中。例如，在《汉字认读在汉语二语者入学分班测试中的应用——建构简易汉语能力鉴别指标的实证研究》（伍秋萍、洪炜、邓淑兰，2017）研究中，作者建构了 6 项分班指标，以学生入学分级水平、九周后的期中成绩（研究一）和 HSK 成绩（研究二）为效标，通过回归模型筛选出可以鉴别学生汉语能力的简易指标，以便对汉语二语入学分班测试流程进行简化和规范化。测试结果显示，听力、阅读、书写分别是有效预测初级、中级、高级阶段学生汉语能力的重要指标；一分钟汉字认读测试可应用于口试环节，协助考官初步诊断学生汉语水平，并推荐学生参加相应级别的笔试。新分班流程不仅节约了测试时间成本，也在一定程度上提高了入学分班测试的准确性。

三、回归模型中的中介效应分析

老师，我们在阅读文献时发现有学者采用回归模型检验中介效应，如何理解这个"中介"的概念？

以租房为例，租客有两种方式找到合适的房子：第一种是租客（X）自己直接找到合适的房子（Y），第二种是租客（X）通过中介公司（M）找到合适的房子（Y）。

（一）中介效应（mediation effect）的概念[①]

　　中介效应分析作为量化研究中的一种统计方法，可揭示变量间的作用机制，被广泛应用于社会科学领域。如果自变量 X 通过某一变量 M 对因变量 Y 产生影响，则称 M 为 X 和 Y 的中介变量。如图 14-1 所示，在没有引入中介变量 M 前，自变量 X 与因变量 Y 的关系如图中第一个方程（γ 和 e 分别为截距项和误差项）；随着中介变量 M 的加入，X 和 Y 的关系包含两条路径，一条是 X 直接作用于 Y，另一条是 X 通过 M 作用于 Y，其中 a、b、c、c′代表各自的路径系数。例如，二语者的学习动机（X）通过影响学习策略（M）而进一步影响自主学习行为（Y）（王利娜、吴勇毅，2017）。这里的学习策略就是学习动机与自主学习行为关系中的中介变量。

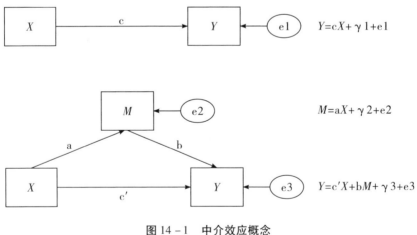

图 14-1　中介效应概念

---

　　① 本节内容已发表，详见伍秋萍、吕宁、陈胤泽《中介效应分析在二语习得研究中的应用及方法评述》，载《语言文字应用》2023 年第 3 期。

老师，那我们什么时候需要用中介模型呢？

　　传统的用来研究变量间关系的方法——回归分析（regression analysis），例如，一元线性回归方程 $Y = a \times X + b$，它主要解决两个问题：第一，确定变量之间是否存在相关关系，若存在，则找出数学表达式；第二，根据一个或几个变量的值，预测或控制另一个或几个变量的值，且要估计这种控制或预测可以达到的精确度。

　　这种方法的不足之处在于：第一，回归模型更像是显示了两个变量的统计关联度，而非因果关系；第二，如果输入变量太多，而且几个自变量高度相关，将导致模型预测能力降低。

　　当多个自变量不再是并列关系，而某个变量可能既能被自变量（X）预测，也能预测因变量（Y），那么我们就需要重新梳理变量之间的关系。此时，这个特殊的变量就是中介变量。

（二）中介效应与易混淆概念

　　对于二语习得领域的研究者来说，使用中介效应分析前需要厘清几组概念：中介变量、调节变量和协变量；中介效应和间接效应；中介效应和遮掩效应。

　　首先，中介变量、调节变量和协变量的区分。中介效应是指自变量 X 通过某一变量 M 对因变量 Y 产生一定影响，因此中介变量要求和自变量或者因变量的相关要显著（温忠麟 等，2004）。调节变量用来解释自变量在何种情况下影响因变量。因此引入调节变量的最佳时机是自变量和因变量的关系时有时无、时强时弱。为了更好解释交互效应，调节变量最好与自变量和因变量均无关（Baron & Kenny，1986；温忠麟、侯杰泰、张雷，2005；卢谢峰、韩立敏，2007）。协变量是指对因变量会产生影响但需要得到控制的变量，属于控制变量的一种。一般来说，协变量对因变量有显著相关，和自变量无关。数据类型上，中介变量和协变量一般是连续变量，而调节变量可以为类别变量和连续变量。

注意中介效应和调节效应的不同。调节效应指如果变量 Y 与变量 X 的关系是变量 M 的函数，则称 M 为调节变量。就是说，Y 与 X 的关系受到第三个变量 M 的影响，调节变量可以是定性的（如性别、种族、学校类型等），也可以是定量的（如年龄、受教育年限、刺激次数等），它影响因变量和自变量之间关系的方向（正或负）和强弱。

其次，中介效应和间接效应。一般来说，当涉及的中介变量只有一个的时候，中介效应等价于间接效应。当研究涉及多个中介变量，或中介变量属于不同层级的时候，间接效应可以指某一变量的单独效应，也可以指所有中介变量的总间接效应，因此在论述时应当谨慎区别这一组概念（温忠麟、叶宝娟，2014）。

最后，中介效应和遮掩效应。中介效应关心的是自变量 X 如何影响因变量 Y，而遮掩效应与之相对。我们预期自变量 X 对因变量 Y 应当有影响，但是实际操作中发现 X 对 Y 的影响系数不显著，这时我们应当讨论遮掩效应。也就是说，在 X 不影响 Y 的情况下，变量 M 起到了什么作用（温忠麟、刘红云，2020）。

（三）中介效应的分析方法及常见模型

一般来说，中介效应分析的变量都是连续变量。当自变量是类别变量的时候，也可以通过构建虚拟变量（dummy coding）将类别变量转化为数值变量，然后进行中介效应分析。但是当因变量或中介变量是类别变量时，应该使用 Logistic 回归取代线性回归（温忠麟、叶宝娟，2014；方杰、温忠麟、张敏强，2017）。当变量同时包括潜变量和显变量的时候，建议使用结构方程模型的路径分析检验中介效应（王阳 等，2022）。值得注意的是，过往检验中介效应的数据多为横断数据。除了横断数据，历时的纵向研究也可以利用中介效应进行检验，具体检验思路详见温忠麟（2017）以及方杰、温忠麟、邱皓政（2021）的研究成果。

中介效应的检验方法较多，按照检验思路有以下常见的两类：一种是逐步检验法，需要检验全部的 c、a、b 以及 c′ 的显著性；另外一种是通过系数关系确认中介效应的存在与否，分为系数乘积法和系数差异法。通过检验 c 和 c′差异的系数差异法因为较高的 I 类错误率①而逐渐被淘汰，使用较多的是系数乘积法（温忠麟 等，2022）。本节重点介绍逐步检验法以及系数乘积检验法的思路，并总结目前统计学界对这些方法的评价。

逐步检验法也称因果步骤法，最早由 Baron 和 Kenny（1986）提出，是目前使用最为广泛的中介效应分析方法（温忠麟 等，2004；温忠麟、叶宝娟，2014；温忠麟 等，2022）。该检验法分为三步：第一步，检验 X 对 Y 的总效应 c；第二步，依次检验回归系数 a 和 b 的显著性；第三步，检验 c′的显著性。如果总效应 c 不显著，不继续后续操作，中介效应分析结束。如果 a 和 b 同时显著，则表示中介效应显著。然后再根据 c′的显著性判断是完全中介还是部分中介。尽管这种方法思路清晰且容易理解，但是面临一些质疑，如逐步检验法要求 X 对 Y 的总效应 c 显著，如果不显著则停止中介检验。若存在上文论述的遮掩效应，则限制了研究者对于中介变量的研究（温忠麟、刘红云，2020；温忠麟 等，2022）。需要指出的是，逐步检验法在学界并没有被淘汰，改良后的逐步检验法详见温忠麟、叶宝娟（2014）的论述。

系数乘积法是指计算 ab 乘积的显著性，既可以通过分别计算 a 和 b 的显著性来间接确认 ab 乘积的显著性，也可以直接检验 ab 乘积的显著性。前者是一种间接检验法，也叫依次检验法，即依次检验回归系数 a 和 b 的显著性，同逐步检验法中的第二步。依次检验法的不足主要有两点：一是检验力较低，二是没有给出 ab 的置信区间（温忠麟 等，2022）。直接检验系数乘积指的是直接计算中介效应值 ab，常见的直接检验法包括 Sobel 检验、Bootstrap 检验、贝叶斯法以及乘积分布法。在这里我们主要介绍前两种。其中，Sobel 检验虽然可以直接检验 ab 的显著性，但是要求 ab 乘积呈正态分布，然而即使 a 和 b 分别服从正态分布，其乘积也可能是偏态的，因此往往使用受限（方杰、张敏强、邱皓政，2012）。Bootstrap 法是一种重复抽样的方法，分参数和非参数两种方法。其中，非参数 Bootstrap 法的基本原理是把研究样本作为总体，通过反复有放回的抽样且每个个体被抽取的概率相同，进而构建足够多的 Boot-

① 假设检验是反证法的思想，依据样本统计量作出的统计推断，其推断结论有时可能有错误。这错误分为两类：第一类错误（I 类错误率）——原假设是正确的，却拒绝了原假设；第二类错误（Ⅱ类错误率）——原假设是错误的，却没有拒绝原假设。

strap 样本，依据每个样本计算系数乘积 ab 的估计值，把 ab 排列后构成一个分布，以这个分布来估计乘积 ab 所在的区间，如果区间不包含 0，则中介效应显著。Bootstrap 法对乘积分布没有要求，但需要反复抽取样本，目前 SPSS 和 AMOS 等软件已经可以自动执行这一过程，因此使用 Bootstrap 检验中介效应被广为推荐。需要注意的是，SPSS 软件仅可以处理显变量的中介效应分析，如果研究涉及潜变量的中介效应分析，研究者可以借助结构方程模型来实现。

（四）常见的中介模型

中介模型一般分为简单中介效应模型和复杂中介模型。简单中介模型只涉及一个中介变量的模型，而复杂中介模型涉及多个中介变量或中介变量位于不同层级。例如，研究多个中介变量的多重中介效应（multiple meditation models）（柳士顺、凌文辁，2009；温忠麟、叶宝娟，2014）和研究多层数据变量相互影响的多层中介效应（方杰、张敏强、邱皓政，2010）。复杂中介模型的提出为研究提供了新的范式，完善了简单中介效应模型在变量数量和类型层面的不足。在二语习得研究中，简单中介模型是较为常见的模型，但随着研究的深入，二语研究也可以依据研究需要将简单中介模型拓展为复杂中介模型，以揭示更深层次的二语习得机制。

四、中介效应分析在二语教学研究的应用

（一）中介效应分析在英语二语习得领域的应用

回顾近十年相关文献，我们发现，中介效应在英语二语习得领域的应用主要集中探讨学习者心理因素（如学习策略、学习动机等）和语言因素（如元语言意识）对英语整体习得效果（如：余卫华、邵凯祺、项易珍，2015；杨丽恒、张珊；2017；Ma，Du & Liu，2018；Teng，2020）及各项语言技能（如：Zhang & Koda，2012；陈天序、李晓萌，2022）的影响机制。关于心理因素，中介变量多涉及学习者的动机、情绪等内容。语言因素方面，如 Zhang、Koda（2012）以及陈天序、李晓萌（2022）发现，国内英语二语学习者的语素意识可以通过词汇、语音解码以及听力理解的中介作用间接影响阅读理解。

（二）中介效应分析在汉语二语习得领域的应用

相较于英语二语习得领域，中介效应在汉语二语习得方面的应用研究起步晚、总量少。我们通过"中介效应 * 汉语"和"Mediation Effect * Chinese as a second ∕ foreign language"的关键词组合分别在知网和 Web of Science 中搜索近 10 年的相关研究，但仅检索到 2020—2022 年期间发表的文章，表 14 – 1 列举了相应研究主题的研究实例。

表 14 – 1　汉语二语习得领域（2020—2022 年）关于中介效应分析的研究实例

相关文献	研究主题	中介效应路径	分析软件
冯浩、吴江（2021）	口语产出	汉语水平→工作记忆容量→图片命名反应时；汉语水平→语速→图片命名反应时	R 语言的 blavaan 包
郝美玲、刘友谊、周思浓（2022）	汉字书写	部件工作记忆→延迟抄写→汉字听写真假字判断/部件检索→延迟抄写→汉字听写	AMOS
郝美玲、赵春阳（2022）	汉字阅读	拼音知识→语音意识→汉字阅读	SPSS Process
李丽生、马明珠（2021）	学习动机	学习经验→国际姿态→努力程度；理想自我→国际姿态→努力程度	AMOS 23.0
王晶、武和平、刘显翠（2021）	汉语认同	汉语认知→汉语情感→汉语行为	AMOS 22.0
Ke 和 Koda（2021）	语言迁移	英语词素意识→汉语词素意识→汉语词语阅读	SPSS Process
Sun 和 Teng（2021）	外语焦虑	社会文化态度→交际意愿→话语焦虑	AMOS 24.0
Xiao、Xu 和 Rusamy（2020）	阅读理解	拼音听写→听力理解、词汇知识深度→阅读理解；汉字注音→词汇知识深度→阅读理解	Mplus 8.3

续表 14 – 1

相关文献	研究主题	中介效应路径	分析软件
Zhang 等（2021）	阅读理解	语素意识→词义推测→阅读理解	SEM，具体软件未提及
Zhang 和 Koda（2021）	阅读理解	汉语口语词汇→书面词汇、语素意识→高阶阅读技能（词义推测、阅读理解）	SEM，具体软件未提及

从研究主题来看，研究者关注的多是汉字学习以及阅读理解的作用机制。在汉字学习方面，研究者尝试从元语言意识层面以及汉语特点探讨汉字的阅读、书写等方面的影响因素及机制（郝美玲、赵春阳，2022；郝美玲、刘友谊、周思浓，2022）。在阅读理解方面，研究者分别从元语言意识（Zhang et al.，2021）、拼音（Xiao，Xu & Rusamy，2020）以及词汇（Zhang & Koda，2021）等多个层面探讨阅读理解的影响因素以及作用路径。关于其他语言技能，仅冯浩、吴江（2021）探讨了影响汉语二语口语的影响因素，听力、口语等的影响机制还有待探究。Ke 和 Koda（2021）利用中介效应分析验证了语言迁移的可能性，这对于利用学习者已有的母语知识促进其二语学习具有重要的启发意义。除语言技能外，研究者充分借鉴英语二语习得经验，探索学习者学习动机（李丽生、马明珠，2021）和情感因素（Sun & Teng，2021）对汉语二语习得的影响，还有研究者将中介效应分析用于探索华裔学习者的汉语认同形成机制（王晶、武和平、刘显翠，2021）。

此外，中介效应在国内汉语母语儿童以及少数民族汉语学习研究中也有应用，如伍新春研究团队利用中介效应分析的方法逐步揭示影响汉语母语儿童阅读理解的因素以及作用路径（赵英、伍新春、陈红君，2019）；也有研究者从文化认同（王艳，2015）、学生个体差异（邱静远 等，2020）以及家庭环境（方建华、李月琦，2018）等角度出发，探讨提高国内少数民族学生汉语成绩以及学业成就的路径。实际上，汉语二语习得与国内汉语母语儿童习得以及少数民族学生学习汉语存在一定的相似性，未来利用中介效应分析进行汉语二语习得研究也可以进一步参考以上两个方面的最新成果。

五、案例及方法演示

接下来，本书基于汉语二语习得领域常见的问卷调查和教学实验，同时演示利用目前使用较多的 SPSS 软件的 Process 插件、AMOS 和 Mplus 软件完成 Bootstrap 检验中介效应。

（一）问卷调查案例：以学习满意度为中介变量

1．案例来源

选取《后疫情时代高校国际学历生心理课程探析：以中山大学为例》（江莹莹，2022）为例进行研究。

2．调查简介

文化认同会影响留学生的心理状况，如自我肯定、忧郁、焦虑等（郑雪 & Sang，2003）。那么文化认同是如何影响留学生心理状况的呢？尤其是线上教学已成为面向国际学历生的一种教学形态，这种逐渐常态化的教学形式无疑会对国际学历生的学习和心理健康状况产生一定影响，那么，课程建设能否成为改善留学生心理健康状况的可能途径？研究以中山大学国际学历生为调查对象，采用问卷调查的方式，收集到 92 份有效问卷，题目涉及文化认同、学习满意度以及心理状况（此处仅考虑自我肯定维度）等内容，尝试分析文化认同对留学生心理状况的影响，以及其中学习满意度是否是可能的中介变量，以期验证改善国际生心理状况的核心因子并找寻改善国际学历生现状的新的突破点。

3．调查的描述统计及相关分析

问卷采用李克特量表，按六个等级评分，三个核心变量的描述性统计以及变量间相关关系见表 14 - 2。结果表明，被试总体心理健康水平较高，对中国文化认同程度较高，对学习经历的满意程度较高。自我肯定维度得分与文化认同和学习满意度得分均呈正相关。

表 14 - 2　三个维度得分以及变量间相关矩阵

变量	平均分	标准差	文化认同	学习满意度	自我肯定
文化认同	4.52	0.77	—	—	—
学习满意度	3.57	0.46	0.51 ＊＊	—	—
自我肯定	4.13	1.06	0.42 ＊＊	0.49 ＊＊	—

注：＊＊表示 $p < 0.01$。

4. 调查案例中介分析过程与结果

在上述相关分析的基础上，研究者尝试构建以文化认同为自变量、学习满意度为中介变量、自我肯定为因变量的简单中介模型，变量均为连续变量。

在此，采用 SPSS 软件的 Process v3.3 插件进行中介分析（Bootstrap 检验）。我们将变量进行了标准化处理，结果如表 14－3 和图 14－2 所示。撰写论文时需要汇报标准误、置信区间、效应值及效应路径等内容。结果表明，文化认同通过学习满意度到留学生自我肯定的中介效应显著（95% CI = [0.08，0.33]），中介效应占总效应的47%。

表 14－3　学习满意度的 Process 中介检验分析

项目	效应值	*BootSE*	95% *CI* 下限	95% *CI* 上限	相对效应值
总效应	0.42	0.1	0.23	0.61	
直接效应	0.22	0.11	0.01	0.46	0.53
中介效应	0.19	0.06	0.08	0.33	0.47

注：CI（confidence interval）为置信区间，*BootSE* 为标准误，相对效应指效应量占总效应的比例。

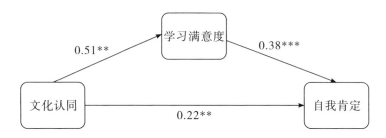

图 14－2　SPSS 软件中文化认同、学习满意度、自我肯定的路径分析

注：＊＊表示 $p<0.01$，＊＊＊表示 $p<0.001$。

我们也可以采用 AMOS 和 Mplus 软件完成 Bootstrap 检验，相关代码参见刘红云（2019）的论述。结果显示，中介效应的偏差校正（bias-corrected）的置信区间为 [0.09，0.33]，同样表明中介效应成立。路径系数以及中介效应大小在不同的软件中汇报的结果相同，详见伍秋萍、吕宁、陈胤泽（2023）论文中的对比。

过往的问卷调查研究多采用描述性统计分析核心变量的分布情况，汇报均值、标准差、变量间相关系数等基本信息。由于中介效应模型的引入，该研究建构了个体文化探索行为和学习满意度对自我积极肯定的影响路径，对学界认识文化探索的心理内涵具有理论和应用价值。

（二）教学实验案例：以语素意识为中介变量

1. 案例来源

选取《语素法如何促进儿童汉语二语词汇习得？语素意识的中介效应检验》（刘越，2020）为例进行研究。

2. 实验研究案例简介

教学法的选择会对语言习得产生影响。例如，语素教学法相较于语境教学法更关注学生的语素意识，而语素意识和词汇习得联系紧密（赵英 等，2016；赵玮，2017）。那么教学法是否会通过影响语素意识，进一步影响词汇习得？研究选取英国莱斯特郡 Little Bowden 小学六年级的两个班级学生为教学实验对象，每班约 30 人，其中一个班级用语素法进行汉语教学，另一个班级则用语境法进行汉语教学。两个班级学生的年龄、汉语水平等平均匹配。教学实验共进行两学期，分别在教学实验开展前和教学后进行语素意识（包含语素产生与语素辨别两项任务）与词汇能力（包含汉字组词和词语推测两项任务）的测试。本案例以教学法为自变量，语素意识和词汇能力在教学前、后的成绩变化为中介变量和因变量，通过构建中介模型探讨教学法是否能通过改变语素意识来提升学生的词汇能力。

3. 两种教学法的教学效果对比

经过两学期的汉语教学后，儿童的语素意识以及词汇能力测试成绩均有提高。具体教学效果（教学前、后的成绩差）的描述性统计结果以及两种教学法的教学效果差异见表 14 - 4。

对两种教学法的教学效果分别进行独立样本 t 检验，结果（见表 14 - 4）显示，在词义推测的测试中，两种教学法的教学效果差异显著（$t = 2.26$，$p = 0.03$），采用语素法教学班级的儿童在学期结束后词义猜测成绩的提高更明显。

表14－4 两种教学法的教学效果的描述性统计及独立样本 t 检验结果

因变量	语素法		语境法		t 检验	
	平均分	标准差	平均分	标准差	t	p
语素产生	0.2	0.12	0.18	0.13	0.62	0.54
语素辨别	0.23	0.21	0.25	0.16	−0.3	0.77
汉字组词	0.27	0.1	0.24	0.08	1.24	0.22
词义推测	0.81	0.16	0.7	0.2	2.26	0.03

4. 实验研究案例中介效应分析过程与结果

在词义推测方面，研究者发现语素法优于语境法，那么语素法优于语境法的原因是否是语素法促进了儿童语素意识的发展进而影响其词义推测能力？因此，研究者尝试构建以教学法为自变量、语素意识为中介变量、词义推测为因变量的简单中介模型。

同样使用 SPSS 软件的 Process 插件完成 Bootstrap 检验。由于 SPSS 软件无法处理涉及潜变量的模型，因此在这里分别建立语素辨别和语素产生的中介模型。注意，这里的自变量为类别变量，在进行中介分析之前，需要将两类教学法进行重新编码，将语素法定义为"1"，语境法定义为"0"，其他操作同前述"（一）问卷调查案例：以学习满意度为中介变量"。检验结果显示，语素辨别和语素产生的中介效应的置信区间分别为［−0.13，1.10］和［−0.11，0.11］。置信区间均包括0，表明中介效应不显著，即本案例中，教学法无法通过语素意识影响词义推测。

在本案例中，语素意识并非直接测量，而是由语素辨别和语素产生合成，可以视为潜变量（latent variable）。因此，我们试图通过 AMOS 和 Mplus 软件建立结构方程模型检验教学法→语素意识→词义推测中介效应路径。需要注意的是，AMOS 软件 24.0 版本中某一潜变量对应的观测变量个数至少为3个，模型方可识别，而本案例中语素意识仅两个观测变量。在这里，研究者仅通过 Mplus 软件 8.3 版本演示，操作代码同样可参考刘红云（2019）的研究。结果显示，Mplus 软件中，中介效应的偏差校正（bias-corrected）的置信区间为［−0.32，0.30］。这同样说明本案例中，尽管实施语素法的班级词义推测成绩更好，但并不能说明语素意识是其中的中介变量。

教学实验是二语习得领域重要的研究手段。过往研究聚焦各类教学法对二语习得的影响，很少关注教学法促学效应的机制，无法回答更优的教学法究竟"优"在何处。未来研究者可以利用中介效应分析进一步验证不同教学法的促学机制。需要指出的是，除被试间实验设计外，被试内实验设计也是教学实验的重要类型。涉及被试内的教学实验如果需要中介效应分析其中可能的作用路径时，可参考王阳、温忠麟（2018）的研究。

六、本章阅读书目与文献

[1] 方杰，张敏强，邱皓政. 中介效应的检验方法和效果量测量：回顾与展望［J］. 心理发展与教育，2012（1）.

[2] 郝美玲，刘友谊，周思浓. 正字法意识和部件工作记忆对初学者汉字书写的作用［J］. 语言文字应用，2022（1）.

[3] 郝美玲，赵春阳. 拼音知识在初级汉语水平学习者汉字阅读和生字学习中的作用［J］. 世界汉语教学，2022（1）.

[4] 刘红云. 高级心理统计［M］. 北京：中国人民大学出版社，2019.

[5] 刘越. 语素法如何促进儿童汉语二语词汇习得？语素意识的中介效应检验［D］. 广州：中山大学，2020.

[6] 温忠麟，刘红云. 中介效应和调节效应：方法及应用［M］. 北京：教育科学出版社，2020.

[7] 温忠麟，叶宝娟. 中介效应分析：方法和模型发展［J］. 心理科学进展，2014（5）.

[8] 温忠麟，张雷，侯杰泰，等. 中介效应检验程序及其应用［J］. 心理学报，2004（5）.

第十五章
量化研究的汇报

一、导读

老师，量化研究的报告有固定的写作模板可以参照吗？

量化研究的报告包括调查报告和实验报告，是在以书面的形式对调查/实验得到的资料进行分析整理、筛选加工的基础上，记述和反映量化成果的一种文书，可以按固定的思路逐步呈现，但关键还是内容，它具有真实性、针对性、逻辑性、新颖性的特点。

二、凝练调查报告的标题

在撰写调查报告时，标题的选择与设计至关重要。一份优秀的调查报告标题应当简洁明了、突出主题、具有吸引力。在此基础上，调查报告的标题可以分为直叙式标题、表明观点式标题、提出问题式标题以及双标题四类。

（一）直叙式标题

直叙式标题直接概括了调查报告的主题或内容，让读者一目了然。例如，

《初级阶段外国留学生汉字学习策略的调查研究》《对欧美韩日学生阅读猜词策略的问卷调查研究》《菲律宾"吴奕辉兄弟基金会—中国奖学金项目（第二届）"调查报告》《移动终端汉语学习词典 App 及其使用现状的调查》。

（二）表明观点式标题

表明观点式标题在标题中表达了作者的观点或立场，有助于引导读者对报告内容产生兴趣。如《人工智能技术在我国语言文字事业中的推动作用》，在标题中既明确了报告的主题，也表达了对人工智能技术积极作用的肯定观点。还有一些实验研究也会采用这种方式，直接表明某个自变量对因变量的影响，如《语文分进的教学模式对汉字能力的影响》《两种教学法对汉语二语词汇学习的影响》。

（三）提出问题式标题

提出问题式标题通过提出一个问题，引发读者的思考，如《什么样的汉字学习策略最有效？对基础阶段留学生的一次调查研究》《语音记忆和视觉记忆在儿童汉语识字能力中同样重要吗？一个元分析综述》。

（四）双标题

双标题由正标题和副标题组成。正标题通常概括主题或问题，副标题则对调查对象及内容进行说明，对报告的研究范围进行限定。例如：《汉语语音意识与阅读关系的元分析——心理语言纹理假说的验证》《3～12 岁儿童对汉语声、韵、调的意识与早期阅读的关系：基于元分析的证据》。

总之，调查报告的标题种类丰富多样，但无论选择哪种类型的标题，都要注意简洁、明确、具有吸引力这三个要素。只有把握好这三个要素，才能使调查报告的标题具有较高的阅读价值，进一步促进读者对报告内容的关注和了解。在实际撰写过程中，可根据报告内容和目的，灵活选用不同类型的标题，以达到最佳的传播效果。

三、撰写报告摘要——迷你型小论文

摘要是全文的概括和精华，是全文的缩影，能够让读者快速了解研究的主要内容。因此，撰写摘要的重要性不言而喻。在撰写摘要时，需要遵循一定的结构和原则，以确保其清晰、简洁、易懂。这份浓缩的"迷你小论文"一般包括目的、对象、程序、结果、意义/建议。此外，在撰写摘要时，还需注意语言的表达。摘要应通俗易懂，避免使用生僻字和过于专业性、技术性的术语。这样，才能够确保读者在短时间内快速理解研究内容。

（一）课堂练习：修订论文摘要

阅读和讨论《移动终端汉语学习词典 App 及其使用现状的调查》（黎倩，2014）一文的摘要，说一说这份摘要哪些地方需要修订。

本文就几款评价最高、下载量最大的汉语学习词典 App 进行了静态和动态两个方面的调查与分析。静态分析发现：开发者为海外或中国香港，服务对象定位明确；查询快捷，功能可自主设置；释义语言符合学生需求；已引入付费权威词典来弥补免费词典的不足；Pleco、Trainchinese 免费版本的释义、例证较为丰富，但在可靠性、准确性等方面存在的不足，且缺乏语用、文化等信息。

本文从学生和教师两个视角，对汉语学习词典 App 的动态使用情况进行了问卷调查。在学生方面，引入其他类型词典对比，调查了留学生使用汉语学习词典 App 的基本情况。结果发现，汉语学习词典 App 使用覆盖率达87.64%，且使用频率高，学生对其他类型词典缺乏认知并希望得到教师的指导。在教师方面，调查了教师的词典认知、对学生词典使用指导等情况。结果发现，大部分教师对中高级学生适用的外向型单语汉语词典较为了解，对初级学生该如何选用词典尚不明确。

结合静态和动态两个方面的分析，本文尝试对词典 App 的使用和开发提出一些参考建议。

（二）课堂练习：从可读性视角对比原摘要和下方的摘要

基于移动终端的汉语学习词典 App 已成为外国人学汉语的重要工具。本文就两款评价最高、下载量最大的词典 App 进行了静态和动态两方面的调查与分析。结果发现：开发商均来自海外或中国香港，用户定位明确，面向汉语作为第二语言的学习者；查询快捷，突破了汉字系统带来的检索难点；体例和功能可自主设置，交互性强；释义语言符合学生需求；已引入付费权威词典；免费版释义和例证较为丰富，但在可靠性、准确性等方面存在不足，且缺乏语用、文化等信息。

为进一步了解汉语学习词典 App 的使用现状，我们在中山大学国际汉语学院分别抽样了 89 名留学生和 42 名教师进行问卷调查。在学生方面，调查结果显示：汉语学习词典 App 使用覆盖率达 87.64%，且使用频率高；学生对词典缺乏认知并希望得到教师的指导。在教师方面，调查结果显示：85.71% 的教师未对词典使用进行指导，对适用于中、高级学生的外向型单语词典较为了解，尚不明确初级学生该选用哪类词典。

结合静态和动态两方面的分析，本文尝试对词典 App 的使用和开发提出以下参考建议：在缺乏适用纸质词典的情况下，对初级阶段学生可推荐词典 App 作为辅助工具，进入中、高级阶段则应加以引导，避免学生过度使用词典 App。中国内地的对外汉语词典编纂者、辞书出版社应加强与海外或中国香港的词典 App 开发商的交流与合作。

作为全文的缩影，很多论文容易忽略对研究目的、方法、结果、建议的完整阐述，只简单汇报结果。甚至，有些论文摘要连结果都没有。实际上，国际上很多规范的学术会议都会要求提交近 1 000 字的摘要，要求精简和完整，让评审可以快速地判断你的研究的价值。当然，期刊论文摘要有字数限制，但也应保证完整性。

四、报告正文的结构与写作要点

调查报告是一种详细阐述研究过程和结果的文体，它旨在呈现对某一特定话题、问题或现象的深入分析和理解。一篇高质量的调查报告通常包括六个主要部分：引言、研究方法、研究结果、讨论、结论以及参考文献。以下分别对这六个部分进行详细说明。

（一）引言

引言部分是调查报告的开端，它旨在陈述报告的主题和目的，同时吸引读者的兴趣。在这一部分，作者需要简要介绍研究背景、研究问题和研究目的。此外，引言还应阐述研究的重要性和意义，指出研究的创新点和独特性。

（二）研究方法

研究方法部分详细描述调查过程中采用的方法和技术，包括数据收集、分析和解释的方法，以及研究设计、样本选择和实验操作等内容。研究方法部分应尽可能清晰、明确地阐述方法，以便读者能够理解并复现研究过程。一般来说，研究方法包括以下四个方面。

（1）研究对象。

（2）问卷设计/实验设计/测量工具。

（3）调查/实验程序（实施过程）。

（4）数据处理。

（三）研究结果

研究结果部分主要呈现调查过程中获得的数据和信息。作者需要以清晰、有条理的方式呈现研究结果，可以使用图表、数字和文字等形式。在这一部分，作者应提供足够的数据和信息，以便读者对研究结果有全面的了解。一般来说，研究结果包括以下三方面。

（1）量表信效度检验。

（2）核心变量（因变量）的描述性统计。

（3）核心变量/因素（自变量）的主效应及与其他变量的交互效应检验。

（四）讨论

"讨论"是对研究结果进行分析、解释和评价的部分。作者需要结合研究问题和目的，分析研究结果，用结果回应研究问题与假设，从理论与应用两个层面做深入分析，并得到启示与未来的研究方向。此外，讨论部分还应指出研究的局限性和不足，提出改进和优化的建议。如有必要，作者还可以对研究结果进行对比和关联，以展示其与其他研究的关系。

（五）结论

结论部分是对整个研究过程的总结和概括。在这一部分，作者需要明确回答研究问题，概括研究结果，并强调研究的贡献和意义。结论部分应简洁明了，突出重点，使读者对研究的主要观点和结论有清晰的认识。

（六）参考文献

参考文献部分列出在报告中引用的所有文献，包括书籍、期刊文章、网络资料等。作者需要按照一定的格式规范编排参考文献，确保其准确性。正确引用参考文献不仅体现了学术诚信，还有助于读者进一步了解和研究相关话题。

虽然调查报告的结构看起来很整齐、简单，但最难的还是其内容。在撰写调查报告时，作者需注意保持内容的准确性、客观性和完整性，以期为读者提供有价值、有启发性的信息。更多的论文与作方面的学习，建议阅读周小兵（2021）的研究。

五、研究结果的汇报：以问题为导向

（一）量化研究统计方法小结

任何的方法，其统计目的都是验证变量之间的关系。本书从第十一章到第十四章主要介绍了以下 7 种常用的统计方法，见表 15 – 1。

表 15 – 1 常用的量化研究统计方法总结

序号	自变量	因变量	统计方法	统计目的
1	X 分类（$k=2$）	Y 连续	独立样本 t 检验	两组在 Y 方面有差别吗？
2	X 分类（$k \geq 3$）	Y 连续	单因素 ANOVA	三组或更多组在 Y 方面有差别吗？
3	$Y1$	$Y2$	配对样本 t 检验	两个时期/两种条件下的 Y 有差别吗？
4	$Y1$	$Y2$、$Y3$……	重复测量 ANOVA	不同时期/不同条件下的 Y 有差别吗？
5	X 连续	Y 连续	相关分析	X 的变化与 Y 的变化有关吗？

续表 15 - 1

序号	自变量	因变量	统计方法	统计目的
6	$X1$、$X2$…… 连续	Y 连续	回归分析	多个 X 可以一起预测 Y 的变化吗？
7	X 连续 M 连续	Y 连续	中介效应分析	X 的变化可以预测/影响 Y 的变化吗？这种影响是直接的还是间接通过 M 的变化而实现的？

（二）以问题为导向逐层撰写

对于研究结果的撰写，最难的就是提炼统计希望解决的问题。

研究问题是论文的灵魂。在撰写研究结果时，我们需要以问题为核心，通过统计手段去抽丝剥茧般解开问题的层层谜团。以写作课教学实验（刘琼，2014）为例，我们至少需要逐层回答下面 4 个问题。

（1）三个抽样班级在前测时的写作水平差异。

（2）教学法对写作训练效果的影响。

（3）写作的三个侧面的训练效果是否存在差异。

（4）教学法对写作的三个侧面的训练效果的影响是否存在差异。

六、本章阅读书目与文献

周小兵. 汉语国际教育研究设计与论文写作［M］. 北京：外语教学与研究出版社，2021.

参考文献

常海潮，2012. 学习策略在歧义容忍度和英语水平之间的中介效应研究［J］. 外语界 （2）.

常俊跃，2005. 研究范式的选择与我国的外语教学研究［J］. 外语界（5）.

常新茹，2020. 搭配强度与结构类型对中高级泰国汉语学习者限制性搭配加工的影响 ［J］. 语言教学与研究（3）.

陈默，2015. 汉语作为第二语言自然口语产出的复杂度、准确度和流利度研究［J］. 语言 教学与研究（3）.

陈默，安子逸，龚阳，2022. 社会网络和语言认同对汉语二语口语产出的影响［J］. 语 言文字应用（4）.

陈申，崔永华，郭春贵，等，2014. 后方法理论视野下的对外汉语教学研究：第11届对 外汉语国际学术研讨会观点汇辑［J］. 世界汉语教学，28（4）.

陈天序，李晓萌，2022. 语素意识、语音解码及听力理解对成人英语学习者阅读理解的作 用［J］. 外语教学与研究（2）.

陈向明，2000. 质的研究方法与社会科学研究［M］. 北京：教育科学出版社.

陈向明，2004. 旅居者和"外国人"留美中国学生跨文化人际交往研究［M］. 北京：教育 科学出版社.

陈胤泽，2023. 国际中文教育"三教"主题学术论文研究方法使用现状及高校培养调查 ［D］. 广州：中山大学.

陈钰，2016. 留学生论文指导策略的有效性研究［J］. 语言教学与研究（6）.

程妍超，2023. 用于介绍的"叫"字句和"是"字句［J］. 世界汉语教学，37（1）.

程勇，董军，晋淑华，2023. 基于新标准的汉语二语文本阅读难度分级体系构建与应用 ［J］. 世界汉语教学，37（1）.

崔希亮，2010. 汉语国际教育"三教"问题的核心与基础［J］. 世界汉语教学，24（1）.

崔希亮，2015. 关于汉语国际教育的学科定位问题［J］. 世界汉语教学，29（3）.

崔永华，2014. "后方法时代"之我见［J］. 世界汉语教学，28（4）.

崔永华，2015. 试论后方法时代的汉语教学资源建设［J］. 国际汉语教学研究（2）.

丁安琪，2009. 关于汉语国际教育硕士专业课程设置的思考［J］. 国际汉语教育（2）.

丁安琪，2011. 对汉语国际教育专业硕士学位论文评价体系的思考［J］. 国际汉语教育（2）.

丁安琪，2017. 汉语教学的研究内容与研究方法［J］. 海外华文教育动态（5）.

杜岸政，古纯文，丁桂凤，2014. 心理学研究中的中介效应分析意义及方法评述［J］. 中国心理卫生杂志（8）.

杜勇，张欢，陈建英，2017. 金融化对实体企业未来主业发展的影响：促进还是抑制［J］. 中国工业经济（12）.

范明林，吴军，2009. 质性研究［M］. 上海：汉语大词典出版社.

方建华，李月琦，2018. 新疆维吾尔族学生汉语语言能力和汉语语言态度关系研究：以家长汉语语言态度为中介［J］. 教育学报（2）.

方杰，温忠麟，邱皓政，2021. 纵向数据的中介效应分析［J］. 心理科学（4）.

方杰，温忠麟，张敏强，2017. 类别变量的中介效应分析［J］. 心理科学（2）.

方杰，张敏强，邱皓政，2010. 基于阶层线性理论的多层级中介效应［J］. 心理科学进展（8）.

方杰，张敏强，邱皓政，2012. 中介效应的检验方法和效果量测量：回顾与展望［J］. 心理发展与教育（1）.

房艳霞，2018. 提高语块意识的教学对汉语第二语言学习者口语产出的影响［J］. 世界汉语教学，32（1）.

房艳霞，江新，2020. 视觉输入增强对汉语二语学习者语块学习的影响［J］. 语言教学与研究（5）.

冯耐，吴勇毅，2021. 国外期刊中的汉语教育研究：现状、分析与展望［J］. 全球教育展望，50（10）.

冯浩，吴江，2021. 汉语母语者和二语学习者双音节名词产出的编码进程及影响因素研究［J］. 语言教学与研究（1）.

高小和，2002. 学术论文写作［M］. 南京：南京大学出版社.

高耀，杨佳乐，2017. "存在问题"专业硕士学位论文中的典型问题：基于Y市论文抽检同行专家文字评审意见的分析［J］. 教育科学，33（3）.

高耀明，范围，2010. 中国高等教育研究方法：1979—2008：基于CNKI中国引文数据库（新）"高等教育专题"高被引论文的内容分析［J］. 大学教育科学（3）.

高一虹，李莉春，吕王君，1999. 中西应用语言学研究方法发展趋势［J］. 外语教学与研究
（2）.

桂诗春，2000. 20 世纪应用语言学评述［J］. 外语教学与研究，32（1）.

桂诗春，宁春岩，1997. 语言学方法论［M］. 北京：外语教学与研究出版社.

韩宝成，2000. 外语教学科研中的统计方法［M］. 北京：外语教学与研究出版社.

郝美玲，刘友谊，周思浓，2022. 正字法意识和部件工作记忆对初学者汉字书写的作用
［J］. 语言文字应用（1）.

郝美玲，赵春阳，2022. 拼音知识在初级汉语水平学习者汉字阅读和生字学习中的作用
［J］. 世界汉语教学（1）.

洪民，2018. 动机行为在二语自我与英语读写技能之间的中介效应［J］. 外语界（2）.

洪炜，王丽婧，2016. Focuson Form 和 Focuson Forms 两种教学法对汉语二语词汇学习的影
响［J］. 世界汉语教学，30（2）.

洪炜，吴安婷，伍秋萍，2018. 任务的模态配置对汉语二语文本理解、词汇和句法学习的
影响［J］. 世界汉语教学，32（3）.

胡加圣，2015. 外语教育技术：从范式到学科［J］. 外语电化教学（3）.

胡青球，2007. 中外教师英语课堂话语对比分析：个案研究［J］. 国外外语教学（1）.

霍炜，芮燕萍，2020. 二语动机自我系统在自我效能感与英语水平之间的中介效应［J］.
西安外国语大学学报（2）.

贾思钰，2022. 中山大学汉语国际教育专业硕士学位论文选题分析［D］. 广州：中山大学.

江程铭，李纾，2015. 中介分析和自举（Bootstrap）程序应用［J］. 心理学探新（5）.

江新，郝丽霞，2010. 对外汉语教师实践性知识的个案研究［J］. 世界汉语教学，24
（3）.

江新，赵果，2001. 初级阶段外国留学生汉字学习策略的调查研究［J］. 语言教学与研究
（4）.

江莹莹，2022. 后疫情时代高校国际学历生心理课程探析：以中山大学为例［D］. 广州：
中山大学.

焦豪，魏江，崔瑜，2008. 企业动态能力构建路径分析：基于创业导向和组织学习的视角
［J］. 管理世界（4）.

李涤非，程工，2023. 汉语中的 AABB 式再分析［J］. 世界汉语教学，37（1）.

李虹，梅锦荣，2002. 测量大学生的心理问题：GHQ – 20 的结构及其信度和效度［J］.
心理发展与教育（1）.

李丽生，马明珠，2021. 国际姿态在汉语二语动机自我系统与努力程度之间的中介作用研
究［J］. 云南师范大学学报（对外汉语教学与研究版）（2）.

李泉，丁安琪，2020. 专业素养：汉语教师教育的起点与常态："素养—能力—知识"新模式［J］. 云南师范大学学报（对外汉语教学与研究版），18（5）.

李泉，2009. 汉语国际教育硕士培养目标与教学理念探讨［J］. 语言文字运用（3）.

李泉，2021. 汉语国际教育专业硕士培养方案修订建议［J］. 国际中文教育（中英文），6（2）.

李向农，贾益民，2011. 对外汉语与汉语国际教育：专业与学科之辨［J］. 教育科学文摘，30（5）.

李宇明，2018. 海外汉语学习者低龄化的思考［J］. 世界汉语教学（3）.

李宇明，王玲玲，2023. 主动识变应变求变　推动华教高质量发展：著名语言学家李宇明教授访谈录［J］. 华文教学与研究（3）.

刘红云，2019. 高级心理统计［M］. 北京：中国人民大学出版社.

刘琼，2014. 成果过程教学法在对外汉语中级写作中的应用［D］. 广州：中山大学.

刘润清，1999. 外语教学中的科研方法［M］. 北京：外语教学与研究出版社.

刘颂浩，2013. 汉语国际教育专业硕士培养中的若干问题［J］. 华文教学与研究（4）.

刘颂浩，2016. 就业困境和汉语国际教育硕士培养重点［J］. 国际汉语教学研究（3）.

刘越，2020. 语素法如何促进儿童汉语二语词汇习得？语素意识的中介效应检验［D］. 广州：中山大学.

刘壮，戴雪梅，阎彤，等，2007. 任务式教学法给对外汉语教学的启示［J］. 世界汉语教学（2）.

柳士顺，凌文辁，2009. 多重中介模型及其应用［J］. 心理科学（2）.

卢谢峰，韩立敏，2007. 中介变量，调节变量与协变量［J］. 心理科学（4）.

陆俭明，2000. 汉语的应用研究是汉语本体研究的试金石［J］. 语言文字应用（2）.

陆俭明，崔希亮，李泉，等，2023. "新时代国际中文教育高质量发展与创新"多人谈［J］. 云南师范大学学报（对外汉语教学与研究版），21（4）.

亓海峰，2015. 汉语国际教育专业硕士学位论文选题和研究方法调查分析［J］. 云南师范大学学报（对外汉语教学与研究版），13（1）.

亓海峰，朱建军，2016. 汉语国际教育专业硕士培养模式的构建［J］. 高教论坛（12）.

秦晓晴，2003. 外语教学研究中的定量数据分析［M］. 武汉：华中理工大学出版社.

秦晓晴，2009. 外语教学问卷调查法［M］. 北京：外语教学与研究出版社.

秦晓晴，毕劲，2015. 外语教学定量研究方法及数据分析［M］. 北京：外语教学与研究出版社.

邱静远，周洁，汤晨晨，等，2020. 少数民族初中生汉语能力的性别差异分析：学习过程的中介作用［J］. 民族教育研究（3）.

权京超, 2007. 硕士研究生课程设置存在问题与改革建议［J］. 河北广播电视大学学报, 12（3）.

沈丝楚, 希喜格, 丁阳, 等, 2023. 跨期选择的变易程度正向预测中华文化圈国民的自评扛疫成效：亚非欧美大洋洲 18 国跨国研究［J］. 心理学报, 55（3）.

司罗红, 2022. 汉语国际教育硕士的学术意识培养［J］. 郑州师范教育, 28（4）.

宋雨恬, 2022. 视频字幕类型对中高级学习者听力理解和口头输出的影响［D］. 广州：中山大学.

孙景烨, 2014. 语文分进教学模式下汉字学习策略培训效果的研究［D］. 广州：中山大学.

孙晓明, 2008. 准备因素对留学生汉语口语表达的影响［J］. 民族教育研究（4）.

孙月明, 李宝伦, 2023. 汉语反身代词"自己"的指称释义：从实证数据出发［J］. 世界汉语教学, 37（1）.

孙振东, 李仲宇, 2015. 论教育问题研究与教育学体系构建的统一［J］. 中国人民大学教育学刊（4）.

田艳, 2012. 基于英国 MTESO 课程体系对汉语国际教育硕士课程设置的思考［J］. 世界汉语教学, 28（4）.

王晶, 武和平, 刘显翠, 2021. 华裔学习者汉语认同结构模型与形成路径研究［J］. 语言文字应用（4）.

王立非, 2002. 应用语言学统计研究方法的实证调查：态度与实践［J］. 外语研究（1）.

王利娜, 吴勇毅, 2017. 学习策略在学习动机与英语自主学习之间的中介作用研究［J］. 外语教学（3）.

王璐璐, 戴炜栋, 2014. 二语习得研究方法综述［J］. 外语界（5）.

王添淼, 2010. 成为反思性实践者：由《国际汉语教师标准》引发的思考［J］. 语言教学与研究（2）.

王添淼, 2021. 国际中文教师教学能力再探：成为"学的专家"［J］. 东北师大学报（哲学社会科学版）（6）.

王玮琦, 易维, 鹿士义, 2021. 句子语境类型对汉语二语学习者伴随性词汇习得的影响［J］. 世界汉语教学, 35（3）.

王艳, 2015. 高职院校少数民族大学生的三维语言文化认同与二语习得：以云南省 10 所高职院校为例［J］. 民族教育研究（1）.

王阳, 温忠麟, 2018. 基于两水平被试内设计的中介效应分析方法［J］. 心理科学（5）.

王阳, 温忠麟, 李伟, 等, 2022. 新世纪 20 年国内结构方程模型方法研究与模型发展［J］. 心理科学进展（8）.

王幼琨，2014. 动机调控策略对大学生英语成绩的影响及努力程度的中介效应［J］. 福州大学学报（哲学社会科学版）（6）.

王治敏，胡水，2022. 交叉学科背景下国际中文教育学科发展的困境与出路［J］. 华文教学与研究（1）.

韦晓保，2013. 大学生二语动机自我系统与自主学习行为的关系研究［J］. 外语与外语教学（5）.

卫乃兴，2009. 语料库语言学的方法论及相关理念［J］. 外语研究（5）.

温忠麟，2017. 实证研究中的因果推理与分析［J］. 心理科学（1）.

温忠麟，方杰，谢晋艳，等，2022. 国内中介效应的方法学研究［J］. 心理科学进展（8）.

温忠麟，侯杰泰，张雷，2005. 调节效应与中介效应的比较和应用［J］. 心理学报（2）.

温忠麟，刘红云，2020. 中介效应和调节效应：方法及应用［M］. 北京：教育科学出版社.

温忠麟，叶宝娟，2014. 中介效应分析：方法和模型发展［J］. 心理科学进展（5）

温忠麟，张雷，侯杰泰，等，2004. 中介效应检验程序及其应用［J］. 心理学报（5）.

文秋芳，2008. 评析二语习得认知派与社会派 20 年的论战［J］. 中国外语（3）.

文秋芳，2018. "辩证研究范式"的理论与应用［J］. 外语界（2）.

文秋芳，林琳，2016. 2001—2015 年应用语言学研究方法的使用趋势［J］. 现代外语，39（6）.

文秋芳，王立非，2004. 二语习得研究方法 35 年：回顾与思考［J］. 外国语（4）.

文秋芳，俞洪亮，周维杰，2004. 应用语言学研究方法与论文写作［M］. 北京：外语教学与研究出版社.

吴继峰，赵晓娜，2020. 初中级汉语水平二语者口语产出质量评估研究［J］. 语言文字应用（1）.

吴门吉，2008. 对欧美韩日学生阅读猜词策略的问卷调查研究［J］. 云南师范大学学报（对外汉语教学与研究版）（4）.

吴应辉，2022. 国际中文教育新动态、新领域与新方法［J］. 河南大学学报（社会科学版），62（2）.

吴应辉，梁宇，2020. 交叉学科视域下国际中文教育学科理论体系与知识体系构建［J］. 教育研究，41（12）.

伍秋萍，洪炜，邓淑兰，2017. 汉字认读在汉语二语者入学分班测试中的应用：建构简易汉语能力鉴别指标的实证研究［J］. 世界汉语教学，31（3）.

伍秋萍，胡桂梅，2017. 汉语二语者文化混搭性及文化适应的情感特征、影响与缓冲机制［J］. 中国社会心理学评论（1）.

伍秋萍，向娜，2022. 线上信息差与意见差任务中的协商互动及对口语输出的影响［J］. 世界汉语教学，36（3）.

徐锦芬，李高新，2021. 国外二语语法能力研究述评（1981—2020）：一项基于质性分析软件 NVivo 的研究［J］. 外语教学理论与实践（4）.

徐治立，徐舸，2021. 社会科学"混合方法研究"范式争论与方法论探讨［J］. 社会科学文摘（10）.

杨丽恒，张珊，2017. 初中生英语焦虑对英语学业成绩的影响：英语元认知的中介作用［J］. 教育理论与实践（35）.

杨黎黎，尚国文，2023. 非目的语语境下挪威汉语外语学习者语用理解的发展模式［J］. 世界汉语教学，37（1）.

姚计海，2017. 教育实证研究方法的范式问题与反思［J］. 华东师范大学学报（教育科学版），35（3）.

余卫华，邵凯祺，项易珍，2015. 情商、外语学习焦虑与英语学习成绩的关系［J］. 现代外语（5）.

袁方，1997. 社会研究方法教程［M］. 北京：北京大学出版社.

张德禄，2009. 多模态话语理论与媒体技术在外语教学中的应用［J］. 外语教学，30（4）.

张德禄，张珂，2022. 多模态批评（积极）话语分析综合框架探索［J］. 外语教学，43（1）.

张海威，刘玉屏，2019. 汉语二语教师研究方法述评［J］. 国际汉语教育（中英文），4（2）.

张海威，张雪妍，张铁军，等，2021. 留学生识字量表编制研究［J］. 世界汉语教学，35（1）.

张凯，杨嘉琪，陈凯泉，2021. 学习者情感因素对英语合作学习投入的作用机理［J］. 现代外语（3）.

张念，伍秋萍，王露锦，2023. 学生视角下汉语国际教育硕士培养模式满意度调查［J］. 国际中文教育前沿（1）.

张培，2010. 应用语言学质化研究发展综述［J］. 天津师范大学学报（社会科学版）（4）.

张培，张昕昕，韩子钰，2013. 应用语言学质化研究方法类型：2000—2010［J］. 外语与外语教学（1）.

张庆熊，2022. 从经典到后经典的西方社会科学方法论的范式转换及其启发意义［J］. 社会科学（12）.

赵金铭，2011. 国际汉语教育的本旨是汉语教学［C］. 汉语国际教育新形势下的对外汉语教学学科建设国际学术研讨会. 对外汉语研究中心.

赵雷, 2015. 任务型口语课堂汉语学习者协商互动研究 [J]. 世界汉语教学, 29 (3).

赵玮, 2017. "语素法"和"语境法"汉语二语词汇教学效果的对比研究 [J]. 语言教学与研究 (4).

赵杨, 2021. 汉语国际教育的"变"与"不变" [J]. 天津师范大学学报 (社会科学版) (1).

赵英, 程亚华, 伍新春, 等, 2016. 汉语儿童语素意识与词汇知识的双向关系: 一项追踪研究 [J]. 心理学报 (11).

赵英, 伍新春, 陈红君, 2019. 汉语儿童语素意识对阅读理解的影响: 默读流畅性的中介效应 [J]. 心理发展与教育 (4).

郑雪, David Sang, 2003. 文化融入与中国留学生的适应 [J]. 应用心理学 (1).

周鹏, 2021. 儿童语言习得机制跨学科研究: 进展、问题和前景 [J]. 语言战略研究 (1).

周小兵, 2017. 汉语国际教育专业硕士毕业论文的研究设计与写作 (上) [J]. 国际汉语教育 (中英文) (1).

周小兵, 2017. 汉语国际教育专业硕士毕业论文的研究设计与写作 (下) [J]. 国际汉语教育 (中英文) (2).

周小兵, 2021. 汉语国际教育研究设计与论文写作 [M]. 北京: 外语教学与研究出版社.

周颖, 蒋楠, 2023. 汉语二语学习者双字词加工方式研究 [J]. 世界汉语教学, 37 (1).

朱勇, 2019. 基于学生日志的国际汉语教学案例分析课反思 [J]. 语言教学与研究 (1).

AL - HOORIE A H, 2018. The L2 motivational self system: A meta-analysis [J]. Studies in Second Language Learning and Teaching, 8 (4).

BARON R M, KENNY D A, 1986. The moderator - mediator variable distinction in social psychological research: Conceptual, strategic, and statistical considerations [J]. Journal of Personality and Social Psychology, 51 (6).

BERWICK R C, CHOMSKY N, 2016. Why Only Us: Language and Evolution [M]. Boston: MIT Press.

DÖRNYEI Z, 2009. Motivation, Language Identity and the L2 Self [M]. Buffalo: Multilingual Matters.

HATCH E, FARHADY H, 1982. Research Design and Statistics for Applied Linguistics [M]. Rowley: Newbury House Publishers.

KE S, KODA K, 2021. Transfer facilitation effects of morphological awareness on multicharactor word reading in Chinese as a foreign language [J]. Applied Psycholinguistics, 42 (5).

KUHN T, 1962. The Structure of Scientific Revolutions [M]. Chicago: University of Chicago Press.

LAZARATON A, 2000. Current trends in research methodology and statistics in applied linguistics [J]. TESOL Quarterly, 34 (1).

MA L H, DU X F, LIU J, 2018. Intrinsic and extrinsic value for English learning: Mediation effects of self-efficacy in Chinese EFL context [J]. Chinese Journal of Applied Linguistics, 41 (2).

JOHNSON R B, ONWUEGBUZIE A J, 1998. Mixed methods research: A research paradigm whose time has come [J]. Educational Researcher, 33 (7).

SUN P P, TENG L S, 2021. Why so nervous? Revisiting the sources of speech anxiety in Chinese as a second language [J]. System, 103 (8).

TENG F, 2020. The role of metacognitive knowledge and regulation in mediating university EFL learners' writing performance [J]. Innovation in Language Learning and Teaching, 14 (5).

TUCKMANB, 1978. Conducting Education Research [M]. New York: Harcourt Brace Jovanovich.

XIAO H, XU C, RUSAMY H, 2020. Pinyin spelling promotes reading abilities of adolescents learning Chinese as a foreign language: Evidence from mediation models [J]. Frontiers in Psychology, 11.

YANG J, 2021. Revisiting research methods in language learning psychology from a complexity dynamic system theory perspective [J]. Frontiers in Psychology, 12.

ZHANG H, KODA K, 2021. Early oral language in Chinese heritage language reading development [J]. Foreign Language Annals, 54 (4).

ZHANG D, KODA K, 2012. Contribution of morphological awareness and lexical inferencing ability to L2 vocabulary knowledge and reading comprehension among advanced EFL learners: Testing direct and indirect effects [J]. Reading and Writing, 25 (5).

ZHANG H, ZHANG X, LI M, et al., 2021. Morphological awareness in L2 Chinese reading comprehension: Testing of mediating routes [J]. Frontiers in Psychology, 12.

附录一

质化研究报告

新手对外汉语教师教学反思的质性研究：
基于教学日志和有声思维的分析[*]

郑　勇　　伍秋萍

摘　要　本文收集 101 篇新手对外汉语教师的教学日志，动态追踪观察 4 位新手对外汉语教师讲授线上课程并即时收集其关于教学反思的有声思维材料。本文共收集 29.5 万字文本语料，在材料与理论的互动中建立反思内容和反思水平的分析框架，并利用 NVivo 12 软件对文本语料进行编码分析，从而了解新手对外汉语教师教学反思能力的特点。质性分析结果显示：①新手对外汉语教师的教学反思在内容上存在指向失衡的问题，具体表现为对教学效果反思不足、对学生学习关注不够、对教育环境缺乏观察和思考。②新手对外汉语教师的反思能力基本达到二级水平（描述性反思），尚未达到更深刻的三级水平（系统分析性反思）和四级水平（批判性反思）。

关键词　教学反思；新手对外汉语教师；教学日志；有声思维

---

　　* 本文是在中山大学中国语言文学系汉语国际教育硕士 2019 级郑勇的毕业论文基础上修订而成的。

1 引言

重视教学反思是对外汉语教学领域的专家学者和一线教师长期以来的共识。赵书红、贾馥萍（2006）认为，对外汉语教学有着独特的教学情境和教育教学规律，要使对外汉语教师尽快地适应教学岗位，积累教学经验，并逐渐成长为研究型、专家型教师，就应该鼓励对外汉语教师自觉地、经常地进行教学反思，将教学反思作为教学的一个重要环节来对待。王添淼（2010）也认为，在对外汉语教学领域，实践与反思是交织在一起的，成为"反思型实践者"是国际汉语教师专业发展的一个必然要求。刘畅（2015）通过分析自己从事汉语教学第一年的 25 篇教学日志所体现的实践性知识，发现反思有助于实践性知识的积累，提出新手教师应该养成自我反思的习惯，有意识地积累自己的教育实践性知识。连榕（2004）的调查发现，在课后教学策略上，专家教师在课后评估策略、课后反思策略上都显著高于熟手教师和新手教师，而且高水平的课后评估和反思能力的获得是熟手型教师转化为专家型教师的关键变量。因此，反思能力的培养不但能帮助新手汉语教师积累教学经验和实践性知识，从而胜任教学工作；而且能促进新手教师向熟手型教师和专家型教师的成长过渡，满足未来对外汉语事业"本土化"发展的形势需求（刘珣，2020）。基于此，了解当前新手对外汉语教师的反思能力水平具有重要的理论与实践意义。

2 教学反思相关研究概述

2.1 教学反思的内涵、方法及影响因素

在教师教育和教师发展领域，教学反思的重要性已有诸多论述。如俞国良、辛自强、林崇德（1999）提出，反思训练是提高教师素质的有效途径，方法是对经验进行深入反思，将本体性知识、条件性知识与实践性知识进行组织和重构，从而提高自己的整体素质。张立昌（2001）也指出，从世界教师培养和发展的趋势看，实践反思是未来教师培养的基本模式。但长期以来，研究者对教学反思的内涵一直有着不同的理解。杜威、申继亮等学者的研究在这方面产生过重要影响。

在教育领域，反思的概念要追溯到杜威（1933）："反思是思维的较好方

式，这种思维乃是对某个问题进行反复的、严肃的、持续不断的深思。"本文借用申继亮、刘加霞（2004）的观点，将教学反思定义为：教师以自己的教学活动为思考对象，对教学活动及其背后的理论和假设进行积极、持续、周密、深入、自我调节性的思考，进而发现其中的教育、教学问题，并寻求解决办法的过程。申继亮、刘加霞（2004）还指出了教学反思的特点和心理结构，认为教学反思的特点即问题性、研究性、辩证性和发展性，教学反思的心理结构包括教学反思内容、教学反思的方式、教学反思倾向和教学反思发展的阶段。教学反思的内容可分为广度和深度两个维度，两者通常用于衡量教学反思能力的高低。从广度上讲，是指教学反思的内容指向；从深度上说，是指教学反思的水平。关于教学反思内涵的研究是此后反思方法等诸多相关应用研究的基础。

王映学、赵兴奎（2006）提出四种反思途径：日记反思、从学习者角度反思、从与同事和专家的交流中反思、从学生征询意见中反思。虽然反思日记是一种常用的反思方法，但反思日记存在花费大量时间、受到写作能力限制、局限于自我对话、缺乏交流的缺点。为了解决该问题，申继亮、张彩云（2006）提出了教师反思性对话的模式，在此模式中教师和教师指导者建立一种平等、信任的关系，就教学实践中的问题，采取描述、澄清、面质和重构的步骤进行对话。杜新荣、吴琼（2015）将教师反思方法分为个体反思和集体反思：教师个体反思包括写反思日记、写教学反思、制作教师档案袋，教师集体反思包括写教师博客、行动学习法与课例研究。教学反思方法多年来一直受到研究者的关注，并体现出新的教育理念和技术的不断应用。

此外，诸多研究共同指出，教学反思会受到教师自身以及外部环境等多种因素的影响。刘旭东、孟春国（2009）调查了全国不同地区中学英语教师的教学反思观念、反思行为及其影响因素。该研究发现，教龄、职称及教学专长等自然特征对教师的反思观有显著影响；不同性别、不同心理状态及处于不同工作环境的教师教学反思的内容有显著差异。孙振东、陈荟（2010）指出，受学校物质条件、组织环境、人际关系和教师自身理论素养、性格特点、教龄长短等因素影响，教师教学反思的现实状态与理想状态存在着一定的差距。王寰宇（2013）认为，影响教师教学反思能力的因素主要有知识因素、方法因素、动机因素和环境因素。冯志均、李佳、王后雄（2013）利用反思日志、视频对职前化学教师反思能力的广度和深度进行了调查分析，发现职前化学教师教学反思能力受到其自身教学反思知识、教师指导、反思环境等多重因素的影响。此类研究在国内多见于英语教学、化学教学等基础学科，对对外汉语教学领域教师发展有一定借鉴意义。

2.2 汉语国际教育硕士的反思能力与反思性教学

鉴于汉语国际教育专业具有一定实践性，在读汉语国际教育硕士生又被视为新手对外汉语教师或职前汉语教师，是未来国际中文教育的种子师资力量。近年来，已有不少研究关注到汉语国际教育硕士生反思能力的培养。有的研究属于经验性总结和理论探讨，提出了提高汉语国际教育硕士生反思意识和能力的具体建议（周红、尚超，2016；刘路，2017；徐晶凝，2019；陈晓宁，2020）。

有的研究则从实证视角对汉语国际教育硕士生的教学反思能力以及反思实践情况进行调查分析。张凯奇（2018）调查了广东外语外贸大学 2016 级汉语国际教育硕士生反思能力，结果发现新手汉语教师的反思能力总体上一般，反思方式较为简单，横向反思能力比纵向反思能力高，影响教学反思的因素较为复杂。在此研究中，横向反思能力实际上反映反思的内容，纵向反思能力实际上反映反思的过程，两者是否可以比较有待商榷。同是新手对外汉语教师，也很难说在教学经验上存在明显的差异从而影响反思能力的高低。樊婷（2018）采用质性分析软件 NVivo 11 对北京外国语大学三个年级的汉语国际教育硕士生的教学反思日志进行质性分析，从反思内容与反思水平两个维度评估汉语国际教育硕士生的反思实践情况，建立了汉语国际教育硕士生教学反思模型。该模型强调文化交际反思和批判性反思水平对应关联，这反映出该研究划分反思水平的依据仍是反思的内容，而非思维的深度。

此外，还有少量实验研究探讨了提高新手对外汉语教师反思能力的策略。王爽（2009）采用实验的方法考察了反思性教学培训对对外汉语职前教师教学思想的影响。该实验以职前教师为被试，要求教师观看教学录像进行反思并完成反思表格，再通过测试来评估职前教师在识别影响教学的因素、思考其原因和解决问题办法等反思能力上的变化。沈晶晶（2015）借鉴了王爽（2009）的研究设计，同样从反思性教学的角度，采用实验的方法验证撰写教学日志作为反思方法的有效性。以上研究都采用了心理学取向的实验法，给本文研究带来了一定的启发，即利用教学录像刺激反思，并借鉴认知心理学上的有声思维法收集研究对象完整、真实的思维数据，以便分析。

2.3 研究问题

本文聚焦新手对外汉语教师，借鉴已有研究，构建更加全面、细致的反思能力分析框架，以新手对外汉语教师的教学日志为基础，并补充收集有声思维数据进行分析，拟探讨两大研究问题：①新手对外汉语教师在哪些内容上进行教学反思？②新手对外汉语教师的反思水平达到怎样的程度？

3 研究方法

3.1 研究对象

本文的研究对象为中山大学汉语国际教育硕士生。本文参考张蔚、徐子亮（2016）的研究，将已完成硕士阶段所有课程、进入实习阶段的在读汉语国际教育硕士生定义为"新手对外汉语教师"。

3.2 研究资料的收集

本文研究资料的收集包括两部分。

第一部分是收集中山大学汉语国际教育硕士生近年撰写的教学实习报告（教学日志）。在剔除与教学无关的报告后进行匿名化处理，再统一按照"S＋数字"的格式编号，然后对其中属于"心得体会""实习日志""教学反思"的文本内容使用 NVivo 12 软件编码。实习报告的基本情况见表1。

表1　实习报告的年级与实习地点分布

单位：篇

年级	地点	实习报告数量
2013 级	海外	1
2014 级	海外	1
2015 级	海外	6

续表 1

年级	地点	实习报告数量
2016 级	海外	10
	国内	32
2017 级	海外	11
	国内	40

第二部分是收集新手对外汉语教师的有声思维数据。有声思维法是"受试者在完成某项任务的过程中，随时随地讲出头脑里的各种信息"（郭纯洁，2015）。有声思维广泛应用于外语教学研究，在对外汉语教学领域开始应用于教师实践性知识的研究（韩玉国，2020）。本文安排 4 名新手对外汉语教师（基本情况见表 2）通过教学录屏反思自己教学的全过程，同时报告出所思所想，研究者有时会追问有关问题，以促成思维进行。每名新手教师进行 4 次报告，报告的时间在每次教学后的当天或第二天。研究者对新手教师的口头报告录音，转写成文本，最终收集文本材料合计 5.9 万字。本文希望通过这样的方法来了解新手对外汉语教师在"实践中反思"的内容特点和水平，以及这些特点是否和教学日志的分析结果一致。

表 2 新手对外汉语教师实习教学基本情况

教师编号	性别	类别	教学对象	教学环境
A	女	文化课	成人留学生	线上
B	女	文化课	成人留学生	线上
C	女	语言课	华裔儿童	线上
D	女	语言课	华裔儿童	线上

3.3　资料分析

本文对教学日志和有声思维语料均采用相同的分析方法。对反思内容的分类，本文综合申继亮、刘加霞（2004）和刘旭东、孟春国（2010）的研究，将其分为课堂教学、学生学习、教师自我、教育环境以及师生交往 5 个方面，以求具体细致，且贴合教育实际。教学反思内容的编码设计见表 3。

表 3　教学反思内容的编码设计

	一级节点	二级节点
教学反思内容	课堂教学	教学方法、策略、技巧
		课堂管理
		教学内容及重难点
		教学效果
		互动与沟通
		教学进程
		教材
		教学语言
		备课
	学生学习	学习成绩和语言能力
		兴趣与学习方法
		心理与人格
	教师自我	专业知识和专业能力
		角色与责任
		教学效能感
	教育环境	教师教学要求
		课程设置
		教学模式
		教师合作
		教育理念
	师生交往	/

对反思水平的分类，本文综合 Hatton、Smith（1994）和 Sparks–Langer 等（1990）的研究，将其分为 4 个层次。

（1）一级：描述性记录，能运用教学术语、概念描述教学事件和行为，对教学事件和行为并没有尝试解释、证实，有时甚至使用外行或非专业的语言。

（2）二级：描述性反思，不仅仅描述事件，还尝试依据个人判断和教学理论，对教学事件和行为进行解释或是提供证据，又或是说明从事件得出的启示，但也仅仅是用报告或描述的方式。

（3）三级：系统分析性反思，能运用教学相关理论，并综合考虑学生特点、学科特点等因素，对教学事件进行恰当地解释和分析，主要使用分析性、判断性的语言，可能是从单一角度分析的，也可能是从多角度分析的。

（4）四级：批判性反思，除了综合教育原理和各种背景因素对教学事件进行解释或给出决策理由外，还能考虑到文化、社会政治、伦理道德等因素。

编码时，依据文本在内容和思维上的逻辑，将其分解为不同的片段，编入相应的符合其描述的节点。若某个片段符合反思内容的多个节点，则对其重复编码。反思水平的编码则依据该内容片段所体现的最高水平进行归类，不重复编码。

4　研究结果

4.1　新手对外汉语教师教学日志反思内容分析

新手对外汉语教师反思内容包含"课堂教学""教师自我""学生学习""教育环境"和"师生交往"5个方面，占比分别为57%、19%、14%、8%和2%，反思内容比较全面，与教师工作有关的各个方面均有涉及。其中，"课堂教学""学生学习""教育环境"的反思编码数量分别如图1至图3所示。

4.1.1　关于课堂教学的反思分析

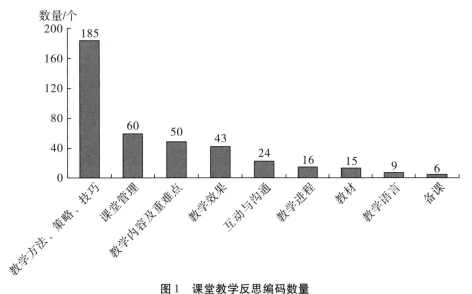

图1　课堂教学反思编码数量

"课堂教学"占反思内容的比例最大，编码数量最多，是对新手对外汉语教师主要工作内容的反映。

其中，在"课堂教学"节点内部，有关"教学方法、策略、技巧"反思的频率最高，占总体数量的45%。它是对教师掌握和运用教学方法、策略、技巧以及教学资源等的反映。例如S100：

首先，利用可爱动物的照片吸引学生的注意力，提出与学生自己想法有关的问题，使学生有想回答的欲望，而在回答的过程中老师引导鼓励学生使用新词。其次，放入老师的照片，从另一个角度拉近学生和老师之间的关系，愉悦课堂氛围，并且回答和听到的问题也与教学内容有很大的联系。

有一部分是由教学效果的好坏引发的对教学方法的思考。例如S13：

在上完前两周后，我发现学生的当堂课的课上背诵情况不太理想，就加强了练习并丰富了课堂形式，帮助学生在比较积极的学习环境中进行理解记忆。例如，纸卡活动（把诗打乱，让学生重组）、PPT活动（遮住一些句子，让学生填空）。

但是有关"教学效果"的反思仅占"课堂教学"编码数量的11%。同时，仅有34%的实习报告涉及教学效果的反思。这表明新手教师对"教学方法、策略、技巧"的使用在多数时候并未关注其效果如何，对教学的目的反思不足。

有关"课堂管理"的反思占"课堂教学"的15%，仅次于"教学方法、策略、技巧"。一方面由于新手对外汉语教师初登讲台，另一方面由于对外汉语教学的情境复杂，新手对外汉语教师常常感到课堂管理存在学生个性、年龄、文化差异等导致的诸多困难。他们不得不付出相当大的精力寻找解决的办法，有时颇见成效，有时仍无可奈何。例如S16和S32。

S16：孩子在低龄阶段的天性使得课堂管理成为教学过程中的难题，也必然成为新手老师们的极大挑战。……四年级非母语课堂上，学生随意进出教室、大声聊天打断教师授课等现象很普遍，我运用自己学过的课堂管理知识，在头几节课与他们共同制定课堂规则和惩罚措施，课堂状况有所好转。

S32：特别是B班的学生，缺勤的情况十分严重。因此，我经常在B班课堂上强调考勤的问题，告诉他们缺勤的严重性，但是效果并不好。……几次劝说和鼓励之下，我对仍然存在严重旷课行为的学生不会做出太多的行动了。

4.1.2 关于教师自我的反思分析

"教师自我"反思共有 135 处编码,其中 103 处为关于"专业知识和专业能力"的,32 处为关于"角色与责任"的。"专业知识和专业能力"反映的是新手对外汉语教师专业实践以来取得的进步以及在知识、能力上仍然存在的不足。例如 S32:

> 上课之前,我需要备课。为了教好生词和语法点,我需要查阅词典和语法书,必要时刻我还需要查阅文献。这些过程在一定程度上丰富了我的本体知识。在备课过程中,我还学会了灵活选择和利用教学资源。

> 根据教师成长的阶段理论(转引自杨秀玉,1999),新手教师此时处在关注生存阶段,担心自身的知识和能力不足以胜任工作,得不到学生的认可。新手教师在教学过程中十分注意知识的积累和技能的锻炼,并且积极发现和储备教学资源。

> 尽管常常感叹胜任工作的难度,然而,新手对外汉语教师关于"角色与责任"的反思,不仅数量较多,而且基本上是积极正面的态度。例如 S70:

> 这一年的工作中,虽然学生的语言水平不如沉浸式学校的学生提高得快,但能在短短一年中接触七百个不同年龄层的学生,让他们每一个人都多多少少了解一些中文知识和中国文化,让我觉得我真正履行了作为一个中文教师的责任。

> 新手对外汉语教师基本认可自己的教学工作,自信对教学对象的学习产生了积极影响,对自己在语言教学和文化传播过程中的角色与责任产生了较多的反思和总结。有些新手教师甚至在对实习经历的回顾中明确了职业方向。例如 S57 和 S58。

> S57:总而言之,这次的实习让我受益匪浅,让我更加深刻地认识到为人师表的不易。以后的教学生涯中,一定不再犯以上错误,争取做一名合格的人民教师,为国家的教育事业奋斗终生!

> S58:这次实习,我不仅学会了许多汉语教学技巧和课堂管理方法,还明白了作为一名教师,一定要有责任心、耐心和爱心。今后我也希望成为一名教师。

通过这样的例子,我们发现新手对外汉语教师已经开始对"我是谁""我怎么做"和"我往哪儿去"产生诸多思考。这一点与颜奕、罗少茜(2014)关于高校外语教师反思性教学的调查结果相反。本文认为,原因有两个。一是由于汉语国际教育硕士生的培养从一开始便强调跨文化教学的复杂性和特殊性，课程设置侧重第二语言教学法、跨文化交际等方面，使得新手对外汉语教师对教学工作、对自己在这份工作和事业中的定位有一定的认识和思考，至少是在心理预期上有所准备。另外，根据伍秋萍、卓肆、陈品延（2019）对汉语国际教育硕士胜任力的调查，汉语国际教育硕士生在入学之初就在"职业态度"上自评分数最高，对未来汉语教学的信心比较充足。新手对外汉语教师会有强烈的自我发展意识也就不难理解了。二是由于文化自信。对汉语语言文化的热爱和自豪，对中国文化在世界舞台扮演更为重要角色的自信，是新手对外汉语教师选择在本专业领域内学习和发展的力量源泉。这是在国内从事英语等外语教学的教师所不具备的。例如 S77 和 S91。

S77：听到这样的回答，我释然了很多，同时为自己的中国人身份而自豪。当然，我明白，这也正是因为祖国强大，"一带一路"倡议等国际政策的影响范围越来越广，才能让"中国"这个词愈发深入人心。因此，身为汉语教师志愿者，无论走到哪里，都应该牢记自己的使命，尽职尽责，播撒汉语和中国文化的种子，让更多人知道中国、了解中国。

S91：在汉语教学的半年里，我不再只是一名给孩子们讲解汉语知识的老师，还是一位传播中国文化的民间交流使者。六个多月以来，虽然我的角色在变，但海外教学那份"同一个世界、同一个家庭"的信念始终不变！

这样的例子有很多，对中国文化的自豪感，对传播中国语言和文化的责任感、使命感都同样溢于言表。

4.1.3　关于学生学习的反思分析

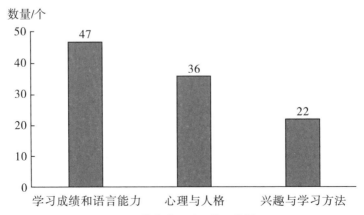

图2　学生学习反思编码数量

结合图2和反思文本，可知新手对外汉语教师对学生的语言水平、情感、行为及学习需求都有进行观察和思考。另外，有关"学生学习"的反思有13处被同时编码为"教学效果"，这表明新手对外汉语教师开始认识到了学生学习对教学效果的影响，这是值得肯定的。实际上，正如颜奕、罗少茜（2014）指出的，语言教学的效果很大程度上取决于学习者的主动参与，语言是学会的而不是教会的，外语教学能否达到预期目标，关键在于学习者本人。例如S39：

本来要玩10分钟的游戏，两三分钟就草草结束了。课后，本人进行了深刻反思，归纳出了原因。首先，学生可能之前已经玩过类似游戏，对这样的游戏已经不感兴趣；其次，学生们喜欢动起来的游戏，单纯的让他们坐着并不会取得太好的效果；最后，如果将游戏改进可能会有更好的效果。后来，本人吸取教训，把游戏做了改进，……果然效果非常明显，学生们玩了10分钟。

例S39正是注意到了学生的兴趣对教学效果的影响，采取针对性措施激发学生的兴趣，取得了良好的教学效果。

同时，在"教学方法、策略、技巧"节点内，有31处编码与"学生学习"重合。例如S19：

学生水平参差不齐，差异较大。……我采取了以下行动。第一，与口语课、综合课老师积极沟通，了解拼音学习进度，在前几课分出一部分时间衔接口语课、综合课的进度讲解拼音，争取让学生尽快能拼、能读拼音；第二，小组讨论时把零基础的学生与有一定基础的学生分在一组，并为不同水平的学生布置难度不一样的练习题。

例S19是充分考虑学生的语言水平安排教学活动的代表。以例S19与例S39为代表的新手教师，具有较强的因材施教意识，基本能够做到"以学生为中心"，反映在编码上就是"课堂教学"和"学生学习"的重合。

但是总体上讲，有关"学生学习"反思的总体编码数量偏少，占总体编码的14%。因此，新手对外汉语教师对学生学习的关注仍需加强，应像许多优秀教师那样"将学生的反应和学习效果作为自己的日常反思尺度"（赵昌木，2004）。

4.1.4　关于教育环境与师生交往的反思分析

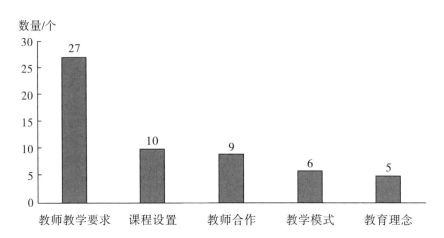

图3　教育环境反思编码数量

有关"教育环境"反思的编码总体数量较少，除与教学直接相关的"教师教学要求"外，"教学模式""教育理念"等都是偶有提及。教学活动虽然发生在课堂之内，但也必然受到外围环境的影响，以教育环境为依托。这在一定程度上体现了新手对外汉语教师反思视野较为狭窄。

有关"师生交往"的反思数量也很少，共有15处，而且没有反映出"文化冲突""文化休克"等问题。这一方面可能是由于师生在教学以外较少接触，另一方面可能是由于新手对外汉语教师具有较高的文化敏感度和良好的跨文化交际能力。

4.2　新手对外汉语教师教学反思水平分析

新手对外汉语教师的教学反思中，"描述性反思"和"描述性记录"合计占比91%，其中又以"描述性反思"居多，"系统分析性反思"占8%，"批判性反思"仅占1%。由此可见，新手对外汉语教师教学反思在水平上分布非常不均衡。

4.2.1　一级教学反思水平分析：描述性记录

"描述性记录"即反思者描述教学事件和教学行为，报告教学中的成功或不足之处，能运用教学术语和概念贴标签，但是没有思考和解释。例如S29和S58。

S29：实习的第一节课，我没有一开始就直奔教学，而是带着留学生们玩了一个小游戏：用他们学过的词语将 1—12 月份和 1—31 日分别标注好，然后要他们对照着，以"姓名＋月份＋日期"的格式写句子。在写之前，我带着学生们读了一遍词语，帮助其巩固，然后再开始写。写的时候大家都非常投入，有的学生写完之后会互相看看同桌的句子，也有的会喊我去看看他们写的句子。游戏结束以后，我便开始正式上课，从讲练生词、语法到做听力练习，整个过程都非常顺利，学生们也都十分认真。

S58：第一堂课一个很喜欢指导老师的一年级小女孩以为我是代替指导老师的，就很难过，整堂课背对着我坐；三年级有个问题学生，会上着上着课大摇大摆地走上讲台在黑板上乱涂乱画；还有一次，一个女孩突然哇哇大哭起来，谁也劝不好；最"听话"的四年级的学生也不让人省心，有一个学生，只要我上课的时候有地方和指导老师要求不一样，就会反对，说以前不是这样的……

例 S29 只是记录了一次课堂教学的过程，没有解释为何如此设计教学和此次教学取得良好效果的原因；例 S58 同样是记录了一些课堂突发状况，不包含对这些状况发生的原因以及解决思路的阐释。严格地说，上述的内容还未达到反思应有的水平。

另外，本文发现日志文本中有些内容，不含对情境、事件和行为的描述，属于赵明仁、黄显华（2007）所说的"感触"。"感触"就是引起反思的教学情境中没有明确的矛盾冲突，是教师对印象比较深刻的教学活动的感悟而触动的思考。例如 S33：

最后想谈一谈老师这个位置。当了老师，有学生叫你老师，真的一下子心头上就多了满满一份责任。中途我有些懈怠，和另外一名同学产生了一点小摩擦，互相理解后，我自我反思，觉得确实，作为一名老师，应该更加地严格要求自己做一个有责任心的人，顾及更多的人和事。

例 S33 中的教师对相关情境的认识还比较模糊，没有对具体事件的描述和分析，也看不出该教师所要表达的这段经验的意义。本文将此类"感触"也归类为"描述性记录"。

本研究调查中，"描述性记录"编码数量占 32%。这一方面表明新手对外汉语教师的教学反思在一定程度上局限于对教学经历的记录，缺乏进一步的思考、提炼和解释；另一方面也和本文的研究材料有关，其中不可避免地包含类似"工作汇报"的内容。

4.2.2　二级教学反思水平分析：描述性反思

"描述性反思"不仅是对事件和行为的单纯描述，还包括教师联系相关理论所进行的解释和说明，或者是得出的启示等，语言特点是报告性或描述性较强。此水平的反思编码数量最大，占总数的59%，涉及89%的研究材料。"描述性反思"的大量编码表明，新手对外汉语教师绝大部分具有基本的理论基础和知识背景，并且能积极思考，在实践中联系并运用。例如S101：

在这三个学期的教学中，我尽量给学生创设轻松愉快的学习氛围。我认为，语言学习的过程是一个轻松愉快的交流过程。通过三个学期的学习，不少学生表示很喜欢汉语。兴趣是最好的老师，学生首先对汉语这门语言感兴趣，在越来越多的积累之后充满信心，认为汉语是一门不难学的语言，这样会更加激励学生学习汉语。

例S101运用相关的观点、教学原则对自己的教学行为进行了解释，表示之所以给学生创设轻松愉快的学习氛围，是基于"语言学习的过程是一个轻松愉快的交流过程""兴趣是最好的老师"的观点。但是上述内容个人判断的意味较强，且较为概括，与其接着所介绍的学生喜欢学汉语、兴趣是最好的老师等内容联系并不紧密，整段内容呈离散状分布。这种反思相当于赵明仁、黄显华（2007）以及颜奕、罗少茜（2014）所说的"点式探究"，即"教师就事件做了非系统的、概括性的总结，围绕多个焦点分析经验和阐述观点，但是这些经验和观点之间缺少有意义的联系，缺乏对现象本质的透析和对理论的澄清、梳理及提升"。也可以将这种反思概括为"浅尝辄止"式的反思。

"描述性反思"一般局限在教学技能的累积和更新上，虽然是低水平的反思，但是对新手教师积累教学经验、养成工作习惯、形成自己的教学风格、适应教学工作具有重要的作用。

4.2.3　三级教学反思水平分析：系统分析性反思

系统分析性反思是综合教学理论、学科特点、学生特点等，对教学行为和事件进行解释和分析，使用的语言具有分析性、系统性，通常是围绕具体问题，详细地探究相关事件的现状、发生的前因及导致的后果，揭示背后的理论。例如S24：

学生认读形象相似的汉字时遇到困难。比如，把"骂"读成"驾"，把"量"读成"重"，把"农"读成"衣"，把"交"读成"往"，等等。其中，前三种情况应该是因为汉字形象的相似性，但是把"交"读成"往"的错误原因是和学生的习得顺序有关。她学习生词"交往"的时候第一次看到"交"字，这样的情况下只看到"交"字就联想到"往"字，结果不知不觉读成"往"。这样认读方面的困难不仅影响到学生朗读课文（读+说的技能）、理解其内容，还会影响到写作能力，因而降低学生对汉语的自信，影响其整体技能。为了解决此问题，列出相似的汉字或词语（如"措施""设施""实施"等有共同字的词语）比较并解释共同汉字部件或部分带来的意义上相似性、不同部件或部分赋予的不同意义。反复学习之后学生有了明显的进步。

例 S24 提出了学生认读汉字困难的问题，然后分析其原因在于汉字字形的相似性和学生习得顺序等两方面，并进一步指出认读汉字的困难会影响学生对课文的朗读和理解、写作能力、学习自信心等，最后提出了针对性的解决措施并取得效果。整段内容层层推进、联系紧密，分析较为深入，达到了系统分析性反思水平。该反思水平编码数量较少，只占 8%，其与"描述性反思"的巨大差距表明了大多数新手对外汉语教师在反思时有前述"浅尝辄止"的特点。

4.2.4 四级教学反思水平分析：批判性反思

"批判性反思"是在"系统分析性反思"的基础上，融入对社会、文化、历史、政治、伦理道德的思考和判断。达到这一水平的反思极少。例如 S31：

国际学校中非汉语母语背景的幼儿园及小学部一、二年级学生，其语言表达方式受自身民族文化中的思维方式、认知习惯、价值观念、评价标准等方面的影响，使得学生在与汉语老师进行以中国春节为主题的汉语语言和文化学习的过程中，表现出跨文化交际问题。①语言本身与文化的紧密结合。这一类型文化必须在独特的民族语言中才能得以体现，它无法超越语言本身而独立存在。……尤其在学习春节主题歌曲的环节，歌词中的部分词汇除了有概念意义，还有着自己的内涵意义。这部分内涵意义则与文化密不可分，学生对此类词汇也较难理解和掌握，因此对这种类型的词汇进行重点教学十分必要。比如……②春节习俗表现在日常生活中的特定交际方式。在春节文化中，有些特定的交际用语及方式不同于日常生活，学生即使可以突破语言障碍、理解言语的含义，但如果不了解在春节中特别使用的表达方式，如祝福语一类，那么也就无法实现和中国人的顺利交流。比如……另外，中国幅员辽阔，可划分出许多不同地区及民族……因此，在对外汉语教学中进行春节文化教学时，不仅要对学生强调中西方文化的差异，也要注意中国内部的文化差异，尽量为学生展现中国春节文化的原貌。③各民族间的春节文化差异。……中国有 56 个民族共同生活在这片广袤大地上，即使是中国人也很难对各个民族在春节时所具有的风俗习惯全部掌握。因此，可拣选人口数量较大、风俗具有代表性的少数民族进行介绍，……考虑到学生平均年龄及汉语水平都较低，所以只需要帮助学生了解汉族人口占绝对大比重，那么学习的春节风俗以汉族为主，……但不需要对其他各个民族的文化习俗全部进行深入讲解。

例 S31 是对国际学校中春节文化教学的侧重点问题进行分析，涉及词汇、学生语言水平和认知水平等多个角度，特别是包含中外和中国国内文化、习俗的对比，具体而不失系统性，对决策理由进行了详尽的分析和解释，达到了批判性反思水平。

4.3 新手对外汉语教师有声思维反思内容与水平的分析

4.3.1 有声思维的反思内容分析

从整体上看，与教学日志相比，新手对外汉语教师有声反思内容集中在"课堂教学""教师自我"和"学生学习"三个方面的特点更加突出。这三个方面依次分别占比为77%、13%、10%。在有声思维的文本中没有发现关于"教育环境"和"师生交往"的反思。同时，关于"学生学习"的反思相对不足的特点也依然明显。

在"课堂教学"方面（如图4所示），"教学方法、策略、技巧""教学内容及重难点"两节点的编码占比同样较高。"教学效果"的占比较低，与本文前述关于新手对外汉语教师对教学效果反思不足的发现一致。

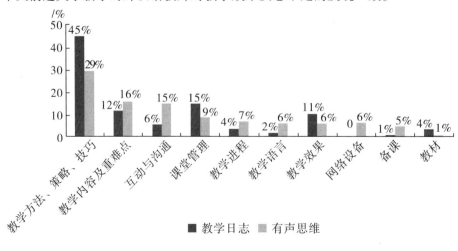

图4　教学日志与有声思维数据"课堂教学"二级节点编码对比

从有声思维数据的编码看，新手教师在对课堂教学进行审视时，能够注意到如"互动与沟通""教学语言"和"教学进程"在教学日志中体现不多的方面。"互动与沟通"作为营造课堂氛围、调动学生积极性、检查教学效果的手段，在线上教学缺乏面对面信息交流的环境下，更受新手教师关注。之所以教学日志中出现这一因素的频率不高，本文认为是由于教学日志在内容上时间跨度大，容易忽略这些环节。

"课堂管理"是有声思维数据中反思内容的重要方面，但是占比相对较低。其原因可能在于，本项研究的样本量较小。若某位研究对象的课堂管理反思较少，就可能造成该节点在整体中占比较小。例如，教师 D 的教学对象是一名华裔儿童，在教学中只需要和该名教学对象保持良好互动即可，因此教师 D 只有 4 次提到课堂管理。教师 B 几乎没有提到课堂管理。从教师 A 和教师 C 的有声思维数据内容看，课堂管理仍会频繁引起教师的关注。例如：

教师 A：这个部分是真的有非常大的噪音，我以为同学在发言，关于课堂上的发言，但是后来我发现根本就不是，他是在补另外一节课的作业，我当时对这个学生真的还挺生气的，所以我知道了之后就把他静音了。

教师 C：有一个学生经常会打断我的课堂，所以我应该更加明确说："你不能一直喊老师。如果没什么问题的话，你就跟着一起走；如果有问题的话，再喊老师。不能一直喊我，这会影响我的上课节奏。"

"网络设备"指的是线上教学所依托的网络环境和各种视频教学/会议软件。该反思节点的出现，主要体现了疫情下对外汉语教学模式以线上教学为主流。根据有声思维数据，该节点反映了网络和视频软件出现意外状况对教学的负面影响。例如：

教师 A：这里我让他们读新闻，有一个同学说他网络信号不好就退出了，我觉得这是网课的局限，虽然说网课不受时空的限制，但是有的学生不管他们是在自己的国家还是在中国，可能都会出现网络信号不好的情况，这就比较耽误上课进度。对这一点，我不知道应该怎么解决。网络技术还是网课的一大局限。

教师 B：我这是因为视频打不开，所以没话找话。它这里面出现了各种声音问题，只能重新进行共享。原本是可以让他们一边看字幕一边听歌的。

可以看出，不可控的网络因素和教学软件使用技能的不足，制约了教学意图的实现。这是线上教学可能常态化面对的挑战，教师需要积极应对，才不至于在出现问题时束手无策。例如：

教师 C：我基本上每次出现问题的时候就会说怪兽把我的屏幕吃掉了，用这样方式去化解学生对我操作不当的疑虑，避免造成课堂的空白。所以有的时候突然发现教学设备有问题了，可以用一种有趣的方式把尴尬的环节巧妙处理掉。

教师 C 在遇到网络问题时灵活反应，既维持了学生的注意力，又可以推动课堂进行。

4.3.2 有声思维的反思水平分析

从有声思维数据看，新手对外汉语教师的反思大多能达到"描述性反思"水平，同时仍存在不少的"描述性记录"，两者分别占比为 59% 和 41%。新手对外汉语教师的有声思维数据中，没有出现"系统分析性反思"和"批判性反思"。

需要指出的是，有声思维数据里的"描述性反思"，虽然有新手教师对行为的解释、获得的启示等内容，跟单纯报告事件或行为的"描述性记录"不同，但是相对而言，使用的语言更个人化和非专业化，术语和理论运用更少。这是因为新手对外汉语教师对教学理论不够熟悉，学科知识和通识知识储备不足、掌握得不够扎实，主要依据个人经验进行判断，做不到深入、系统分析。从下面的例子中可见一斑。

教师 B：从中国历史这个角度讲，我觉得，就算是我跟他们互动，他们也很难回复我，所以还是要把问题设置的难度降低。我得考虑从他们角度出发，怎样设置问题，他们才愿意开口回答。

教师 D：刚才我们讲到莲花的时候，她想不起来这是什么花，"莲"这个字之前是我们上过的课，然后我就通过把课文引出来，她就会背了，然后她就知道是莲了。她看见过这个东西，就是想不起来这个字了。然后我就要采用一些方法，问她江南可采什么，然后她就开始背了，她就知道了。她可能有古诗的大脑记忆，她已经能背得滚瓜烂熟了，但是把"莲"这个字单独拿出来她也不一定认得出，所以通过这种方法引导她回到那篇课文，她才能知道这个"莲"。

5　结论与启示

5.1　结论

本文从教学反思内容和教学反思水平两个方面分析新手对外汉语教师的教学日志和教学反思有声思维语料，发现以下 5 个结论。

第一，新手对外汉语教师的教学反思集中在课堂教学、教师自我和学生学习等方面，对师生交往和教育环境方面反思不足。在教学反思内容上存在指向失衡的问题。线上教学环境下教师相对更加关注互动与沟通，并及时反思网络设备对课堂教学效果的影响。

第二，新手对外汉语教师对教学的效果反思不足，忽视了教学的最终目的。

第三，新手对外汉语教师在教师自我方面的反思显示出其强烈的自我发展意识。以自身知识素养、跨文化交际能力和文化自信为基础，新手对外汉语教师表现出了对教育行业和汉语教学工作良好的职业态度。

第四，新手对外汉语教师对学生学习关注不够，虽然拥有了一定的因材施教意识，但还不能经常地从学生的视角反思自己的教学，这阻碍了其由新手教师到优秀教师的进阶。

第五，新手对外汉语教师的反思大部分能达到描述性反思水平，还难以达到系统分析性反思水平和批判性反思水平。这体现了新手对外汉语教师有问题意识，注意知识的积累和技能的更新。但是由于自身教学经验较少、理论水平不够，其反思难以全面、深刻。

5.2　启示

基于以上结论，新手对外汉语教师可以从以下三个方面改进教学反思。

第一，扩展教学反思的广度。新手对外汉语教师应加强对教学效果的关注，并经常从学生的角度反思自己的教学；随着教学技能的提升，要将反思的关注点扩展到课堂教学以外的教育环境等其他方面。这就要求新手教师要加强理论知识的学习，例如语言测试与成绩分析知识可以用于评估教学效果，第二语言习得理论中关于学习者个体差异和学习者策略的知识与教育心理学知识可以用于分析学生语言水平、情感、行为及学习需求等。

第二，增强教学反思的系统性和批判性。系统分析性反思和批判性反思要求教师立足具体问题，详细考察其现状，探究其前因后果，综合考虑具体情境和各种宏观因素，形成独立的判断，构建个人的理论。新手对外汉语教师也要意识到反思水平受到教学经验的制约，应具有成长型思维，在自身教学技能和经验的积累中提升反思能力。

第三，利用本文构建的教学反思分析框架加强职前培训。在教师培养的课程或相关培训中，将本文的教学反思分析框架改制成结构化问题清单或教学反思对照表，可以引导新手教师一方面在反思内容上，注意拓宽教学反思的视角，关注教学的目的和意义；另一方面在反思深度上，从具体的问题出发，注重提高反思的理论性、分析性、系统性以及批判性。同时，将本文收集新手教师有声思维的做法融入对外汉语教师的培养过程中，以新手教师本人的教学录像为刺激物进行反思，辅之以指导者或同伴的反思性对话，是简便而有效的反思能力提升策略。

5.3 不足

第一，由于质化研究本身带有一定的主观性，本文研究对象的范围还可以再扩大，收集更丰富的材料，提高研究结果的可靠性和适用性，同时也便于从个人特点和环境因素影响的角度进一步开展教学反思研究。

第二，有学者认为，衡量教学反思的质量，不仅要看反思的内容和反思的水平，也要看反思的过程。因此，在未来的研究中，选用合适的材料，引入对教学反思思维过程（刘加霞、申继亮，2003；颜奕、罗少茜，2014）的分析，是值得探索的方向。

参考文献

陈晓宁，2020. 汉语国际教育硕士语音反思意识与能力培养研究［J］. 国际汉语教育（中英文）（1）.

杜新荣，吴琼，2015. 教师反思方法的研究述评［J］. 现代教育科学（6）.

杜威，2005. 我们怎样思维：经验与教育［M］. 姜文闵，译. 北京：人民教育出版社.

樊婕，2018. 汉语国际教育硕士教学反思情况研究：以北京外国语大学为例［D］. 北京：北京外国语大学.

冯志均，李佳，王后雄，2013. 职前化学教师教学反思能力及影响因素研究［J］. 化学教育（6）.

郭纯洁，2015. 有声思维在外语教学研究中的应用［M］. 北京：外语教学与研究出版社.

韩玉国，2020. 基于有声思维个案的汉语教师实践性知识研究［J］. 华文教学与研究
　　（1）.

连榕，2004. 新手—熟手—专家型教师心理特征的比较［J］. 心理学报（1）.

刘畅，2015. 从新手教师视角看国际汉语教师实践性知识及专业发展：基于本人教学日志
　　的个案研究［J］. 国际汉语教育（2）.

刘加霞，申继亮，2003. 国外教学反思内涵研究述评［J］. 比较教育研究（10）.

刘路，2017. 国际汉语教师教育课程与反思性教学能力的培养［J］. 教育与教学研究
　　（6）.

刘旭东，孟春国，2009. 英语教师教学反思及其影响因素的调查研究［J］. 中小学外语
　　教学（中学篇）（12）.

刘珣，2020. 浅议汉语国际教育专业［J］. 国际汉语教学研究（1）.

申继亮，刘加霞，2004. 论教师的教学反思［J］. 华东师范大学学报（教育科学版）
　　（3）.

申继亮，张彩云，2006. 教师反思性对话的实践模式［J］. 教师教育研究（4）.

沈晶晶，2015. 新手汉语教师反思性教学实践的两种模式探讨［D］. 上海：华东师范
　　大学.

孙振东，陈荟，2010. 教师教学反思的影响因素分析［J］. 中国教育学刊（9）.

王寰宇，2013. 影响教师教学反思能力的因素研究［J］. 教育探索（4）.

王爽，2009. 反思性教学培训对对外汉语职前教师教学思想影响的研究［D］. 北京：北
　　京语言大学.

王添淼，2010. 成为反思性实践者：由《国际汉语教师标准》引发的思考［J］. 语言教
　　学与研究（2）.

王映学，赵兴奎，2006. 教学反思：概念、意义及其途径［J］. 教育理论与实践（6）.

伍秋萍，卓肆，陈品延，2019. 全程见习培养模式下汉语国际教育硕士教师胜任力的发展
　　［J］. 云南师范大学学报（对外汉语教学与研究版）（5）.

徐晶凝，2019. 基于反思型教师培养的 MTCSOL 课程设置理念［J］. 国际汉语教学研究
　　（2）.

颜奕，罗少茜，2014. 高校外语教师反思性语言教学研究：一项关键事件问卷调查［J］.
　　中国外语（2）.

杨秀玉，1999. 教师发展阶段论综述［J］. 外国教育研究（6）.

俞国良，辛自强，林崇德，1999. 反思训练是提高教师素质的有效途径［J］. 高等师范

教育研究（4）.

张凯奇，2018. 新手汉语教师教学反思能力调查与研究［D］. 广州：广东外语外贸大学.

张立昌，2001. 自我实践反思是教师成长的重要途径［J］. 教育实践与研究（7）.

张蔚，徐子亮，2016. 基于扎根理论的对外汉语新手教师教学焦虑研究［J］. 华文教学与研究（2）.

赵昌木，2004. 教师在批判性教学反思中成长［J］. 教育理论与实践（5）.

赵明仁，黄显华，2007. 从教学反思的过程看教师专业成长：基于新课程实施中4位老师的个案研究［J］. 教育研究与试验（4）.

赵书红，贾馥萍，2006. 试论对外汉语教师的课堂教学反思［J］. 文教资料（28）.

周红，尚超，2016. 国际汉语教师职前实践反思能力培养途径［J］. 沈阳师范大学学报（社会科学版）（4）.

HATTON N, SMITH D, 1995. Reflection in teacher education: Towards definition and implementation［J］. Teaching & Teacher Education, 11（1）.

SPARKS－LANGER G M, SIMMONS J M, PASCH M, et al., 1990. Reflective pedagogical thinking: How can we promote it and measure it?［J］. Journal of Teacher Education, 41（5）.

附录二

量化研究实验报告

新闻视频字幕对菲律宾中文学习者
听力理解和口头输出的影响[*]

宋雨恬　熊珈玄　伍秋萍

摘　要　本研究以新闻类汉语原声视频为实验材料，设计三种版本的视频字幕（汉语字幕、英语字幕和无字幕），分别让三组母语为英语的汉语二语学习者观看视频两次并完成听力理解测试题和口头输出任务，以此考察视频字幕类型对隐性习得的影响。实验参与者为菲律宾亚典耀大学孔子学院中、高级汉语二语学习者，共计30名。结果表明：①在听力理解上，英语字幕组优于无字幕组和汉语字幕组，但差异未达到显著水平。②在口头输出主观评分上，汉语字幕组整体评分优于英语字幕组和无字幕组，尤其是在口头输出的"听感"方面显著高于另两组。③在口头输出的客观评分上，三组学习者的语速、词汇难度、词汇准确度、语音准确度均无显著差异，但字幕类型显著影响口头输出的词汇多样性和语法准确度。其中，汉语字幕组的语法准确

　＊　本文是在中山大学中国语言文学系国际教育硕士2020级宋雨恬的毕业论文基础上修订而成的，曾在北京大学举办的2023年对外汉语博士生论坛暨第十六届对外汉语教学研究生学术论坛上宣读并获二等奖。

度显著高于英语字幕组和无字幕组，但其在词汇多样性方面低于无字幕组。由此可见，母语字幕有利于提高学习者的听力理解，而目的语字幕更利于提高学习者口头表达的流畅性和语法准确度。

关键词 视频字幕；听力理解；口头输出；多模态；汉语二语

1　引言

播放带字幕的视频是二语课堂中常用的一种视听多模态输入形式。"模态"指的是人类通过感官与外部环境间的互动方式，采用两种及以上感官即为多模态（顾曰国，2007：3 - 12）。近年来，教师更多使用网络平台实施教学，多媒体教学资源的展示途径变得更丰富。含字幕的视频包括文本、音频和视频三个模态的教学资源，并需要学习者调动视、听两种感官对其进行加工，故可被视为一种多模态输入方式。

学界大多认可含字幕的视频能促进二语者对视频内容的理解（Markham & McCarthy，2001：34；陈毅萍、周密，2010：89 - 92；秦丹凤、罗茜，2011：138 - 139）。相关研究表明，同步视听能促进学习者运用自上而下的听力理解模式，弥补其语言知识的不足，激发其学习兴趣（Seo，2002：16；王萌，2008：69 - 74；Wagner，2010：27；邱东林，2010：31 - 39）。相较于单模态，视、听结合的方式使得学习者能高效地获取更多数量的信息，且记忆也更持久（傅晓莉，2020：7 - 16）。靳洪刚（2021：98 - 114）指出，视频字幕看似是声音通道的冗余信息，实则能帮助学习者进行双通道加工。然而，关于哪种类型字幕的促学效应更好，目前学界结论不统一。有学者认为，母语字幕对内容理解的促进作用更大（Markham & McCarthy，2001：34）。有学者认为，相较于母语字幕，目的语字幕更利于词汇习得（Guichon & Mclornan，2008：36；秦丹凤、罗茜，2011：138 - 139；欧阳素珍，2015：24）。还有学者认为，目的语关键词字幕对视频内容理解和词汇习得的促进效果更好（王电建，2012：85 - 90；董剑桥、周迓菁、刘桂如，2013：57 - 64）。

总的来说，有关观看含字幕的视频对二语习得的影响研究大多关注学习者在听力理解、词汇习得等方面的促学效应，而关于这些视频对二语者口头输出的影响却关注不多，有待深入探讨。因此，本文结合听力理解和口头输出两大学习任务，探究新闻视频字幕类型对二语者听、说的影响。

2 研究方法

2.1 被试

本研究被试为菲律宾亚典耀大学孔子学院的成人二语学习者，共选取该校汉语中级班和高级班 40 名学习者，其中中级班 23 人，高级班 17 人。所有被试的母语均为英语。经过汉语测试后，最终选取 30 名学习者参与后续研究。

2.2 实验材料

实验材料为一段取自中央电视台纪实栏目的新闻纪实短片[①]，视频展现北京景山公园的自然风貌，介绍景山公园的历史背景和现状，表达了它不仅是人们休闲娱乐的场所，也是人们的"归心"之地。该材料时长为 4 分 30 秒（773 字）。"汉语阅读分级指难针"[②] 显示，该字幕文本的难度为中等三级，与被试的中文阅读水平相当。材料语速为 180 字/分，符合《汉语水平等级标准》规定中等三级的听力水平。材料的字幕类型包括汉语字幕、英语字幕和无字幕三种。

2.3 实验程序

实验前，所有被试均进行汉字认读测试（伍秋萍、洪炜、邓淑兰，2017：395 - 411）。根据成绩将被试分为三组，即两个实验组（实验组 1——汉语字幕组、实验组 2——英语字幕组）和一个对照组（无字幕组）（如图 1 所示）。尽量保证三组被试的汉语水平相当。

实验中，教师播放两次视频。Winke et al.（2013：97）指出，视频材料至少要播放两次才能促进理解，第一次学习时只注意一些碎片信息；第二次

[①] 实验材料选自央视网联合未来电视打造的人文观察类纪录片，本期"北京城中的心中休憩地"在北京城中心点——景山公园，对前来登高"望京"的人们进行无脚本、蹲守式地纯纪实拍摄。详见网页 http://v.cctv.com/2019/01/24/VIDEilZJxS6vjrEg0RCTpVrA190124.shtml。

[②] "汉语阅读分级指难针"（见网页 languagedata.net）是由中山大学开发的一款在线工具，基于大规模"国际汉语教材语料库"建立的，用于评估汉语作为第二语言教学的文本难度，其主要功能包括文本定级、词语标注和字词档案。

学习时进行形义整合与理解。因此，本实验播放视频材料两次。

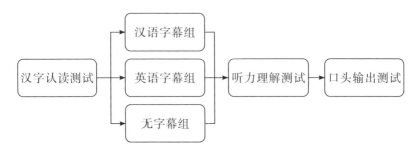

图 1　实验程序

测试后，从每组中各随机选取 4 名学生进行口头访谈，以了解学习者观看不同字幕时的主观感受。访谈包括以下问题。

（1）你认为看字幕难，还是听汉语难？为什么？

（2）你的观看习惯是什么样的？是一边听一边看字幕，还是第一遍听，第二遍看？

（3）针对所观看的视频字幕，你还有什么想说的？

2.4　语料整理

参考丁安琪（2016）对口语语料的整理过程，本文语料处理步骤有如下八步。

第一步，将音频文件转写为文本文件并校订。

第二步，统计语料时长和字数。使用 Adobe Audition 音频处理软件统计每份语料的时长，以秒为单位（精确到小数点后两位）；运用 Eteste 在线字数统计软件统计音节数。

第三步，统计流利度指标。用 Adobe Audition 音频处理软件，标记出每一个 0.3 秒以上停顿的位置，统计停顿数量的总和。

第四步，清除语料。剔除口语中不传递信息的多余内容。清理后内容确认为有效口语表达。

第五步，分词。使用在线文本难度分析器"汉语阅读分级指难针"进行分词，计算词种数和词符数。

第六步，定级。根据"汉语阅读分级指难针"标注词频，统计丙级及以上级别词汇数，以及词汇等级的词频比例。

第七步，计算语料错误，统计语音、词汇、语法错误数。相应判断标准如下。

（1）语音错误：声母、韵母、声调错误，以音节为单位进行统计。

（2）词汇偏误：①选词错误，主要是易混淆词中理性意义基本相同的词、有相同语素的词等（张博，2007）。②形式错误，主要指听者无法辨认的模糊词、英语或母语词（丁安琪，2016）。

（3）语法错误：以一个小句为单位。

第八步，为所有被试建档，以便后续处理。

2.5　测试与评分标准

2.5.1　汉字认读测试

该测试改编自伍秋萍、洪炜、邓淑兰（2017）应用于分班测试中的汉字认读测试，改编后为"看汉字、写拼音"。注音测试仍沿用原测试的80个难度等级递增的汉字，要求学习者写出汉字的声母、韵母和声调，每认读正确1个汉字得1.5分，总分120分。

2.5.2　听力理解测试

该测试共10道客观题，包括5道单项选择题、5道判断正误题。评分标准为每答对1道题得3分，答错或未作答计0分，共30分。例如：

单项选择题：

（1）现在，景山公园是人们休息的地方，还是_____生活的地方。

A. 动物、植物　　　　B. 皇帝　　　　C. 书法爱好者

（2）下面选项不对的是_____。

A. 景山公园吸引四面八方的人到这个地方。

B. 人们会在景山公园里练太极拳、唱京剧。

C. 从景山公园可以看到一部分故宫。

判断正误题：

（3）很多老年人喜欢在景山公园锻炼身体。　　　　　（　　　）

（4）景山公园以前是皇家园林。　　　　　（　　　）

2.5.3　口头表达测试

口头表达测试的分数评估由1名中山大学汉语国际教育专业二年级研究生完成。评分标准包括主观评分标准和客观评分标准。

（1）主观评分标准。根据翟艳（2012）制定的口语测试评估标准，将评

分标准分为"听感""意义表达""词汇""语音""句法""临场表现"六项，每项为 5 分，测试总分为 30 分。各项指标评分细则见表 1。评分同时参考口头输出的录音和语料文本。

表 1　口头输出六项指标评分细则

指标	内容
听感	语流顺畅，表达自然
意义表达	思路清晰，叙述完整
词汇	词语运用正确，用词丰富
语音	声韵调正确，发音自然
句法	句法正确，句子完整，句式丰富
临场表现	有自信，声音响亮

（2）客观评分标准。应用语言学领域将流利度、复杂度、准确度作为衡量二语者口语水平的指标，结合陈默（2015）、丁安琪（2016）、吴继峰（2020）针对自然口语制定的指标，本文分析口头输出的标准如下：

a. 流利度。

$$语速 = \frac{有效产出总字数}{产出总时长（剔除 0.3 秒以上的停顿）}$$

b. 复杂度。

$$词汇难度 = \frac{高级及以上的词种数}{总词种数}$$

$$词汇多样性 = \frac{词种数}{词符数}$$

c. 准确度。

$$词汇准确度 = 1 - \frac{错误词数（选词错误、形式错误）}{总词种数}$$

$$语法准确度 = 1 - \frac{有语法错误的小句总数}{小句总数}$$

$$语音准确度 = 1 - \frac{声调、声母、韵母错误总数}{总字符数}$$

3　实验结果

本研究将被试口头输出的录音文件转录，剔除无效数据后，得到 30 份语料，共 4883 字。

3.1 汉字认读成绩

该测试总分为 120 分，各组分数的统计结果见表 2。三组平均分为 54.4 ~ 71.7，得分率在 50% 上下。采用单因素方差分析，结果显示组间差异呈边缘性显著，F 检验的自由度为 $F_{(2, 27)} = 2.634$，$p = 0.09$，表明三组被试汉语水平存在一定差异，汉语字幕组的水平略高于另两组。

表 2 三组被试汉字认读得分情况

组别	个案数	平均值	得分率	标准差
汉语字幕组	10	71.70	59.75%	18.14
英语字幕组	10	61.60	51.30%	20.11
无字幕组	10	54.40	45.33%	11.27

为检验汉字认读成绩是否与后续测试成绩相关，本文采用相关分析计算汉字认读成绩与各项指标间的相关系数。结果显示汉字认读成绩与口头输出主观评分的"听感"指标（$r = 0.340$，$p = 0.066$）、客观评分的流利度指标（$r = 0.389$，$p = 0.034$）、语音准确度（$r = 0.324$，$p = 0.080$）间达到边缘相关或显著相关。因此，本文后续研究的组间差异分析将汉字认读测试成绩作为协变量①，以控制汉字认读水平对实验的干扰。

3.2 新闻视频字幕类型对听力理解成绩的影响

该测试总分为 30 分，各组分数的统计结果见表 3。

表 3 三组被试听力理解得分情况

组别	个案数	平均值	得分率	标准差
汉语字幕组	10	23.70	79%	4.08
英语字幕组	10	26.00	86.67%	3.92
无字幕组	10	24.40	81.33%	3.57

---

① 协变量是不为实验者所操纵，但影响实验结果的独立变量。同时，它也指与因变量有线性相关，并在探讨自变量与因变量关系时可通过统计技术加以控制的变量。由于受实验设计等因素的限制，三组学习者的汉语水平有一定差异，本文需借助统计技术来消除汉语水平对实验效果的影响。

三组的平均分为 23.7 ~ 26.0。得分情况为：英语字幕组 > 无字幕组 > 汉语字幕组。为检验组间差异是否达到统计上的显著性，本文以汉字认读成绩作为协变量进行单因素方差分析，结果显示各组差异不显著，$F_{(2, 26)}$ = 1.008，$p = 0.379$。

3.3 新闻视频字幕类型对口头输出主观评分的影响

3.3.1 新闻视频字幕类型对口头输出主观评分总分的影响

口头输出主观标准下的测试总分为 30 分，各组分数的统计结果见表 4。

表 4　三组被试口头输出主观得分情况

组别	个案数	平均值	得分率	标准差
汉语字幕组	10	24.30	81%	2.54
英语字幕组	10	22.50	75%	2.84
无字幕组	10	22.20	74.99%	2.53

三组的平均分为 22.2 ~ 24.3。得分情况为：汉语字幕组 > 英语字幕组 > 无字幕组。为检验组间差异是否达到统计上的显著性，本文以汉字认读成绩为协变量进行单因素方差分析，结果显示各组差异不显著，$F_{(2, 26)}$ = 0.972，$p = 0.392$。

3.3.2 新闻视频字幕类型对口头输出主观评分各项指标的影响

口头输出主观评分包括六项分指标，每项指标总分均为 5 分。各指标分数的统计结果见表 5。

表 5　三组被试口头输出主观得分六项指标具体情况

组别		听感	意义表达	词汇	语音	句法	临场表现
汉语字幕组	平均值	4.40	3.90	3.70	4.10	4.10	4.10
	标准差	0.52	0.88	0.68	0.57	0.57	0.57
	得分率	88%	78%	74%	82%	82%	82%
英语字幕组	平均值	3.40	4.20	3.50	3.80	3.80	3.80
	标准差	0.52	0.79	0.53	0.63	0.63	0.42
	得分率	68%	84%	70%	76%	76%	76%
无字幕组	平均值	3.90	3.40	3.70	3.80	3.50	3.90
	标准差	0.57	0.84	0.68	0.63	0.53	0.32
	得分率	78%	68%	74%	76%	70%	78%

将各指标得分转换为百分数，如图 2 所示。其中，"听感""语音""句法""临场表现"四项得分最高的是汉语字幕组，"意义表达"得分最高的是英语字幕组，"词汇"指标汉语字幕组和无字幕组得分相同。汉语字幕组总体得分最高。

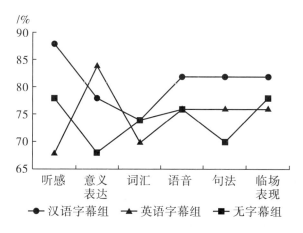

图 2　三组被试口头输出主观标准六项指标得分率

为检验三组别的六项指标得分差异是否达到统计上的显著性，本文以汉字认读成绩为协变量进行单因素方差分析。结果显示："听感"差异显著，$F (2，26) = 7.461$，$p = 0.003$，表明汉语字幕组口头输出的流畅性显著高于另两组。"意义表达"差异不显著，$F (2，26) = 2.005$，$p = 0.155$。"词汇"差异不显著，$F (2，26) = 0.322$，$p = 0.728$。"语音"差异不显著，$F (2，26) = 0.216$，$p = 0.807$。"句法"差异不显著，$F (2，26) = 2.474$，$p = 0.104$。"临场表现"差异不显著，$F (2，26) = 0.696$，$p = 0.508$。

3.4　新闻视频字幕类型对口头输出客观评分的影响

3.4.1　流利度

人工统计每份语料的有效产出总字数和产出总时长，得出被试流利度情况见表 6。

表 6　三组被试流利度总体情况

组别	平均值	标准差
汉语字幕组	1.60	0.28

续表 6

组别	平均值	标准差
英语字幕组	1.53	0.26
无字幕组	1.33	0.31

结果显示，汉语字幕组的语速最快，英语字幕组居中，无字幕组最慢。以汉字认读成绩为协变量的单因素方差分析结果显示：各组语速差异不显著，$F_{(2, 26)} = 1.222$，$p = 0.311$。

3.4.2 复杂度

复杂度包括词汇难度和词汇多样性两个维度，每个维度总分均为 1。使用汉语文本指难针对语料难度进行评估，并根据复杂度计算公式，得到三组别的得分情况见表 7。

表 7 三组被试复杂度总体情况

组别	汉语字幕组		英语字幕组		无字幕组	
	平均值	标准差	平均值	标准差	平均值	标准差
词汇难度	0.14	0.06	0.13	0.08	0.12	0.13
词汇多样性	0.63	0.09	0.55	0.18	0.69	0.09

将上述各组指标平均分转换为百分数，结果如图 3 所示。

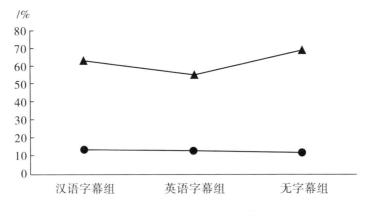

图 3 三组被试复杂度平均得分率

（1）词汇难度。三组别的词汇难度得分均在 10% 以上。其中汉语字幕组得分较高，英语字幕组居中，而无字幕组最低。以汉字认读成绩为协变量的单因素方差分析结果显示：三组别的词汇难度差异不显著，$F(2, 26) = 0.263$，$p = 0.771$。

（2）词汇多样性。各组别的词汇多样性得分均在50%以上。无字幕组得分最高，汉语字幕组词汇居中，英语字幕组得分较低。以汉字认读成绩为协变量的单因素方差分析结果显示：三组别间差异呈边缘显著，$F(2, 26) = 2.763$，$p = 0.082$。事后多重比较显示，英语字幕组和无字幕组差异显著，$p = 0.021$，无字幕组词汇多样性得分显著高于英语字幕组。

3.4.3 准确度

准确度包括词汇准确度、语音准确度和语法准确度三个维度（Wolfequintero et al.，1998），每个维度总分均为1。根据准确度计算公式，得出各组别的情况见表8。

表8 三组被试准确度总体情况

组别	汉语字幕组		英语字幕组		无字幕组	
	平均值	标准差	平均值	标准差	平均值	标准差
词汇准确度	0.98	0.02	0.95	0.02	0.95	0.06
语音准确度	0.97	0.03	0.97	0.02	0.94	0.05
语法准确度	0.80	0.07	0.78	0.09	0.66	0.14

将上述各组指标平均分转换为百分数，结果如图4所示。

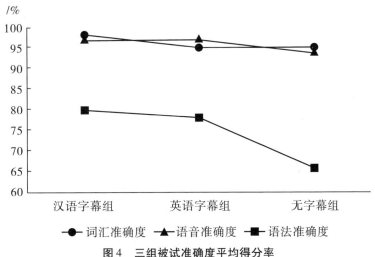

图4 三组被试准确度平均得分率

（1）词汇准确度。各组别的得分均在95%以上。汉语字幕组的词汇准确率最高，几乎没有错误词汇。以汉字认读成绩为协变量的单因素方差分析结果显示：三组差异不显著，F（2，26）$=1.976$，$p=0.159$。

（2）语音准确度。各组别的语音准确度也较高，均在95%以上。汉、英语字幕组语音正确率最高。以汉字认读成绩为协变量的单因素方差分析结果显示：三组别的差异不显著，F（2，26）$=1.899$，$p=0.170$。

（3）语法准确度。各组别的语法正确率情况为：汉语字幕组＞英语字幕组＞无字幕组。以汉字认读成绩为协变量的单因素方差分析结果显示：三组别的差异呈边缘显著，F（2，26）$=3.288$，$p=0.053$。事后多重比较显示，汉语字幕组和无字幕组差异显著，$p=0.01$，汉语字幕组语法准确度显著高于无字幕组。英语字幕组和无字幕组差异显著，$p=0.021$，英语字幕组语法准确度显著高于无字幕组；而汉、英语字幕组差异不显著，$p=0.737$。

4 讨论

4.1 新闻视频字幕类型对听力理解促学效应的讨论分析

从描述性统计结果来看，英语字幕组听力理解成绩最高，其次为无字幕组，汉语字幕组成绩最低。对于菲律宾汉语二语学习者来说，汉语字幕为目的语字幕，英语字幕为母语字幕。本研究中，相较于目的语字幕，母语字幕更能促进汉语二语者对听力材料的理解，这与 Markham 和 McCarthy（2001：34）研究西班牙语二语学习者观看字幕类型的结论一致。Markham 和 McCarthy（2001：34）认为，对于母语为英语的西班牙语二语学习者来说，观看有一定难度的目的语视频材料，应该首先播放母语字幕，这能最大限度帮助其理解视频内容，之后再使用目的语字幕。字幕将学习者听到的信息以文字的形式直观呈现出来，这种视听结合在很大程度上使学习者记忆深刻，补充完善其听力，增强其对视频内容的理解（陈毅萍、周密，2010：89－92）。

本实验中用到的视频材料属于新闻纪实类短片，如被试 J 所说"视频里面的人用的词语不是日常使用的"，因而对于汉语二语学习者来说有一定的理解难度。并且短片的拍摄地位于北京，视频中人物说话时大多带有北京口音，这同时也会加大理解难度，正如被试 H、被试 W 在访谈中提到"北京口音很难听懂，要看字幕"。这时，二语者能发挥出自身的阅读优势，通过母语字幕解决部分"听不懂却看得懂"的问题（戴劲，2007），从而弥补听汉语时的理解缺陷，使得观看英语字幕视频的汉语二语者的听力理解成绩高于另外两组。

除了视频字幕的文本难度对听力理解有一定影响外，学习者本身的汉字认读能力也会影响听力理解。被试 H 和被试 X 说"以前的汉语老师是台湾人，上学和平常使用的是繁体字，不习惯看视频中的简体汉字"。汉语原声视频字幕属于高负荷认知资源，学习者需要同时处理有一定难度的视觉信息和听觉信息，分属不同加工通道的信息会构成学习者注意资源的竞争（董剑桥、周迅菁、刘桂如，2013：57－64）。再加上，繁体字、简体字的相互转换也会增加学习者的认知负担，从而阻碍学习者对汉语字幕的有效理解，使得汉语字幕组的听力理解效果不佳。

本文中视频字幕类型对听力理解的促学结果，与部分研究英语二语学习者的结果不一致。秦丹凤、罗茜（2011）将国内大学一年级非英语专业班学生作为实验对象，在英语原声视频加上英语字幕、中文字幕和中文＋英语字幕三种字幕，以考察字幕类型对大学英语听力的影响，结果发现英文字幕视频更有利于学生的听力理解。欧阳素珍（2015）同样以国内大一新生为实验对象，研究含中文字幕和含英文字幕的视频对二语习得的影响，发现含英文字幕的视频对国内英语专业学生听力理解的促进作用最大。两位学者的实验对象的母语为汉语，目的语为英语，且未说明被试的二语水平。而本研究的实验对象为母语为英语的汉语二语中、高级学习者。除此以外，本文与前人研究的测试内容、字幕类型也不完全相同，这些因素都可能造成研究结果不一致。

4.2 新闻视频字幕类型对口头输出主观评分促学效应的讨论分析

在主观评分的六项指标中，汉语字幕组有四项得分最高，分别为"听感""语音""句法""临场表现"。其中，汉语字幕组"听感"得分显著高于英语字幕组和无字幕组。这是因为目的语字幕可以辅助学习者熟悉词、短语与句子的边界，提取有意义的信息；而且字幕的这种作用对目的语书写系统与母语距离较远的二语者更有效（Winke et al.，2013）。同样，靳洪刚等（2021）指出，学习者观看含字幕视频时能接触到不同层次、不同上下文中的目的语结构，了解语言的形、音、义匹配，以便在使用目的语时共现规律和上下文语境。因此，学习者在观看含汉语字幕视频时，有利于积累并产出目的语表达形式。比如，视频中原句为"仿佛来到了这里就能够放空一切"，学习者产出语句为"他们说去景山就可以休息，还有放空一切"；还比如视频中原句为"在这个北京城的中心点""景山公园都会吸引来自四面八方的人们汇聚到这个中心点来锻炼身体"，学习者口语产出时将语句整合为"＊四面八方人都能去过景山，景山可以说是北京城的中心点，很多人到景山是去锻炼身体"。

英语字幕组口头输出的主观得分居中。一方面，学习者观看含英语字幕的视频时，仍然听到的是汉语，再将看到的英语和听到的汉语匹配、翻译的过程中，会出现语义理解问题，从而影响学习者的口头输出。另一方面，从语言的输入与输出关系来看"听、说"两项技能，"听"主要以输入为主，属于接受性技能；"说"主要以输出为主，属于产出性技能。观看含字幕视频后进行口头表达，是从输入到输出的任务转化。在此过程中，既需要学生的接受性技能，又需要产出性技能。尽管学习者能轻松看懂母语字幕文本、听懂汉语，但是用目的语说出视频内容相较于听懂而言难度更大，从而产生"能听不能说"的现象（许峰，2004）。

无字幕组口头输出的主观得分最低。学习者只接触到视频画面和声音两种信息，没有充分发挥字幕文本、音频、视频三种模态输入的相互作用，导致获取的目的语表达形式较少，而口头输出效果不佳（陈毅萍、周密，2010）。

4.3　新闻视频字幕类型对口头输出客观评分促学效应的讨论分析

在流利度方面，学习者的语速差异不显著，表明视频字幕类型不影响其口头输出流利度。本研究中，学习者的汉字认读成绩与客观评分中的流利度显著相关，推测学习者口头输出的语速可能受自身汉语水平的影响。此结果的原因可能是学习者二语产出的流利度反映了其语言加工的自动化程度（Schmidt，1992），且流利度的提升需要以程序性语言知识为基础。同时，Sajavaara（1987）指出，提升二语产出的流利度需要大量的语言接触和练习。本研究中，学习者的输入是基于短期语言经验的即时效应，这些虽能促使学习者注意语言形式，提高学习者语言使用的流利度，但还无法对中介语系统的自动化程度产生显著影响，所以三组别学习者的语速差异不显著。

在复杂度方面，三组别学习者的词汇难度差异不显著，表明视频字幕类型对学习者的口头输出词汇难度影响不显著，本文推测口头输出词汇难度可能受视频字幕文本难度影响。Wang 和 Wang（2015）指出，当理解与产出紧密结合时，会出现协同效应，而复述视频内容是典型的理解与产出紧密结合的任务。二语者接受输入后进行加工理解，构建与视频趋同的情境模式。根据互动协同模型（Interactive Alignment Model，IAM），情境层面的协同会促使语言层面协同的产生。当学习者在理解输入信息时，大脑表征中相关的信息−形式组合被激活，口头输出内容与视频字幕文本产生协同，使其在产出中被使用时的加工负担大大降低。学习者倾向于在产出时重复使用这些组合，因此，本文推测研究中学习者口头输出词汇难度可能受视频字幕文本难度的影响。另外，三组别学习者的词汇多样性差异显著，无字幕组得分最高。一方面，因为视频没有呈现字幕，学习者输出时不受字幕限制能够自由表达。比如，无字幕组被试产出"人们去景山的原因""风景很美""八百年的历史""中国文化中有三样东西是外国人拿不走的""动植物的家园"等。另一方面，因为无字幕组学习者的输出内容、词语数量比汉、英字幕组的少，且重复词语较少，使得词汇相对多样。比如，汉、英字幕组学习者先产出"景山公园，很多人想去那边"，后接着说"不管是中国人，或是别的人，他们特别要去的"，等等。此发现也与余玉秀（2014）对视频字幕呈现模式对二语者词汇习得影响的考察结果一致。

在准确度方面，学习者的词汇准确度差异不显著，表明视频字幕类型不影响口头输出的词汇准确度。此发现与王敏、王初明（2014）对二语者书面产出的考察结果一致。根据 IAM，学习者口头输出内容与视频字幕文本会产生协同，其在复述中会更多地使用视频输入的词语和语言结构，故本研究推测学习者口头输出的词汇准确性受视频字幕文本难度的影响。另外，学习者的语音准确度差异不显著，表明视频字幕类型不影响口头输出的语音准确度。Ellis（2009）和谭利思（2006）都指出，复述任务有助于提升学习者产出的语音准确度。然而，任务类型对准确度的影响却比较复杂，语音准确度的影响因素还有任务设计、实验中的变异和个人差异等，而本研究中学习者的汉字认读成绩与语音准确度之间呈边缘相关，故推测学习者的汉语水平在一定程度上影响其口头输出的语音准确性。就语法准确度而言，字幕类型的促学效应显著，汉语字幕组和英语字幕组的语法准确度高于无字幕组的。视频字幕可以提供辅助信息，引导学习者注意字幕的信息成分，帮助学习者对语言输入进行语音、字幕文字分解并与语义匹配（Winke et al.，2013）。同时，靳洪刚等（2021）指出，视频字幕辅助学习者辨识视听材料的信息边界，进行断词、断句等语言加工，并合理匹配语言单位，从而提高二语者口头产出的语法准确度，与本研究的发现一致。相较于汉、英字幕组，无字幕组的学习者既没有接触到母语帮助其进行内容理解，又没有积累目的语的表达形式，因而语法准确率最低。

5　结语

5.1　结论

总的来看，新闻视频字幕有一定的促学效应。目的语字幕有利于提高二语者口头表达的流畅性和语法准确度，而母语字幕有利于提高学习者的听力理解。同时，学习者口头输出的词汇难度和词汇准确度可能受字幕的文本难度的影响。而学习者的汉字认读能力可能影响其对字幕文本的理解。此外，本文发现，汉语水平与口头输出的"听感"、流利度、语音准确性相关，这表明学习者的汉语水平可能影响其语音面貌。

5.2　教学启示

本研究实验中，含目的语字幕的汉语原声视频有利于口头输出，而母语字幕利于听力理解。教学中应将视频与字幕类型合理搭配。因此，本文提出以下建议。

第一，将听力输入与口头输出结合，应用于多种课型。选择与学生水平相当或略高于其水平的视频材料。依据 Krashen（1982）的语言输入假说，在二语习得过程中教师要提供可理解性输入。而且，语言习得也离不开可理解性输出（Swain，1985）。教师应注重培养学生的听力理解能力，并引导其进行口头输出。新闻视频可应用于新闻报刊阅读课和听说课，学生课后也可自主使用。

第二，充分评估视频材料特点，选择难度适中的文本内容。不同类型的视频有不同特点，本实验选用的新闻纪实类短片以说明介绍为主，情节性较弱，并且视频中出现的方言口音和不常用词都会阻碍学习者的理解。此时，字幕能补充部分信息，促进理解。因此，教师选用视频时，应了解学习者的特点，并对视频难度加以评估。

第三，根据学习者水平调整视频播放次数和间隔时间，以达到最佳教学效果。一方面，需根据学生的语言能力选择字幕类型。比如，可向初级学习者提供含母语字幕的视频，促进内容的理解；向中级学习者提供含目的语字幕的视频，帮助积累目的语表达形式；向高级学习者提供无字幕视频，培养其自由表达能力。另一方面，教师应以习得效果为导向，不局限于固定的视频播放频次及间隔时间。比如，观看两次视频后，在听、说情况不理想时，可增加播放次数。

5.3 研究局限与未来展望

本研究受限于孔子学院学习者的人数，有一定局限性。今后研究还可从以下三个方面探讨。

第一，被试国籍为菲律宾，本文只探讨视频字幕类型对母语为英语的二语者听、说的影响。相关研究表明母语背景会影响含字幕视频的加工过程。因此，可将不同母语背景的学习者作为考察对象，探讨不同母语背景的二语者加工含字幕视频的方式。

第二，被试来自菲律宾亚典耀大学孔子学院，不能代表所有母语为英语的二语者，而且被试仅涉及中、高级两个水平，今后的研究可面向不同学校、囊括初、中、高级学习者，以便了解不同阶段学习者加工含字幕视频的特点。

第三，本研究的口头输出测试题是复述视频内容，还可以用给字幕配音等输出方式。本研究实验自变量为字幕类型，未来可研究影响字幕习得的因素，如将视频播放速度、字幕使用策略等因素作为自变量，探讨其对学习者听、说的影响也十分必要。

参考文献

陈默，2015. 汉语作为第二语言自然口语产出的复杂度、准确度和流利度研究［J］. 语言教学与研究（3）.

陈毅萍，周密，2010. 有、无字幕两种版本的不同观看顺序对视频理解效果的实证研究

［J］．现代教育技术，20（10）．

戴劲，2007．输入方式、输入次数与语篇理解［J］．外语教学与研究（4）．

丁安琪，肖潇，2016．意大利学习者初级汉语口语词汇能力发展研究［J］．世界汉语教学，30（2）．

董剑桥，周迓菁，刘桂如，2013．英语多媒体视频阅听过程中的知觉负载与选择性注意：以视频字幕呈现量对阅听理解的影响为例［J］．外语电化教学（5）．

傅晓莉，李爱萍，2020．二语视听多模态输入研究述评［J］．云南师范大学学报（对外汉语教学与研究版），18（1）．

顾曰国，2007．多媒体、多模态学习剖析［J］．外语电化教学（2）．

靳洪刚，金善娥，何文潮，2021．视频字幕研究及其对二语习得和教学的启示［J］．世界汉语教学，35（1）．

欧阳素珍，2015．多模态输入对英语专业学生听力理解影响的实证研究［D］．长沙：湖南师范大学．

秦丹凤，罗茜，2011．视频字幕对大学英语听力的影响［J］．咸宁学院学报，31（5）．

邱东林，李红叶，2010．多种输入模式对听力理解和词汇记忆的影响［J］．外语界（1）．

谭利思，2006．不同口语任务、不同准备条件对口语流利度、准确度和复杂度的影响［J］．南京财经大学学报（6）．

王电建，2012．字幕的不同呈现方式对外语学习者视频理解效果的影响［J］．电化教育研究，33（5）．

王萌，谢小苑，2008．视听材料对听力理解和词汇习得的影响［J］．外语电化教学（2）．

王敏，王初明，2014．读后续写的协同效应［J］．现代外语，37（4）．

吴继峰，赵晓娜，2020．初中级汉语水平二语者口语产出质量评估研究［J］．语言文字应用（1）．

伍秋萍，洪炜，邓淑兰，2017．汉字认读在汉语二语者入学分班测试中的应用：建构简易汉语能力鉴别指标的实证研究［J］．世界汉语教学，31（3）．

许峰，2004．英语学习中接受技能和产出技能的相关性研究［J］．外语教学与研究（3）．

翟艳，2012．汉语口语成绩测试评估标准［J］．华文教学与研究（1）．

HASSAN S M，2017．The use of keyword video captioning on vocabulary learning through mobile-assisted language learning［J］．International Journal of English Linguistics，7（4）．

MARKHAM P L，PETER L A，MCCARTHY T J，2001．The effects of native language vs. target language captions on foreign language students' DVD video comprehension［J］．Foreign Language Annals，34（5）．

NICOLAS G，SINEAD M，2007．The effects of multimodality on L2 learners：Implications for

CALL resource design [J]. System, 36 (1).

SAJAVAARA K. 1987. Second language speech production: Factors affecting fluency [C]. In DECHERT H W, RAUPACH M. Psycholinguistic Models of Production. Norwood, NJ: Ablex: 45 – 65.

SEO K, 2002. Research note: The effect of visuals on listening comprehension: A study of Japanese learners' listening strategies [J]. International Journal of Listening, 16 (1).

SWAIN M, 1985. Communicative competence: Some roles of comprehensible input and comprehensible output in its development [C]. In Gass S M, Madden C (eds.). Input in Second Language Acquisition.

SCHMIDT R, 1992. Psychological mechanisms underlying second language fluency [J]. Studies in Second Language Acquisition, 14.

WANG C, WANG M, 2015. Effect of alignment on L2 written production [J]. Applied Linguistics, 36 (5).

WAGNER E, 2010. The effect of the use of video texts on ESL listening test-taker performance [J]. Language Testing, 27 (24).

WINKE P, GASS S, SYDORENKO T, 2013. Factors influencing the use of captions by foreign language learners: An eye-tracking study [J]. The Modern Language Journal, 97 (1).

WOLF-EQUINTERO K, INAGAKI S, KIM H Y, 1998. Second Language Development in Writing: Measures of Fluency, Accuracy & Complexity [M]. Hawaii: University of Hawaii Press.

附录三

中级汉语二语学习者汉字学习策略调查数据（36 题版）

编号	性别	Q1	Q2	Q3	Q4	Q5	Q6	Q8	Q11	Q12	Q13	Q14	Q15	Q16	Q17	Q18	Q19	Q21	Q22	Q23	Q24	Q25	Q26	Q27	Q28	Q33	Q34	Q36	Q37	Q38	Q39	Q40	Q42	Q43	Q44	Q46	Q47
1	女	4	5	3	5	5	4	3	5	1	1	3	3	2	4	5	3	4	4	3	5	4	4	5	5	4	5	5	4	3	2	4	4	4	4	4	4
2	女	5	5	3	3	3	4	5	5	4	2	5	5	4	5	3	5	5	4	5	5	5	5	5	5	3	3	3	2	5	5	3	4	3	3	5	4
3	男	3	4	3	5	5	4	3	2	2	2	2	3	3	2	4	3	3	3	4	3	3	3	3	3	3	3	3	3	4	4	4	4	4	4	4	3
5	女	1	2	3	3	5	5	2	4	4	2	1	1	2	3	4	4	4	2	1	4	4	3	3	4	4	4	3	4	4	4	4	2	2	5	4	2
6	女	2	4	2	4	4	3	1	3	2	2	3	3	5	2	2	2	2	1	4	5	2	4	4	4	3	2	2	2	3	3	2	2	2	5	2	1
7	男	4	4	4	5	3	3	5	5	5	3	4	5	3	5	5	4	5	5	4	4	5	4	4	4	5	5	4	5	3	3	4	5	3	4	5	3
8	女	1	4	3	2	4	3	2	2	2	2	3	2	2	3	3	2	2	2	4	4	3	3	4	4	4	4	3	1	2	1	2	2	2	2	3	1

续表附录三

编号	性别	Q1	Q2	Q3	Q4	Q5	Q6	Q8	Q11	Q12	Q13	Q14	Q15	Q16	Q17	Q18	Q19	Q21	Q22	Q23	Q24	Q25	Q26	Q27	Q28	Q33	Q34	Q36	Q37	Q38	Q39	Q40	Q42	Q43	Q44	Q46	Q47
9	男	1	2	1	1	1	1	5	5	3	2	2	2	2	5	4	5	5	4	3	5	5	3	5	5	5	5	3	4	4	5	4	3	5	5	4	4
10	女	1	1	2	2	3	3	5	4	2	2	3	3	3	2	2	2	3	3	4	5	5	4	4	5	2	2	3	2	1	4	3	3	2	5	4	3
11	女	3	2	1	3	3	3	3	4	2	3	3	3	3	2	2	2	2	4	2	2	2	2	2	5	1	1	1	2	2	1	2	1	1	5	2	1
12	女	5	4	4	4	4	4	3	4	3	4	4	4	5	3	2	5	4	5	4	5	5	5	2	5	5	5	4	3	4	4	4	2	5	5	1	1
13	女	5	5	3	2	4	2	4	4	4	3	3	4	1	1	4	2	5	2	3	3	3	5	2	4	5	5	4	2	3	3	2	3	3	4	3	4
5	4	5	5	3	1	4	3	1	3	1	3	3	4	5	5	2	2	3	3	3	3	3	3	3	3	3	3	4	2	4	2	3	3	2	4	3	4
1	一	1	5	4	1	4	4	1	1	1	3	3	4	4	1	4	1	5	5	1	2	3	3	2	3	3	3	1	3	3	2	3	3	3	1	3	4
16	男	4	4	4	4	4	4	3	3	4	3	3	4	2	2	2	3	3	4	4	2	4	3	2	2	4	3	4	4	4	4	3	2	4	3	2	3
17	女	4	3	4	2	4	4	4	4	4	4	5	3	2	2	2	3	3	4	5	2	3	1	2	4	5	5	4	4	4	3	3	4	4	4	2	1
18	女	4	3	4	3	3	4	3	4	4	5	3	2	3	3	2	4	4	3	3	4	4	3	2	3	4	3	5	4	3	3	3	2	4	4	2	1
19	男	3	3	3	3	3	4	4	1	4	3	3	3	3	2	2	5	4	2	3	4	5	4	3	3	4	3	5	4	3	3	3	4	4	3	3	5
20	女	4	3	4	4	5	4	3	2	2	3	4	3	3	3	3	3	3	3	3	5	4	5	5	2	4	4	4	4	2	2	4	2	2	5	3	3
21	女	5	5	5	5	5	4	5	5	1	4	4	4	4	3	5	4	3	4	4	5	5	5	5	4	5	4	3	4	2	2	2	2	2	3	2	3
22	女	5	5	5	4	5	3	3	2	2	2	3	4	4	4	3	3	2	4	5	5	5	5	5	3	5	5	4	4	3	2	2	4	4	5	3	1
23	女	4	3	3	3	3	3	3	4	4	4	4	4	4	4	4	5	5	4	3	4	5	5	4	3	4	5	4	4	3	4	4	4	3	3	3	4
24	女	3	4	3	4	3	3	3	4	4	4	4	3	4	2	2	5	2	1	3	4	4	5	5	3	3	4	4	2	3	4	2	3	4	5	3	4
25	女	3	2	3	3	4	3	3	2	4	4	4	3	4	2	4	4	2	4	4	4	4	4	5	4	4	4	3	2	2	2	3	3	3	3	3	4
26	女	1	5	1	1	4	2	1	4	2	4	4	4	4	2	4	2	2	4	4	4	4	4	5	3	4	4	3	2	4	4	3	3	3	5	5	2

续表附录三

编号	性别	Q1	Q2	Q3	Q4	Q5	Q6	Q8	Q11	Q12	Q13	Q14	Q15	Q16	Q17	Q18	Q19	Q21	Q22	Q23	Q24	Q25	Q26	Q27	Q28	Q33	Q34	Q36	Q37	Q38	Q39	Q40	Q42	Q43	Q44	Q46	Q47
27	女	2	5	3	5	3	4	5	4	4	4	3	3	4	2	4	5	4	4	4	3	5	5	5	5	5	5	5	5	3	3	4	3	4	5	4	4
28	女	2	3	3	2	3	2	3	4	1	2	1	2	1	1	1	4	2	4	4	3	5	5	4	2	4	4	2	3	3	2	2	2	2	5	2	3
29	男	4	4	3	2	2	2	5	5	2	2	2	4	3	5	5	4	5	4	5	5	4	3	3	5	2	5	3	4	4	4	4	3	3	5	4	2
30	女	5	5	4	5	3	3	4	4	4	5	4	3	5	5	5	4	4	4	3	2	4	4	4	4	4	4	5	5	4	5	4	4	5	5	3	4
31	男	5	5	3	3	3	3	3	4	4	3	3	3	3	3	4	4	3	3	5	5	2	5	4	4	3	4	3	3	3	2	2	2	1	4	3	3
32	女	4	4	4	4	3	3	4	3	3	4	4	5	4	4	4	4	5	4	4	4	3	4	4	5	4	5	5	4	4	3	3	3	3	3	3	3
33	女	4	4	4	4	4	5	4	4	5	3	4	4	4	3	3	5	4	5	3	5	4	3	5	5	4	4	4	4	4	4	5	4	4	4	5	4
34	女	5	5	4	4	5	4	5	4	4	4	3	3	4	2	3	3	4	3	4	4	3	4	3	3	4	3	2	5	5	4	4	2	3	5	3	3
35	男	5	5	5	5	5	3	3	5	1	1	5	5	4	1	1	4	3	3	1	3	3	5	5	1	3	3	1	1	2	1	1	1	1	3	3	1
36	女	5	5	3	2	3	2	5	2	5	5	5	2	4	2	3	5	5	4	4	3	5	2	1	5	5	5	5	5	4	2	2	5	1	5	3	2
37	男	1	1	2	2	1	4	2	5	5	5	5	5	4	3	4	4	4	3	4	3	5	2	1	5	5	3	5	5	5	2	2	5	1	2	2	2

后 记

在中山大学百年华诞（1924—2024）之际，谨以此书献给我亲爱的母校——中山大学。我曾求学于中山大学心理学系（2002—2008 年），师从杨中芳老师和蔡华俭老师。2012 年，从香港中文大学教育心理学专业博士毕业（师从郑佩芸老师），并入职母校。现工作于母校的百年老系——中国语言文学系。光阴荏苒，我已在母校工作十年有余。此书是我用理科的实证思维对多元方法论思考的凝练，是我在国际中文教育从业十余年教学经验的结晶。这本书在我四十而不惑的年龄出版，也见证了一名"青年学者"的学术蜕变与成长。

实际上，我受训于心理学领域（2002—2012 年），在国际中文教育领域摸爬滚打却已超十年（2012—2024 年）。很有趣的是，心理学领域的同仁常常将我视为语言学的"代言人"，而语言学领域的同仁会向我咨询心理学的相关问题。这种跨学科的背景让我一直在语言学和心理学之间徘徊。职业之初，我曾试图融入语言学，也试图真正为自己所选择的行当"国际中文教育"做点什么，却常常因与同仁们之间无法达成共识的认知体系而感到为难，备感跨学科交流之困难。我带着困惑离开自己的"学术舒适圈"，以断舍离的学习态度去了解这个新兴的交叉学科——国际中文教育，并以国家语言的战略高度重新审视这个学科，扪心自问："四十而不惑的我，还可以做点什么？"

2023 年 8 月中下旬，我作为语言文字工作者代表，经过国家语委层层筛选，赴上海参加了国家语委第二期高级研修班。那次研修活动的主题是"社会语言学的新发展和本土化"。狭义上说，社会语言学是联系社会来研究语言本身的语言学科，是研究社会交际中语言的用法的学科。一句话，我们不可能脱离社会来研究语言。就像工程师研发汽车（研究语言）一样，我们既要关注汽车部件迭代更新的技术（语言本体研究），也要关注购买和使用汽车的人（学生和教师的语言教育），还要关注实际行车过程中的路况与交规（语言政策）。正如郭熙老师在主旨报告中所言："我们应该从语言出发，去研究更广的东西。"在那十几场的专家报告中，我听到了专家们的学术情怀、宽广的视野，以及愿意去研究、服务社会的"心声"。

研修活动中的主旨报告和形势报告是整场培训的"魂"。换言之，学者应有国家战略意识，不能为做研究而研究，更不能脱离我们所处的宏观环境去做研究。教育部语言文学信息管理司田司长的主旨报告让我们更加明确语言文字的资源属性和在中国式现代化建设中的重要角色意义。推进中国式语言文字事业现代化，提升国家语言治理能力，加强语言文字应用研究尤为重要。报告内容丰富，立意深远，学员们在最后的总结分享环节均表示收获颇丰。于我而言，从过去的"跨学科"思维转型为真正的交叉融合，不再纠结于某个问题究竟是语言学学科的问题，还是心理学或其他学科的问题。

立足社会的研究问题，都是有价值的，都是值得关注的。学科，不过是个方法论上的标签，为我们提供解决问题的视角与具体的方法手段。作为语言文字工作者，我们要做到"五有、一实现"，这样未来的路才能更宽更广。所谓"五有"，即研究目标有共识、研究问题有价值、研究内容有根基、研究方法有科学、研究结论有效度；"一实现"是立足中国的语言国情，为解决中国的语言问题进行有组织的科研，最终实现中国式语言文字事业的现代化。

最后，也在此感谢这些年与我一起"折腾"、共同成长的学生们。在他们眼里，我是最努力、最坚韧但最不可爱的萍萍子导师；在我眼里，他们是最努力、最坚韧也最可爱的孩子。咬咬牙，优秀的他们完成了"那些年以为完成不了的论文"。

伍秋萍

2024 年 1 月

附：指导过的 31 位学生及其毕业论文题目一览

2019 年 6 月毕业 3 名，升读博士研究生 1 名：

（1）2015 级卓肆《汉语二语学习者学习风格量表编制与信效度验证：兼谈与课堂活动喜好度的关系》（在北京语言大学攻读博士学位，已毕业）；

（2）2016 级王香麟《南非中小学汉语教师志愿者胜任力调查》；

（3）2017 级张艺丹《中国本土小学与国际学校汉字教学基本情况及教学策略的对比考察》。

2020 年 6 月毕业 7 名，升读博士研究生 1 名：

（4）2016 级周泗冰《海外场馆非正式学习情境下的汉字项目教学模式初探及实效考察——以美国印第安纳波利斯儿童博物馆为例》（在北京大学攻读博士学位，在读）；

（5）2016 级胡天琦《对外汉语新手教师教学型体态语在词汇教学中的释义辅助功能考察》；

（6）2017 级周晨璐《海外幼儿汉语绘本分享阅读的教学设计及有效性检验：以菲律宾 CSL 幼儿为例》；

（7）2017 级刘越《语素法如何促进儿童汉语二语词汇习得？语素意识的中介效应检验》；

（8）2017 级雍燕萍《对外汉语教师个人特质与课堂活动设计及教学投入的关系》；

（9）2017 级陈诗满《新手对外汉语教师初级课堂体态语的行为表现与心理功能考察》；

（10）2018 级宋燕秋《三部中国概况教材的对比分析》。

2021 年 6 月毕业 6 名，升读博士研究生 2 名：

（11）2018 级王淼《新手教师初级汉语二语课堂互动的质性研究》；

（12）2018 级庚健欣《对外汉语教师课堂管理策略使用情况研究》；

（13）2019 级吕宁《海外华裔儿童在分享阅读模式下的词汇习得与口头叙事：基于文化绘本与通识绘本的对比》（在北京语言大学攻读博士学位，在读）；

（14）2019 级向娜《信息差与意见差两类任务中的协商互动及对口语输出的影响》（在华东师范大学攻读博士学位，在读）；

（15）2019 级张培艺《汉语二语者在课堂口头任务中的叙事能力测量》；

（16）2019 级郑勇《新手对外汉语教师教学反思研究：基于教学日志和有声思维的分析》。

2022 年 6 月毕业 5 名，升读博士研究生 1 名：

（17）2020 级梁然然《线上分享阅读模式下的示范性绘本教学实验研究》；

（18）2020 级王露锦《话题类型和文本难度对汉语二语者文化课堂口头叙事特征的影响》（在华东师范大学攻读博士学位，在读）；

（19）2020 级杨欣欣《互动角色对汉语二语者协商互动和学习投入的影响》；

（20）2020 级宋雨恬《视频字幕类型对中高级学习者听力理解和口头输出的影响》；

（21）2020 级江莹莹《后疫情时代高校国际学历生心理课程探析：以中山大学为例》。

2023 年 6 月毕业 3 名：

（22）2021 级陈胤泽《国际中文教育"三教"主题学术论文研究方法使用现状及高校培养调查》；

（23）2021 级刘文慧《汉语二语口头叙事能力测试的研制——基于成语故事的复述》；

（24）2021 级吴炫《汉语学习者动机保持过程中无聊情绪的产生、影响及调节》。

2024 年 6 月毕业 4 名，升读博士研究生 1 名：

（25）2022 级熊珈玄《学术汉语语体特征的语料库研究：基于语言类期刊与 TCSOL 论文案例库的计量分析》（在复旦大学攻读博士学位，在读）；

（26）2022 级张艺缤《元功能视域下留学生文化类多模态创作的意义建构：基于婚俗主题的话语分析》；

（27）2022 级高梦佳《汉语二语者的正字法意识与汉字习得的关系：基于汉语母语儿童的对比》；

（28）2022 级符嘉文（泰国留学生）《泰国家庭读写环境、语言态度与儿童汉语学习的相关研究》；

2024 年 7 月在读硕士研究生 3 名：

（29～31）2023 级在读研究生：江鸣雨、吴诗妤、张艺欣。